조선의 역사를 바꾼

왕들의
부부싸움

조선의
역사를 바꾼

왕들의
부부싸움

애플북스

그들은 결혼인가 결합인가

〈영 빅토리아The Young Victoria〉 라는 영화가 있다. '해가 지지 않는 나라' 영국을 만들었던 빅토리아 여왕과 그의 남편인 앨버트 대공에 관한 이야기다. 그들은 서로 사랑했으며, 정치적 동반자로서 서로를 잘 이해했다. 물론, 최고 권력자이기 이전에 부부라는 '특수한 관계'였기에 부부간의 사적인 마찰이 정치적 사건으로 비화될 뻔한 일들도 비일비재했다. 그럼에도 불구하고 이들은 영국을 잘 다스렸고, 대영제국의 토대를 확실하게 닦았다. 분명히 말하지만, 이들은 모범적인 최고 통치자의 모습을 보여주었다.

빌 클린턴과 힐러리 클린턴의 모습은 어땠을까? 대통령과 영부인이라는 입장이기 이전에 이들은 부부였으며, 정치적 동반자였다. 야심만만했던 힐러리 클린턴은 아칸소 출신의 촌뜨기인 빌 클린턴을 미국의 대통령으로 앉혔다. 결혼생활 내내 힐러리는 빌보다 훨씬 많은 연봉과 명성으로 능력을 드러냈다. 그러곤 그때까지 볼 수 없었던 정치에 적극적으로 개입하는 퍼스트레이디의 모습을 보였다. 하지만 예상치 못한 사건이 일어났으니, 바로 그 유명한 르윈스키 스캔들이 터진 것이다. 백악관에서 인턴으로 근무했던 르윈스키와 빌 클린턴의 부적절한 관계가 세상에 알려졌던다. 당시 빌 클린턴은 탄핵당할 위기 상황에 처한다.

그러나 대단히 놀라운 건 그다음이다. 정치적 동반자였던 힐러리는 아내로서의 분노를 억누르고 남편 빌 클린턴에 대한 지지를 천명했다. 매스컴 앞에 나타나 남편이자 대통령인 빌 클린턴을 지지한다는 모습을 보였을 때 느꼈던 충격이란……. "정치적 야망이, 여자로서의 본능을 억눌렀다"란 말이 자연스럽게 튀어나오는 사건이었다. 물론, 그 뒤 이들 부부의 생활은 최악을 향해 내달렸다. 빌 클린턴의 자서전을 보면, 그 사건 이후 그는 한동안 백악관 소파에서 잠을 청해야 했다.

한 나라의 최고 권력자 자리에 앉은 부부의 삶은 어떻게 다를까? 이들은 권력과 부부생활 사이 어디쯤에 적당한 타협점을 찾을까? 또한 활은 어디에 무게 중심을 두고 생활할까? 조선시대 왕과 왕비의 부부생활에 대한 고민은 그렇게 시작되었다. 왕이라는 최고 권력자와 그의 반려자 사이에는 어떤 관계가 형성돼 있었을까? 《조선왕조실록》이라는 공식 기록 속에서 이들의 부부생활을 찾는 건 어렵지 않았다. 내밀한 부부간의 문제이기에 쉽게 그 기록을 확인할 수 없을 거라 생각했지만, 당대의 기록자들은 이 내밀한 부부생활을 가감 없이 기록했고, 조금 예민한 문제에 있어서도 충분한 힌트와 그다음 상황을 추측할 수 있는 단서들을 여기저기 흩뿌려 놓았다. 물론 여기에는 '왕'이라는 공식적인 존재에 대한 견제의 의미도 담겨 있었을 것이다.

솔직히 말하자면, 이들에 대한 일정 부분의 연민을 느꼈다. 왕이라는 이유로 자신들의 사생활을 이렇게 공개하면서 살아가야 한다니 얼마나 숨 막혔을까? 사람이기에 '질투'나 '분노', '애정'의 감정이 있었을 것이다. 사람과 사람의 만남이 언제나 좋을 순 없지 않은가. 보통의 인간관계라면, 그 관계가 틀어진다면 보지 않으면 그만이고, 정 어렵다면 관계를 끊어버리면 된다. 그러나 부부는 이야기가 다르다. 조선시대나 지금이나 결혼이란 개인과 개인의 결합이란 의미보다는 가문과 가문의 결합이며, 남녀 간의 애정의 결합 이전에 남녀 관계의 공식적인 선언이라는 의미가 강하다. 여기에 '왕'과 '왕비'라는 타이틀까지 더해진다면, 이들의 부부생활은 어떠할까?

어려운 이야기는 여기까지만 하겠다. 내 생각은 아주 간단했다.

첫째, 왕은 왕이기 이전에 한 사람의 남자이다. 남자라면 가지는 욕망이란 게 있을 것이다. 그리고 이 욕망을 해결할 수 있는 권력과 경제력이 있다. 왕의 욕망은 그 자체로 정치적인 행위로 인정받을 수밖에 없다.

둘째, 왕비는 한 남자의 아내이기 이전에 최고 권력자의 정치적 동반자이다. 즉 여자로서의 감정과 정치적 파트너로서의 이해관계가 뒤섞여 있다.

셋째, 왕의 욕망과 왕비의 감정이 맞부닥뜨리면 그 자체로 정치적 파란을 일으킨다.

부부클리닉 〈사랑과 전쟁〉에서 등장하는 내용이 국가 단위의 정치 쟁점으로 부각된다고 생각해보라. 이들 부부간의 사소한 문제 때문에 피바람이 불고, 사람의 목숨이 오락가락하는 상황이라면, 이들의 부부생활은 이미 사적인 영역에서 벗어났다고 할 수 있을 것이다. 그 자체로 공식적인 정치 행위라 말할 수 있다. 다시 말하지만, 나는 이들에 대한 일종의 연민 같은 게 있다. 부부생활이 전 국민들에게 생중계된

다고 생각해보라. 아니, 생중계도 모자라 500여 년이 지난 지금까지
도 회자된다면?

이 글을 쓰는 내내 부부클리닉 〈사랑과 전쟁〉이 머릿속을 떠나지
않았다. 왕과 왕비의 부부생활을 이 '막장 드라마 포맷'에 대입해봤더
니, 놀랍게도 완벽하게 맞아떨어졌다. 그들은 왕과 왕비이기 이전에 남
편과 아내로서의 삶을 살았고, 남들이 보기에 '막장'이라 불릴 만한 상
황을 그대로 연출했다. 다만 일반 부부들과 다른 점이 있다면, 스케일이
달랐다는 정도다. 부부싸움이 국가 단위의 정치적 쟁점으로 부각되기
도 했고, 반대로 정치적 쟁점이 부부생활에 영향을 끼치기도 했다.

한 가지 염려스러운 점이라면, 이들의 '막장 드라마' 같은 부부생
활이 창작이나 작가의 비약적인 해석으로 보여질까 하는 것이다. 이
책에 나와 있는 이야기들은 100퍼센트 《조선왕조실록》에 나와 있는
내용이다. 조선 왕조의 공식적인 기록을 토대로 이 책을 만들었다는
사실을 기억해주기 바란다. 이 말의 본의(本意)는 책장을 넘겨보면 알
것이다.

이들 왕들의 내밀한 부부생활을 보다 보면, 어떨 때는 속이 좁은
남편의 빤히 보이는 거짓말과 이기심이 도드라지기도 하고, 질투에 눈
이 멀고 남편의 불성실한 모습에 회한의 눈물을 흘리는 여리디 여린
아내의 모습이 보이기도 한다. 그들도 일반 부부들과 다를 바가 없었
던 것이다. 부부싸움 후엔 냉각기를 가지기도 하고, 심한 경우 이혼을
결심하고 조정 위원회를 찾기도 한다(조정 위원들은 각 시대의 조정 신료들
이었다). 서로 아내의 잘못, 남편의 잘못을 주변인들에게 하소연하기도
하고(주로 남편이 아내의 잘못을 토로하고, 못 살겠다고 소리 지른다), 그러면 지인

들은 이들에게 부부생활을 계속해야 할 당위성을 설파하며 어르고 달랜다. 한없이 인간적이다.

우리도 알다시피 부부생활을 파경으로 이끄는 몇 가지 단어들이 있다. '배우자의 불륜', '고의적인 무시', '불성실함' 등등 수많은 문제들이 그것이다. 이 문제들을 우리 역사 속의 왕과 왕비들도 겪었다. 여기에 더해 '정치적인 이해관계'와 '권력의 특성' 등이 추가되면서 왕과 왕비의 부부생활은 복잡다단한 미로와 같은 모습을 보여준다. 그럼에도 '부부'라는 본질을 유지하면서 그에 따른 특수한 관계를 형성하는 걸 보면 신기하기만 하다.

그들도 부부였다. 서로 사랑까지는 아니었어도 일정 수준의 애증 관계가 형성돼 있었다. 나는 이 책이 스펙터클한 '정치 드라마' 같은 왕과 왕비의 부부생활을 통해 우리의 부부생활을 뒤돌아볼 수 있는 계기가 되길 기대해본다. 최고 권력가들에게 이런 말 하긴 좀 송구스럽지만, 이들의 부부생활은 꽤 재미있다. 역사적 사건, 정치적 쟁점과 연계된 이들의 부부생활은 그 자체로도 하나의 기록이며 역사이다. 당신도 지금부터 왕들의 부부싸움을 해석해보는 재미를 찾아보기 바란다. 또 다른 맛의 '막장'을 경험할 수 있을 것이다.

차례

나쁜 남자 태종

텔레비전 드라마를 시청하다 보면, 소위 말하는 '막장 드라마'가 나온다. 그리고 이 막장 드라마의 대부분이 남자(혹은 남편)의 배신과 이 배신을 용납하지 않는 여자(혹은 아내)의 응징으로 이어진다. 가장 보편적인 패턴 중 하나가 남자에게 헌신했던 여자가 헌신짝처럼 배신을 당하는 것이다. 그 전개 과정을 살펴보면 다음과 같다.

① 가난한 집에 태어난 영민한 아들이 있다.
② 이 남자의 재능과 열정을 알아본 여자가 온 힘을 다해 이 남자를 도와준다.
③ 하늘이 도와 이 남자는 성공을 한다.
④ 성공한 남자는 지금껏 자신을 돌봐준 여자가 귀찮아진다. 결국 여자를 버린다.
⑤ 여자는 복수를 다짐하며, 남자에게 칼을 들이민다.

여기까지가 전형적인 복수극 형태의 드라마 포맷이다. 그런데 만약 현실상에서, 그것도 한 나라의 절대 권력이 오가는 최고 권력자들의 세계에서 이 막장 드라마의 포맷이 작동할 수 있을까? 작동한다. 그것도 훨씬 더 정교하고 생동감 있게 말이다. 리얼리티가 살아 있다고 해야 할까? 보통의 드라마라면, 시청자들의 정서를 고려해 사필귀정(事必歸正)으로 그 끝을 마무리한다. 즉, 복수를 다짐한 여자 주인공이 결국 복수에 성공해 남자를 나락으로 떨어뜨리는 것으로 마무리를 짓고, 여자 주인공의 해피엔드로 모든 이야기가 끝이 난다. 그러나 현실에서는 어떨까? 성공한 남자가 방심하고 있었을까? 현실은 그리 녹록하지 않다. ①~④항의 모든 단계를 착실히 밟은 성공한 남자는 마지막 ⑤항의 복수를 예견하고, 그 이전에 먼저 선수를 친다. 그런 사람이 있냐고? 있다. 뼛속 깊이 나쁜 남자의 유전자가 흐르는 태종 이방원에 대한 이야기를 시작해보려고 한다.

시작은 평범하게

원경왕후(元敬王后) 민씨는 개경 철동에서 아버지 민제(閔霽)와 어머니 송씨 사이에서 태어났다. 여기서 중요한 건 그녀의 아버지가 여흥 민씨 민제란 사실이다. 고려 말 권문세족 중에서 드물게 주자학을 공부했던 민제는 한마디로 말해 잘나가는 사람이었다. 공민왕 시절 문과에 급제한 후 승승장구해서 창왕 때는 상의밀직에 이르렀고, 공양왕 때는 예문관제학, 예조판서, 한양부윤에 이른다.

원경왕후가 이방원과 결혼할 당시의 상황을 보면, 권문세족과 신흥 세력의 결합이라고 정의내릴 수 있는데, 함흥 지방의 일개 토호에 지나지 않았던 이성계가 어떻게 명문 여흥 민씨가와 사돈을 맺을 수 있었을까? 이야기는 조금 더 거슬러 올라가야 한다. 바로 원경왕후의 시아버지인 태조 이성계의 이야기이다.

이성계에게는 두 명의 부인이 있었다. 한 명은 향처(鄕妻)라 할 수 있는 신의왕후(神懿王后) 한씨였고, 나머지 한 명은 경처(京妻)라 할 수 있는 신덕왕후(神德王后) 강씨였다. 신의왕후는 고향인 동북면에서 만난 여자로서 조강지처라 할 수 있었다. 이성계와의 사이에서 6남 2녀를 뒀다. 경처였던 신덕왕후는 2남 1녀를 뒀다.

자, 여기부터가 중요한데, 신의왕후 한씨는 함경도의 요충지라 할 수 있는 안변의 실력자인 한경의 딸이었다. 이성계는 자신의 정치적 토대가 될 동북면의 안정을 위해 한씨를 맞아들인 것이다. 그럼 한씨는 시집을 와서 뭘 했을까? 주구장창 애만 낳았다. 십대 시절 얼떨결에 시집을 와서 이성계의 아이만 낳았던 것이다. 이성계는 틈만 나면 전쟁터로 달려갔고, 어느 정도 이름을 날린 다음에는 묘한 눈빛으로 중앙 정계를 바라보고 있었던 상황이다. 이런 상황에서 시골에 앉아 있는 본처가 눈에 들어오겠는가?

그럼 신덕왕후 강씨는? 그 친정이 만만치 않은 집안이었다. 신의왕후 한씨도 동북면에서는 제법 거들먹거리던 집안이었다지만, 강씨에 비하면 새 발의 피, 번데기 앞에서 주름 잡는 격이었다. 강씨의 아버지는 곡산 강씨 강윤성이었다. 강윤성은 원나라가 지배하던 시절 찬성사 벼슬을 지냈던 인물이다. 한때 고려 조정에서 끗발 날리던 인물이었던 것이다. 원나라의 기운이 쇠퇴하던 시절 자연히 조정에서의 영향력이 떨어지던 강윤성은 신흥 무장이었던 이성계를 눈여겨봤다.

'젊고, 힘세고, 군대도 있고, 싸움도 잘하고, 결정적으로 촌놈이잖아? 아쉬운 놈이 많은 놈이라 손을 내밀면 거절하진 못할 거야. 저런 놈을 사위로 삼으면, 내 노후와 우리 집안은 확실히 보장될 거야. 그래 이참에 보험 하나 든다 생각하고 결혼시키자.'

이성계로서도 손해볼 이야기가 아니었다.

'고려 조정 인맥을 확실히 얻을 수 있잖아? 부자가 망해도 3년이라고, 아무리 끗발이 떨어졌다 해도 강윤성이잖아. 그리고 새 마누라잖아. 젊어, 아주 젊어. 그리고 매력적이고, 똑똑하고, 세련됐잖아? 내가 손해볼 이야기가 아니지! 이 결혼은 무조건 해야 해!'

오로지 힘 하나만으로 개경에 진출한 이성계는 경처였던 신덕왕후 강씨의 도움으로 개경의 명문가와 끈이 닿았고, 자신의 자식들도 명문가와의 결혼을 추진하게 된다. 이는 개경에서 살아남기 위해서도, 그리고 훗날 자신의 정치 세력을 규합하기 위해서도 꼭 필요한 조치였다. 그 결과 셋째 방의는 고려 후기 십대 가문 중 하나인 철원 최씨와 결혼을 했고, 넷째 방간은 명문 여흥 민씨 민선의 집으로 장가를 가게 됐다. 다섯째 방원은 여흥 민씨와 겹사돈을 맺게 되었는데 여흥 민씨 민제의 집으로 장가를 보낸 것이다. 이때 방원의 나이 열여섯 살, 원경왕후의 나이 열여덟 살이었다. 원경왕후 민씨는 오늘날의 유행처럼 연하남과 결혼했던 것이다.

어떻게 보면 원경왕후 민씨는 이성계 집안의 복덩이였을지도 모른다. 민씨가 시집온 후 얼마 뒤 정도전이 이성계를 찾아오게 된다.

정도전으로 대표되는 신흥 세력과 이성계의 군부가 화학적으로 결합하면서 역성혁명으로의 길로 들어선 것이다. 이후 이성계 가문의 위세는 예전과 비교할 수 없을 만큼 성장하게 된다. 그렇다면 당시 아들로서 방원의 위치는 어땠을까?

한번 생각을 해보자. 당신이 땅 투기를 해서 수백억대의 재산을 일궜다고 치자. 사회적인 명망도 어느 정도 얻었고, 이제 어디 가서 큰소리 칠 수 있는 지위도 얻었다. 그러나 마음 한구석에는 뭔가 아쉬운 감정이 생겨난다. 근본 없는 성공이라고 해야 할까? 이때 당신 아들 한 명이 사법고시를 패스해 검사가 됐다면 어떨까? 아마 아들을 업고 춤이라도 추고 싶을 것이다.

'누가 나보고 돈만 많은 졸부라고 그래? 내 아들은 이제 검사님이야, 검사님!'

당신의 마음 한 귀퉁이를 무겁게 내리 누르던 졸부에 대한 콤플렉스, 근본 없는 성공이라는 부담감을 어느 정도는 털어낼 수 있을 것이다. 내가 이뤄내지 못한 걸 아들이 풀어낸 것이 아닌가? 이성계도 마찬가지였다. 강씨와 결혼한 이후 동북면에 있는 한씨 소생의 아들들을 개경으로 불러 공부를 시켰는데, 이 아들 중 이성계의 콤플렉스를 지워준 아들이 등장하게 되니, 바로 다섯째 방원이었다.

훗날 조선의 제3대 임금이 되는 태종 이방원. 그는 고려 우왕 8년에 문과에 급제하여 밀직사대언(密直司代言)의 자리에 오르게 된다. 태종은 조선 왕조 5백 년 동안 거쳐간 스물일곱 명의 임금들 중 유일하게 과거시험을 보고 관직에 오른 인물이다. 이성계로서는 입이 귀에 걸릴 만큼 기쁜 일이었다.

'네가 이 애비의 한을 풀어주는구나. 그래! 내가 칼만 쓰는 무식한 놈처럼 보이지? 내가 한다면 하는 놈이야! 내 아들 봐봐. 내 피를 고스란히 물려받은 우리 귀여운 방원이. 떡 하니 과거급제했잖아! 우리 집안이 원래 이런 집안이야!'

이성계에게 이방원이란, 자신의 콤플렉스를 씻어준 고마운 아들이자 가장 듬직한 아들이었다. 그렇다면 원경왕후 민씨에게는 어떤 느낌의 남편이었을까?

'싹수가 보이는 남편, 뭔가 기대를 해볼 만한 역량을 지닌 남편.'

방원의 싹수가 보이기 시작한 것이다.

충격적인 데뷔

이방원이 스물다섯 되던 해였다. 때마침 방원은 모친인 신의왕후 한씨의 사망으로 3년 여막살이를 하던 때였다. 평생 고생만 하다가 이제 좀 살만해졌다 싶으니 이렇게 죽은 것이다(신의왕후는 조선 개국 후 왕비로 추봉된다). 까마귀 날자 배 떨어진다고, 조강지처의 죽음 이후 거칠 것 없던 이성계의 행보에 제동을 건 사건이 일어나게 된다. 아니, 어쩌면 일생일대의 위기가 찾아온 것인지도 몰랐다. 당시 고려 조정은 정몽주를 필두로 한 체제 내 개혁 세력과 이성계를 중심으로 한 역성혁명파로 나뉘어져 균형을 잡고 있던 시기였다. 그런데 덜컥 이성계가 무너지게 된다. 세자를 마중 나갔던 이성계가 말에서 떨어져 다치게 된 것이다.

20

정몽주는 이 기회를 놓치지 않았다. 당시 군권을 모두 틀어쥐어 권력의 핵이었던 이성계의 부재를 틈 타 그의 오른팔이었던 정도전을 비롯해 조준, 남은, 윤소종, 남재, 조박 등등을 제거하려 한다. 연일 상소를 올려 이들을 죽여야 한다고 부르짖은 것이다. 이성계는 병상에 누워 있는 상황, 정도전을 비롯한 핵심 브레인들은 붙잡혀서 귀양지로 가 있었다. 이처럼 시시각각 이들을 향한 칼날이 조여오는 현실에서 이성계 진영은 패닉 상태에 빠져 있었다. 이때 치고 나온 것이 이방원이었다. 이 모든 소식을 접한 이방원은 여막살이를 접고, 이성계에게 단숨에 달려갔다.

"아버지! 벽란도에서 이러시면 안 됩니다. 지금 당장 개경으로 가서 아버지가 무사하단 걸 보여줘야 합니다. 그래야 상황을 수습할 수 있습니다!"

이방원은 누워 있는 이성계를 데리고 개경으로 돌아온다. 이제 상황은 새로운 국면으로 향하게 된다. 개경에 도착하자마자 이성계는 사람을 보내 자기 쪽 사람들을 유배 보낸 것에 대해 강력히 항의한다. 그러나 상황은 도통 진정될 기미를 보이지 않았다. 정몽주로서는 목숨을 건 한 수였기에 여기서 물러날 수는 없었다. 이성계로서도 여기서 물러났다간 자신의 수족들이 다 떨어져 나갈 것이고, 대권을 향한 자신의 행보에 차질을 빚을 게 뻔했다. 둘 다 목숨을 걸고 대치하던 이때 다시 한 번 이방원이 치고 나오게 된다. 우리가 잘 알고 있는 선죽교에서 정몽주를 암살한 것이다. 〈하여가〉와 〈단심가〉로 서로의 의중을 떠본 것은 유명한 일화이다.

이런들 어떠하며 저런들 어떠하리.

만수산 드렁칡이 얽혀진들 그 어떠하리.

우리도 이같이 얽혀져 백 년까지 누리리라.

- 〈하여가〉, 이방원

이 몸이 죽고 죽어 일백 번 고쳐 죽어

백골이 진토되어 넋이라도 있고 없고

임 향한 일편단심이야 가실 줄이 있으랴.

- 〈단심가〉, 정몽주

만수산의 칡 덩굴처럼 서로 얽혀서 자자손손 잘 지내보자며 정몽주를 회유하지만, 정몽주는 일편단심이라며 응수한 것이다. 그 뒤는 우리가 알고 있는 역사 그대로이다. 1392년 4월 선죽교에서 정몽주는 56세를 일기로 죽게 된다.

우리가 주목해야 할 것은 이방원의 충격적인 데뷔이다. 그 이전까지 이방원에 대한 평가는, '이성계의 아들들 중에서는 제일 똑똑한 놈이지. 과거도 급제했잖아?' 정도의 평가를 받고 있었으나, 이 '선죽교 테러'를 주도하면서부터 일약 개국공신의 반열에 그 이름을 올리게 되는 것이다. 충격적인 정계 입문이라 할 수 있다. 고려 왕실의 마지막 보루라 할 수 있었던 정몽주에 대한 테러로 인해 조선 개국은 거부할 수 없는 현실로 다가왔고, 정몽주 사망 3개월 뒤 고려는 역사 속으로 사라지게 된다.

이 선죽교 테러는 이방원의 정치 인생에서 극적 전환점이 될 수밖에 없었다. 당시의 상황을 종합해보면, 모든 명분과 실리를 챙긴 진정한 승리자는 이방원이었고, 실리만 겨우 챙긴 것이 이성계, 역사에 길이 남을 명분만 챙긴 것이 정몽주였다. 하나씩 살펴보자. 우선 이성계부터다.

'아무리 썩었다고 해도 5백 년 왕조이다. 왕업이란 힘만으로 세울 수 있는 게 아니야. 만약 힘으로 억지로 빼앗는다면 분명 문제가 발생할 거다. 이럴 때는 최대한 모양새 좋게, 왕위를 넘겨받는 모습을 연출하는 게 좋아. 정치는 이미지가 아닌가? 최대한 내 이미지를 부각시켜야 해.'

이것이 당시 이성계의 생각이었다. 아무 힘도 없는 정몽주와 그 일파들이 상소를 올리고, 옆구리를 찔러 와도 그저 허허 웃으며 받아넘긴 이유가 바로 여기에 있다. 이성계는 정몽주를 친구이자 정적, 반대파의 영수로 정중히 받아들이면서 최대한 '룰' 안에서 일을 진척시키려 노력했던 것이다. 그렇다면, 정몽주는 어땠을까? 역시 상황은 비슷했다.

'이성계가 작심하고 힘으로 밀어붙인다면, 우리들은 끈 떨어진 연처럼 우수수 떨어질 뿐이다. 그러나 이성계는 머리가 있는 남자다. 힘으로 밀어붙였다면, 위화도 회군 직후에 바로 옥좌를 노렸겠지만, 이성계는 정치가 어떻게 돌아가는지 아는 사람이다. 한마디로 '룰'을 이해하는 파트너란 소리지. 만약 이성계가 날 죽이려 한다면? 그걸 어떻게 막겠는가? 내가 할 수 있는 일을 최대한 다 하고, 그 나머지는 하늘에 맡기는 수밖에……'

당시 그를 향한 칼날은 정몽주도 이미 알고 있었다. 이방원과 같이 테러를 모의하던 변중량(이성계의 서형인 이원계의 사위이다. 또한 정몽주의 제자이기도 했다)이 테러 모의 사실을 정몽주에게 전달한 상황이었다. 이 소식을 듣고 정몽주는 바로 이성계에게 문병을 갔던 것이다. 힘으로 상대하겠다면, 맞설 방법이 없다는 걸 그 스스로도 잘 알고 있었던 것이다. 그렇다면, 이방원은 어땠을까?

'아버지를 위기에서 구해낸 아들이라는 명분을 얻을 수 있고, 개국공신의 반열에 오를 수 있는 공적을 쌓을 수도 있으니, 내게는 더없이 확실한 기회이지. 그동안 이성계의 아들로만 기억됐는데, 이 한 방으로 정치적인 실력자가 되는 거야!'

그랬다. 정몽주를 죽인 건 이방원이었지만, 세상은 '이성계가 아들을 시켜 죽였다'라고 생각할 게 뻔했다. 덕분에 자신에게 향할 화살이 다 아버지에게로 쏠리게 됐고, 그 나름대로 공적을 말할 수도 있게 됐다. 이전까지는 이성계의 '똑똑한 아들' 정도로 평가를 받던 이방원이었지만, 이 한 수로 정도전과 어깨를 나란히 할 만한 공신 반열에 그 이름을 올릴 수 있게 된 것이다. 명분과 실리 두 마리 토끼를 한꺼번에 얻을 수 있었던 절묘한 한 수였다. 이방원은 그렇게 자신의 이름을 세상에 알리게 된다.

불행의 씨앗을 심은 태조의 무리수

조선이 개국하고 나서 정신없는 얼마간이 지나갔다. 나라가 개국하면 논공행상(論功行賞)이 이어지고, 새로운 나라를 이끌기 위한 직

24

제 개편에 들어가는 것이 순리이다. 그렇게 당장 급한 일들을 처리하고 나면 이제 나라의 미래를 생각하게 된다. 바로 국본(國本: 세자)을 세워야 하는 것이다. 아직 뿌리가 튼튼하지 않은 조선이었기에 미리미리 후계 구도를 정해놔야 했다. 게다가 이성계의 나이도 고려 대상이었다. 1335년생이니 조선을 개국했을 때는 환갑이 내일모레였던 상황이다. 조선을 개국한 지 한 달이 될까 말까 했던 1392년 8월이 되면 세자 건저(建儲: 왕위 계승권자를 세우는 것)에 대한 본격적인 논의가 진행된다. 당시의 기록을 잠깐 살펴보자.

> 어린 서자(庶子) 이방석(李芳碩)을 세워서 왕세자로 삼았다. 처음에 공신(功臣) 배극렴(裵克廉)·조준(趙浚)·정도전(鄭道傳)이 세자를 세울 것을 청하면서, 나이와 공로로써 청하고자 하니, 임금이 강씨(康氏)를 존중하여 뜻이 이방번(李芳蕃)에 있었으나, 이방번은 광망(狂妄)하고 경솔하여 볼품이 없으므로, 공신들이 이를 어렵게 여겨, 사적으로 서로 이르기를, "만약에 반드시 강씨가 낳은 아들을 세우려 한다면, 막내아들이 조금 낫겠다"고 하더니, 이때에 이르러 임금이, "누가 세자가 될 만한 사람인가?"라고 물으니, 장자(長子)로써 세워야만 되고, 공로가 있는 사람으로써 세워야만 된다고 간절히 말하는 사람이 없었다. 극렴이 말하기를, "막내아들이 좋습니다" 하니, 임금이 드디어 뜻을 결정하여 세자로 세웠다.
>
> - 《조선왕조실록》 태조 1년(1392년), 8월 20일의 기록 중 발췌

상식적으로 봤을 때 장자를 세우는 것이 맞다. 원래 왕조 국가의

임금 자리란 적장승계(嫡長承繼: 정실부인, 즉 중전이 낳은 장자가 승계)가 원칙이었다. 조선도 이 적장승계를 인정하고, 최대한 지키려고 노력했다. 그러나 이 적장승계의 원칙이 불가피하게 지켜지지 않는다면 공이 있는 인물, 즉 능력 본위로 세자를 뽑는 게 맞다. 정통성이 부족하다면, 이를 메꾸고도 남을 능력을 보여달라는 소리이다. 지극히 상식적인 이야기이다. 그러나 태조 이성계는 무리수를 뒀다. 자신의 여덟 명의 아들 중 막내인 의안대군(宜安大君) 방석을 세자 자리에 앉힌 것이다. 장년의 형들을 제치고, 열한 살짜리 꼬마에게 세자 자리를 준 것이다. 누가 봐도 납득할 수 없는 결정이었다. 태조는 왜 이런 무리수를 뒀던 것일까? 야사에서 그 단초를 확인할 수 있다. 중전에 오른 신덕왕후 강씨가 태조에게 베갯머리송사를 한 것이다.

"여보, 이번에 세자 책봉 때 우리 방번이를 앉히면 안 돼요?"

"그게…… 다른 애들 눈치도 있는데, 일곱째를 앉힌다는 게…….

"여보! 촌티 나던 자기를 여기까지 끌어올린 게 누구예요?"

"…….

태조가 보기에도, 그리고 신덕왕후 강씨가 보기에도 강씨 소생의 자식을 세자로 올리는 건 정당한 요구였다. 태조가 왕 자리에 오를 수 있도록 물심양면으로 내조한 강씨가 아닌가? 세련된 외모에 매력적인 몸매, 젊음과 교양으로 가진 건 힘밖에 없었던 태조에게 새로운 세상을 보여준 사람이 신덕왕후 강씨였다. 뿐만 아니라 위기 때마다 태조 옆에서 아낌없는 충고를 해준 것도 바로 강씨였다. 조선 왕조 개국의 숨은 공신이었던 것이다. 즉, 강씨에게는 충분한 권리가 있었다. 그렇기에 중전의 자리에도 오른 것이다. 이는 태조도 인정하는 부분이었다. 그래서 무리수를 둔 것이다.

야사에 보면 태조는 배극렴, 조준, 정도전을 불러 후계 구도에 대한 문제를 논의했는데, 이들은 이구동성으로 장자나 공이 있는 인물을 추천하자고 했다. 나이순으로 정하지 않을 바에는 차라리 이방원을 앉히라는 것이다. 지극히 상식적인 이야기였다. 대신들이 이렇게 나오자 태조도 망설이게 되는데, 이때 방 밖에서 중전의 울음소리가 들렸다(아마 이 이야기를 다 듣고 있었을 것이다). 중전의 울음소리를 들은 태조는 마음을 다 잡아먹고는, 방번으로 정하자며 논의를 끝낸 것이다.

여기서 등장하는 것이 '자질론'인데, 강씨 소생의 두 아들 중 한 명을 세자 자리에 올려야 한다면, 일곱째 방번보다는 여덟째 방석이 낫다는 것이 대신들의 평가였다. 어차피 강씨 소생의 자식을 세자 자리에 앉히는 건 똑같지 않은가? 둘 중에 한 명을 골라야 한다면, 조금이라도 자질이 있는 쪽을 택하자는 대신들의 현실적인 판단이었다. 태조와 강씨가 이에 동의하면서 열한 살짜리 방석이 세자 자리에 앉게 된다. 솔직히 지금 봐도 무리수였다. 그러나 산전수전 다 겪은 백전노장들이 아무 계산도 없이 열한 살짜리 꼬마를 세자에 앉혔겠는가? 여기에는 저마다의 계산과 논리가 확실히 있었다. 하나씩 살펴보자.

첫째, 태조였다. 태조의 경우는 전형적인 '자수성가형 CEO'였다. 맨주먹으로 시작해 동북면 촌구석에서 일어나 일국의 왕이 된 인물이다. 자신이 결정한 사안에 대해서는 밀어붙이는 힘과 자신감이 있었다. 어느 누가 태조 이성계의 결정에 반대한단 말인가? 설사 반대한다 해도 실력으로 밀어붙이면 된다고 생각한 것이다. 실제로 태조에게는 그런 힘이 있었다.

둘째, 정도전으로 대표되는 대신 그룹인데, 정도전은 조선을 재상이 다스리는 입헌군주제 국가로 만들고 싶었다. 똑똑하고 청렴한 재상이 국정의 전반을 운영하고, 그 재상의 임명권을 국왕이 쥐고 있다면, 좀 덜 떨어진 왕이 왕위에 앉더라도 재상이 국정을 주도해서 나라 경영에 문제가 없다는 것이다. 이런 시스템을 만들기 위해서는 잘난 다섯째 아들 이방원보다는 상대적으로 덜 똑똑하고 자질이 검증되지 않은 방석이 나았다.

셋째, 신덕왕후 강씨의 경우에도 한씨 소생의 여섯 아들, 그중에서도 다섯째인 방원이 위협이 될 수 있다는 걸 알고 있었다. 그러나 태조와 자신이 충분히 이를 제어할 수 있다고 믿었다. 이미 궁중 안의 실권을 차지한 것은 자신이고, 태조의 절대적 신뢰가 자신에게 향하고 있음을 잘 알고 있었기 때문이다. 위험하긴 하지만, 그 위험을 충분히 관리할 수 있다는 자신감이었다.

그렇다면, 한씨 소생의 자식들은 이 사안을 어떻게 받아들이고 있었을까? 속으론 분노하고 있었지만, 달리 표현할 방법이 없었다. 자칫 잘못해 불복한다는 뉘앙스를 풍겼다가는 어떤 처벌이 떨어질지 아무도 모르는 상황이었기 때문이다. 솔직히 말해서 이들도 자신들이 배척받고 있다는 걸 알고 있었을 것이다. 조선이 개국하고 나서 논공행상이 있었을 때도 철저히 배제당한 것이 이들 한씨 소생 형제들이었다. 나름 조선을 개국하는 데 일조했다고 자부하고 있었지만, 그 흔한 공신 자리 하나 받지 못한 것이 이들이었다(나머지 아들들은 몰라도 이방원한테는 한자리 줬어야 했지만). 이들은 자신의 어머니가 일찍 돌아간 것이 못내 한이 됐을 것이다.

원경왕후 6년간의 기록

이성계를 왕으로 추대하여 조선을 개국한 날짜가 1392년 7월 17일이다. 조선이 첫 세자로 방석을 결정한 날이 1392년 8월 20일이었다. 그리고 이방원이 정국의 주도권을 잡는 1차 왕자의 난이 일어난 날이 1398년 8월 26일이다. 세자 책봉 이후 6년만의 일이다.

그사이 방원과 원경왕후는 어떻게 살았을까? 이 대목에서 우리가 생각해봐야 할 것이 신덕왕후 강씨와 원경왕후 민씨, 시어머니와 며느리 사이인 이 두 여인의 같은 점과 다른 점이다. 태조 이성계와 그 아들인 태종 이방원, 이 부자(父子) 사이의 경우는 핏줄로 이어졌기에 비슷한 면이 있을 수 있다. 둘 다 야망이 있고, 그 능력을 바탕으로 무에서 유를 창조해낸 자수성가의 모습이 보인다. 문제는 그 파트너인 아내의 경우도 비슷했다는 것이다.

신덕왕후 강씨의 경우에는 태조에게 정치적 동반자를 넘어선 인생의 파트너였다. 정치적으로 난관에 몰렸을 때 신덕왕후 강씨는 특유의 결단력과 정치적 감각을 가지고 이성계를 보좌했다. 향처였던 신의왕후 한씨가 밥하고, 애 낳는 아내로서의 역할에 머물렀다면, 신덕왕후 강씨는 여기서 한 발 더 나아가 정치적 파트너이자, 조언자, 중앙 정치 무대에 미숙했던 이성계를 지도해준 코치였다. 예의범절을 비롯해, 인맥 형성을 도운 것이다. 그녀가 없었다면 조선 개국은 힘들었을지도 모른다. 그렇다면, 원경왕후 민씨는 어땠을까? 그 시어머니에 그 며느리였다.

'시아버지도 왕이 됐는데, 우리 남편이라고 왕이 못 될 이유는 없잖아?'

눈앞에서 시아버지와 시어머니가 왕조를 개창하는 걸 봤는데, 자신과 남편이라고 못 할 이유가 어디 있겠는가. 그녀의 포부는 원대했다. 그리고 이 원대한 포부를 실현할 능력과 배짱, 결단력도 가지고 있었다. 게다가 남편도 잘나지 않았던가? 방원은 신의왕후 한씨 소생의 여섯 아들 중 제일 잘난 아들이었다. 원경왕후는 승부수를 던지게 된다. 이 승부수의 판돈에는 자신의 친정 또한 포함돼 있었다.

그녀의 친정은 명문 여흥 민씨 가문이었던 데다가 그녀의 아버지는 실력과 인품으로 인정받는 민제였다. 여기서 주목해야 할 것이 당시 정치 상황이다. 개국 직후 논공행상이 있고 난 다음에 여기저기에서 불만들이 튀어나오기 시작했다. 똑같은 개국공신이지만, 정국의 주도권은 정도전, 조준, 남은 등의 핵심 측근들에게로 넘어가 있는 상황이었다. 권력의 변방으로 밀려난 반(反) 정도전 세력에게는 구심점이 필요했다.

이때 떠오른 것이 민제와 이방원이었다. 지금의 정치 상황과 비교하면 정권을 잡기 전에는 다 함께 힘과 뜻을 모아 정권 창출에 뛰어들었는데, 막상 정권을 잡고 나니 주류와 비주류로 나뉘어서 서로 주도권 싸움을 벌이게 된 것이다. 그리고 이 싸움에서 주류가 승리하자, 비주류들은 권력의 변방으로 밀려나 재야에서 서로 뭉쳐 훗날을 도모하고 있었다.

자리는 한정적인데, 앉을 사람은 많은 상황. 당연히 권력 안에서도 주류와 비주류로 나뉠 수밖에 없었다. 상황이 이렇게 돌아가니 권력에서 소외된 이화(태조의 이복동생)와 종친들, 신의왕후 한씨 소생의 왕자들, 하륜을 비롯한 정권에서 살짝 밀려난 세력들이 불만을 터트리게 된다. 이때 그들에게 정안군이었던 이방원이 생각난 것이다.

'왕자들 중에서 개국에 큰 공을 세웠고, 능력도 가장 출중한 사람이 정안군 아닌가?'

덕분에 정도전을 비롯한 집권 세력에게 가장 많은 견제를 받고 있었던 것도 정안군이었다. 이제 정안군은 재야의 실세로 자리 잡게 된다. 문제는 아무리 재야 세력의 희망이라지만, 대놓고 전면에 나서긴 부담스럽다는 것이다. 아직 젊은 나이도 부담스러웠다. 이때 이 부족함을 메워줄 대안으로 나타난 사람이 이방원의 장인인 민제였다. 연륜과 학식, 인맥 등등 어느 하나 빠지지 않는 민제가 옆에 있었기에 사람들은 민제를 통해 이방원에게 접근하기 시작한다. 원경왕후의 친정이 일종의 대선 캠프로 자리 잡은 것이다. 자칫 잘못해 역모로 몰리면, 일가족이 몰살될 수 있는 상황에서 원경왕후와 여흥 민씨 가문은 올인을 한 것이다. 남편이자 사위인 이방원에게 모든 걸 투자한 이들은 이미 돌아올 수 없는 강을 넘은 셈이었다.

당시 야사를 보면, 원경왕후는 이때 여자로서의 질투심도 버린 상태였다. 신덕왕후 강씨가 어린 시절부터 부리던 계집종이 있었는데, 이 계집종과 이방원이 눈이 맞은 일이 있었다. 이걸 빌미로 강씨는 이방원을 낙마시키려고 계획을 짰지만, 이성계는 이를 허락하지 않는다. 문제는 이 계집종의 뱃속에 이방원의 아이가 자라고 있었다는 점이다. 강씨는 결국 이 계집종을 죽이려고 결심한다. 이 이야기를 전해들은 방원은 고민 끝에 이 사실을 아내인 민씨에게 이야기했다. 당연히 화가 날 수밖에 없는 상황. 그러나 민씨는 남편의 앞날을 위해 여자로서의 본능을 억누르기로 결심한다. 민씨는 그 길로 궁궐로 달려가 강씨 앞에서 계집종의 얼굴에 침을 뱉는다.

"내 남편을 홀린 악독한 년! 중전마마 이년을 제게 주십시오. 제가 처리하겠습니다."

결국 이 계집종은 민씨의 손에 들어갔고, 곧바로 자유의 몸이 된다. 남편을 위해 아내로서의 분노까지 억누른 것이다. 르윈스키 스캔들이 터졌을 때의 힐러리 클린턴을 연상시키는 대목이다. 그러나 민씨의 진정한 힘은 이런 사소한 에피소드가 아니라 정국을 요동치게 하는 큰 사건에서 더욱더 돋보였다. 바로 왕자의 난 막전막후의 상황이다.

왕자의 난, 그리고 원경왕후의 배포

원경왕후 민씨의 성격과 능력은 위기에서 빛을 발했다. 역사의 기록을 100퍼센트 다 믿을 순 없지만, 진실의 단면은 확인할 수 있을 것이다. 그 단면만을 확인해도 원경왕후 민씨는 보통 여자가 아니었다고 판단할 수 있다. 다음의 기록들은 1차 왕자의 난이 일어난

1398년 8월 26일의 기록 중 원경왕후 민씨와 관련이 있는 기록들을 발췌한 것이다. 하나씩 살펴보자.

① 이때에 와서 민무구(閔無咎)가 정안군의 명령으로써 이숙번을 불러서 이르게 되었다. 이때 임금의 병이 매우 급하니 정안군과 익안군(益安君) 이방의(李芳毅) · 회안군(懷安君) 이방간(李芳幹) · 청원군(淸原君) 심종(沈淙) · 상당군(上黨君) 이백경(李伯卿) · 의안군(義安君) 이화(李和)와 이제(李濟) 등이 모두 근정문(勤政門) 밖의 서쪽 행랑에서 모여 숙직하였는데, 이날 신시(申時)에 이르러 민무질(閔無疾)이 정안군의 사저에 나아가서 들어가 정안군의 부인과 마주앉아 이야기를 한참 동안 하니, 부인이 급히 종 소근(小斤)을 불러 말하였다.
"네가 빨리 대궐에 나아가서 공(公)을 오시라고 청하라." 소근이 대답하였다.
"여러 군(君)들이 모두 한 청(廳)에 모여 있는데, 제가 장차 무슨 말로써 아뢰겠습니까?" 부인이 말하였다.
"네가 내 가슴과 배가 창졸히 아픔으로써 달려와 아뢴다고 하면 공께서 마땅히 빨리 오실 것이다."
- 《조선왕조실록》 태종 1년(1398년) 8월 26일의 기록 중 발췌

② 정안군이 처음에 군사를 폐하고 영중(營中)의 군기(軍器)를 모두 불에 태워버렸는데, 이때에 와서 부인이 몰래 병장기(兵仗器)를 준비하여 변고에 대응할 계책을 하였던 것이다. 이무(李茂)는 본디부

터 중립(中立)하려는 계획이 있어 비밀히 남은 등의 모의를 일찍이 정안군에게 알리더니, 이때에 와서 민무질을 따라와서 정안군을 뵈옵고 조금 후에 먼저 갔다. 이무는 무질의 가까운 인척이었고, 죽성군(竹城君) 박포(朴苞)도 또 그 사이를 왕래하면서 저쪽의 동정을 몰래 정탐하였다. 이에 정안군은 민무구에게 명령하여 이숙번으로 하여금 병갑(兵甲)을 준비하여 본저(本邸)의 문 앞에 있는 신극례(辛克禮)의 집에 유숙하면서 변고를 기다리게 하고는, 그제야 대궐에 나아가서 서쪽 행랑에 들어가서 직숙(直宿)하였다.

③ 이들은 모두 정안군에게 진심으로 붙좇는 사람인데, 이때에 이르러 민무구·민무질과 더불어 모두 모였으나, 기병(騎兵)은 겨우 열 명뿐이고 보졸(步卒)은 겨우 아홉 명뿐이었다. 이에 부인이 준비해둔 철창(鐵槍)을 내어 그 절반을 군사에게 나누어주었으며, 여러 군의 종자(從者)들과 각 사람의 노복(奴僕)이 십여 명인데 모두 막대기를 쥐었으되, 홀로 소근만이 칼을 쥐었다.

－《조선왕조실록》 태종 1년(1398년) 8월 26일의 기록 중 발췌

모두 《조선왕조실록》에서 발췌한 내용인데, 첫 번째 기록을 잠깐 살펴보면 다음과 같은 말이 나온다. "네가 빨리 대궐에 나아가서 공을 오시라고 청하라." 배탈을 핑계로 남편을 궁궐에서 불러내 거사를 종용한 것이다. 이때 자신의 동생인 민무구를 데려온 것에 주목해야 한다. 이때쯤이면 민무구, 민무질 형제들은 이방원의 핵심 측근이 돼 있는 상황이었다. 측근이자 동생을 미리 불러온 것은 거사 준

비를 이미 마쳤다는 방증이 된다.

인생은 타이밍이라고 해야 할까? 원경왕후 민씨는 타이밍을 알고 있었다. 시아버지인 태조가 병석에 누워 있었고, 시어머니인 신덕왕후 강씨는 몇 해 전에 죽은 상황이었다. 정도전을 비롯한 몇몇 핵심 세력만 제거하면, 어린 세자를 보호해줄 세력이 없다는 계산이 나온다. 위기는 기회라고 했던가? 이방원에게 가장 위험한 타이밍이기도 했지만, 가장 확실한 기회이기도 했다. 원경왕후는 이 기회를 잡으라고 남편을 종용한 것이다.

두 번째 기록은 원경왕후와 관련해서 가장 유명한 일화이다. "정안군이 처음에 군사를 폐하고 영중(營中)의 군기(軍器)를 모두 불에 태워버렸는데, 이때에 와서 부인이 몰래 병장기(兵仗器)를 준비하여 변고에 대응할 계책을 하였던 것이다." 이때의 기록을 잘 살펴봐야 한다. 당시 정도전은 사병 혁파를 정책적으로 밀어붙이던 시기였다. 기록상으로만 보면, 정안군도 사병들을 다 내어준 지 일주일밖에 안된 상황이다.

실록을 보면, 방원의 형인 넷째 방간만이 꿋꿋하게 사병을 유지한 걸로 나오는데, 이 역시도 2차 왕자의 난 때 방원에게 칼을 들이민 방간을 향한 은근한 폄훼라 할 수 있다. 실제로 8월 26일의 기록을 보면, 방원도 상당수의 병사를 거느리고 있었다는 추측을 할 수 있다. 어쨌든, 중요한 건 원경왕후 민씨의 사전 대비였다. 병사와 병장기를 모두 압수해나가는 상황에서 무기들을 몰래 챙겨놨다는 건 평소 민씨의 성격을 확인할 수 있는 대목이다. 이방원에게 있어서 민씨는 아내, 그 이상의 존재였던 것이다.

세 번째 기록을 보면, 원경왕후 민씨와 민씨의 친정이 이방원에게 모든 것을 걸었다는 걸 확인할 수 있다. "이들은 모두 정안군에게 진심으로 붙좇는 사람인데, 이때에 이르러 민무구·민무질과 더불어 모두 모였으나……." 이 대목에서 중요한 건 민무구, 민무질 형제이다. 이미 이들은 매형인 이방원에게 자신을 의탁한 것이다. 왕자의 처남보다 왕의 처남이 훨씬 더 멋있지 않겠는가? 그저 눈치만 보다가 떨어지는 떡고물이나 받아먹는 것이 아니라 적극적으로 개입해서 같이 사업을 일으킨 것이다. 성공하면 공신이지만 실패하면 역적으로 몰리는 극단의 정치판에서 이들은 이방원에게 모든 걸 걸고 도박에 뛰어들었다. 만약 원경왕후 민씨와 민씨 가문의 도움이 없었다면, 이방원은 왕이 되기 힘들었을 것이다. 그 당시, 그러니까 원경왕후 민씨가 어떤 각오로 남편을 보좌하고 있었는지를 확인할 수 있는 기록이 있다.

① 정안공이 오히려 굳이 거절하고 나오지 않았다. 이화가 정안공을 힘껏 끌어 외청(外廳)으로 나왔다. 정안공이 부득이 종 소근을 불러 갑옷을 내어 여러 장수에게 나누어주게 하고, 안으로 들어가니, 부인이 곧 갑옷을 꺼내 입히고 단의(單衣)를 더하고, 대의(大義)에 의거하여 권하여 군사를 움직이게 하였다. 정안공이 이에 나오니, 이화·이천우 등이 껴안아서 말에 오르게 하였다.

② 이때에 목인해(睦仁海)가 탔던 정안공 집의 말이 화살을 맞고 도망해 와서 스스로 제 집 마구간으로 들어갔다. 부인은 반드시 싸

움에 패한 것이라 생각하고, 스스로 싸움터에 가서 공과 함께 죽으려 하여 걸어서 가니, 시녀 김씨(金氏) 등 다섯 사람이 만류하였으나 그만두게 할 수 없었다.

– 《조선왕조실록》 정종 2년(1400년) 1월 28일의 기록 중 발췌

첫 번째 기록은 형인 방간과 싸우지 않겠다며 괴로워하는 방원을 설득해 갑옷을 입히고, 대의명분을 말해주는 원경왕후의 모습이다. 사실 이 모습은 과장된 모습이 있었다. 당시 방원은 방간의 행동을 예의 주시하고 있었고(감시를 통해 사전에 정보를 입수했다), 미리 대비를 다 해놓은 상태였다. 이날 방원은 대의명분과 정치적 이미지를 고려해 형 방간을 살뜰히 챙겨주는 따뜻한 모습을 수차례에 걸쳐 보여준다. 이때 악역을 자처한 것이 원경왕후였다. 남편의 정치적 명분을 위해 등을 떠미는 냉철한 여장부의 모습을 보인 것이다.

두 번째 기록을 보자. "…… 말이 화살을 맞고 도망해 와서 스스로 제 집 마구간으로 들어갔다. 부인은 반드시 싸움에 패한 것이라 생각하고, 스스로 싸움터에 가서 공과 함께 죽으려 하여 걸어서 가니……." 남편과 운명 공동체임을 확실하게 선언한 모습이다. 보통 이런 상황에서는 어쩔 줄 몰라 하거나 체념에 빠져 자포자기한 모습을 보여주는데, 민씨는 당당하게 싸움터로 나가 죽겠다며, 집을 나서려 했던 것이다. 말 그대로 여장부였다. 힐러리 클린턴의 모습이 계속해서 떠오르는 건 나만의 생각일까? 원경왕후 민씨는 신데렐라 콤플렉스에 휩싸여서 남편의 성공만을 바라보고, 그 성공의 과실만을 생각했던 게 아니라, 적극적으로 남편의 정치적 파트너가 돼 남편과

정권 창출을 꿈꿨던 것이다. 그리고 그 꿈을 이루게 된다.

논공행상, 그리고 태종의 배신

1400년 11월 원경왕후는 꿈에 그리던 중전의 자리에 오르게 된다. 이제 모든 고난은 끝난 셈이었다. 남은 건 왕이 된 남편과 부귀영화를 누리며, 행복하게 사는 일밖에 없었다. 그러나 세상은, 아니 남편은 그리 호락호락한 남자가 아니었다.

① 정비전(靜妃殿)의 시녀·환관 등 이십여 인을 내쳤다. 정비(靜妃)가, 임금이 궁인을 가까이 하므로 분개하고 노하여, 가까이 한 궁인을 힐문하니, 임금이 노하여 내치었다.

－《조선왕조실록》태종 1년(1401년) 6월 18일의 기록 중 발췌

② 가례색(嘉禮色)을 파하라고 명하였다. 상왕이 사람을 보내어 임금에게 말하기를, "왕은 어찌하여 다시 장가들려고 하시오? 내 비록 아들이 없어도, 소시(少時)의 정(情)으로 인하여 차마 다시 장가들지 못하는데, 하물며 왕은 아들이 많으니 말해 무엇하겠소?" 하였다. 또 이숙번·박석명 등도 따라서 청하였으므로 바로 파할 것을 명하였다.

－《조선왕조실록》태종 2년(1402년) 2월 11일의 기록 중 발췌

③ 성균악정(成均樂正) 권홍(權弘)의 딸을 별궁으로 맞아들이었다. 처음에 대부인 송씨(宋氏)가 정비에게 말하기를, "궁빈(宮嬪)이 너무 많아서 그것이 점점 두렵다" 하였는데, 정비의 투기는 더욱더 심해만 갔다. 임금이 권씨(權氏)가 현행(賢行)이 있다 하여 예(禮)를 갖추어 맞아들이려고 하니, 임금의 옷을 붙잡고 말하기를, "상감께서는 어찌하여 예전의 뜻을 잊으셨습니까? 제가 상감과 더불어 함께 어려움을 지키고 같이 화란(禍亂)을 겪어 국가를 차지하였사온데, 이제 나를 잊음이 어찌 여기에 이르셨습니까?" 하며, 울기를 그치지 아니하고 음식도 들지 아니하므로 임금이 가례색을 파하도록 명하고, 환관과 시녀 각각 몇 사람만으로 권씨를 별궁에 맞아들였다. 정비는 마음에 병을 얻었고, 임금은 수일 동안 정사를 듣지 아니하였다.

- 《조선왕조실록》 태종 2년(1402년) 3월 7일의 기록 중 발췌

태종이 여자를 찾기 시작한 것이다. 왕이 된 지 얼마 안 돼 태종은 궁녀들과 뜨거운 밤을 보내게 된다. 이에 격분한 원경왕후가 궁녀에게 벌을 내렸고, 이에 화가 난 태종은 원경왕후의 시종들에게 벌을 내린 것이다(그래도 중전에 대한 예우를 한 것이다).

문제는 이게 시작이라는 것이다. 태종은 궁녀에서 멈추지 않고, 본격적으로 후궁을 들이기로 결심을 하게 된다. 두 번째 기록을 살펴보면 아래와 같은 대목이 나온다. "가례색을 파하라고 명하였다……." 공식적으로 후궁을 들이기 위해 절차를 밟다가 상왕인 정종과 주변의 반대 앞에서 가례색을 파한 것이다. 정종이 말한 '소시의

정'이란 말을 듣다 보면, 예나 지금이나 부부는 정으로 산다는 걸 확인할 수 있지만, 태종에게는 그 정이란 게 부족했는가 보다(아니면, 다른 꿍꿍이가 있었던지).

일이 이렇게 돌아가자 원경왕후는 분노하게 된다. 세 번째 기록을 보면, 당시 원경왕후의 절절한 심정이 드러난다. "상감께서는 어찌하여 예전의 뜻을 잊으셨습니까? 제가 상감과 더불어 함께 어려움을 지키고 같이 화란(禍亂)을 겪어 국가를 차지하였사온데, 이제 나를 잊음이 어찌 여기에 이르셨습니까?"

르윈스키 스캔들을 목도한 힐러리의 마음이 이러했을까? 정권 창출을 위해 같이 목숨을 걸고 싸웠는데, 이제 권력을 쥐니 자신의 만족을 위해 젊은 여자를 찾으니 얼마나 화가 났겠는가? 첨언하자면 당시 분위기는 르윈스키 스캔들의 그것과 비슷했는데, 르윈스키와의 부적절한 관계가 들통 난 클린턴이 한동안 쫓겨나 소파에서 잠을 청해야 했던 것처럼 태종도 원경왕후의 등쌀 때문에 한동안 경연청에서 잠을 청해야 했던 것이다. 만약 보통의 평범한 여자였다면, 원경왕후와 같이 거세게 들고 일어나진 못했을 것이다.

'나야 뭐 남편 잘 만나 중전 자리에 올랐는데, 원래 영웅은 호색이라고 했으니까…… 참고 넘어가야지. 이게 다 운명이고 팔자지 뭐. 그래도 중전 자리에 앉은 게 어디야?'

이처럼 남편의 창업에 제대로 된 역할을 하지 못한 아내라면, 체념하거나 수긍하며 살았을 것이다. 그러나 원경왕후의 경우에는 스스로가 남편의 투자자이며, 정권 창출에 일익을 담당한 참여자였다. 자신뿐만이 아니라 자신의 친정까지 끌어들여 남편에게 전부를 걸었기에 그에 따른 정당한 '지분'을 요구한 것이다. "상감과 더불어 함께 어려움을 지키고 같이 화란(禍亂)을 겪어 국가를 차지하였사온데……"라는 대목이 바로 그것이다. 함께 나라를 차지했는데, 이제와 딴짓하는 게 말이 되느냐는 뜻이다. 원경왕후로서는 당연한 주장이라 할 수 있을 것이다.

그러나 남편의 생각은 좀 달랐다. 투자에 대한 정당한 배당은 중전 자리로 지불을 완료했다는 것이다. 아니, 그 자리도 과하다고 생각했었다. 배당이 너무 많이 됐으니, 거기에서 얼마간 지분을 돌려받아야겠다는 생각도 들어가 있었다. 당시의 기록을 살펴보면 다음과 같은 대목이 나온다.

"신 등이 삼가 《혼의(昏義)》를 상고하건대, '제후(諸侯)는 한번 장가드는 데 9녀(女)를 얻고, 한 나라에 장가들면 다른 두 나라에서 잉첩을 보내니, 모두 조카나 동생으로 따라가게 하며, 경대부(卿大夫)는 1처(妻) 2첩(妾)이며, 선비(士)는 1처 1첩이니, 후계(後繼)의 자손을 넓히고 음란함을 막는 까닭이다' 하였삽고, 전조(前朝)의 제도에는 혼례가 밝지 못하여 적(嫡)과 첩(妾)의 제한이 없어, 많을 때는 정원수에 넘쳐 참란(僭亂)함에 이르렀고, 적을 때는 정원수에 미달하여 후사(後嗣)가 끊김에 이르렀습니다. 이와 같이 선왕(先王)의 법을 따르지 아니함으로써 대륜(大倫)을 어지럽게 함은 작은 연고가 아니옵니다. 우리나라가 모든 일을 베풀 때에 반드시 성헌(成憲)을 따라서 하옵는데, 혼인의 예절은 아직도 예전 폐단을 따르시니(중략)" 하여 이를 윤허하였다. 이때에는 임금이 즉위한 지 얼마 되지 못하여 빈첩(嬪妾)이 미비(未備)되어, 다만 평시의 시녀만이 있을 뿐이었다. 정비는 천성이 투기가 심해 사랑이 아래로 이르지 못하여, 임금이 빈첩을 갖추고자 하였다.

- 《조선왕조실록》 태종 2년(1402년) 1월 8일의 기록 중 발췌

즉위한 지 얼마 되지도 않아 하륜과 권근을 불러 첩을 얼마나 둘지를 상의하는 모습이다. 당시 태종의 뜻이 어디에 있었는지는 아무도 모른다. 왕권을 강화하기 위해서는 외척의 발호를 억눌러야 하는데, 그러기 위해서는 아내를 많이 두어 중전과 중전의 친정을 견제하는 것이 가장 확실한 방법 중 하나이다. 아니면, 단순하게 여자들이 좋아서 후궁을 들이려 했는지도 모른다. 이 두 가지 이유가 복합적으로 섞여 있을 수도 있다.

어쨌든 즉위 초부터 후궁 제도에 대해 남다른 관심을 보였던 태종은 후궁 제도를 법제화하기로 결심하게 됐고, 이를 실행에 옮기게 된다. 당시 태종의 명을 받은 예조에서는 한 명의 왕비와 여덟 명의 후궁이 적절하다고 말했지만, 태종 자신이 세 명으로 하자며 그 수를 줄인 상황이었다.

여기에는 나름 이유가 있었다. 처음 예조에서 말한 일취구녀제(一娶九女制)를 기반으로 한 1왕비, 3세부, 5처제(설명: 태종 시절 이전까지 조선에서는 왕이 후궁을 맞는 제도가 없었다. 태종은 이 '제도'를 만든 것이다. 한마디로 후궁제도를 법의 테두리 안으로 끌고 온 것이다. 이때 참고로 했던 것이 중국의 일취구녀제(一娶九女制)였다. 1왕비, 3세부, 5처제를 기본으로 했는데, 조선에서는 세부(世婦)를 빈(嬪)이라 칭하고, 처를 잉(孕)으로 칭하게 된다. 조선은 형식적으

로 중국의 제후국 신분이었기에 제후부인삼궁(諸侯婦人三宮)의 관례에 따라 1빈(嬪) 2잉(孕)으로 하여 최종적으로 세 명으로 결정하게 된다. 원래 '첩'을 두는 명분은 '조상 제사를 모실 아들이 없는 경우로 한정' 돼 있는 것이 유교사회의 기본 원칙이었다. 태종이 1빈 2잉으로 타협을 한 이유도 '후계의 자손을 넓히되 음란함을 막기 위함'이었다. 그러나 제도를 만든 태종부터가 이를 어겼다. 여담이지만, 태종시대에 이렇듯 후궁제도를 법제화했지만, 이걸 완벽하게 적용한 건 아니었다. 빈(嬪) 작위가 남발됐고, 궁주(宮主), 옹주(翁主) 등의 칭호도 계속 쓰이는 걸로 봐서는 이때까지는 아직 혼란기란 느낌을 지울 수 없다)의 경우는 황제에 준하는 제도였다. 중국 황제가 아홉 명의 여자를 두는데, 중국의 신하국을 자청하는 조선이 똑같이 아홉 명을 두겠다는 건 맞먹겠다는 소리가 아닌가? 결국 태종은 이런 외교적 문제를 감안하여 이보다 숫자를 줄인 처첩제를 제시한 것이다. 이리하여 나온 것이 1빈 2잉을 제도화한 것이다. 그러나 태종은 이 제도를 만들기만 했지, 실천하지는 않았다. 원칙적으로는 세 명을 둬야 했지만, 태종은 한 명의 정비와 열한 명의 후궁을 뒀던 것이다. 원경왕후로서는 복장이 터질 일이었다. 태종과 원경왕후 사이에 서서히 균열이 가기 시작했다.

위험 신고가 감지되다

항상 아들 민무구 등에게 이르기를, "너희들이 매우 교만하니 고치지 않으면 반드시 패할 것이다."

－《조선왕조실록》태종 8년(1408년) 9월 15일 여흥 부원군 민제의 졸기 중 발췌

1, 2차 왕자의 난에서 큰 공을 세운 원경왕후의 친정 식구들, 콕 찍어 말하자면, 태종의 장인인 민제, 처남인 민무구와 민무질 형제들은 정권 창출 이후 공신의 반열에 그 이름을 올리게 된다. 누가 봐도 당연한 처사였고, 정당한 논공행상이었다. 자, 그러나 이들의 등장은 태종에게 적잖이 부담으로 작용했다. 한번 살펴보자.

첫째, 중전인 원경왕후 민씨가 있다. 후궁은 거칠게 말하자면, 왕의 성적 파트너이다. 운이 좋아 아들을 낳는다 하더라도 이 아들이 왕이 될 확률은 극히 희박하고(조선 후기로 가면, 후궁 소생 왕자들이 왕이 되기도 한다), 설령 왕이 되더라도 서자 출신이란 꼬리표 때문에 나름의 자격지심을 가져야 했다. 그래도 이렇게 아들이라도 낳았으면 그나마 나은 편인데, 만약 자식을 못 낳게 된다면, 왕이 죽은 뒤 정업원(淨業院: 왕을 모셨던 후궁들 중 자식이 없는 후궁은 왕이 죽은 뒤 정업원으로 들어가 왕을 위해 불공을 드리며 수절을 했다)으로 들어가 쓸쓸할 말년을 보내야 했다. 법적으로 후궁은 그냥 왕의 첩일 뿐이었던 것이다.

그렇다면 중전은 어떠할까? 중전은 왕의 정실부인이자, 나라의 국모이다. 이런 중전이 가지는 권한은 대단하다. 중전이 가진 권한 중 제일 큰 것은 뭐니 뭐니 해도 그녀의 소생 중 한 명이 왕이 된다는 것이다. 조선의 기본적인 왕위승계 법칙은 적장승계의 원칙이다. 아닌 말로 서자들까지 나서서 왕위를 다툰다면 나라꼴이 어떻게 되겠는가? 피바람이 부는 것이다.

왕조 국가에서 다음 왕위를 결정짓는 왕자를 낳는다는 것은 말 그대로 정권을 창출한다는 의미이다. 그렇기에 세자빈 간택이나 왕비 간택 시 조정의 모든 눈이 여기에 집중될 수밖에 없었다. 왕실에서도 신하들과 왕이 지닌 힘의 균형을 위해서 중전 간택에는 신중을 기했는데, 대비가 이쪽 계열 출신이라면, 중전은 반대쪽 계열 출신의 처녀를 뽑는 경우가 많았다. 덕분에 대비와 중전 사이에 냉랭한 흐를 때가 종종 있었다.

한마디로 말해 중전의 자리는 왕의 아내라는 사적인 영역이 아니라 왕의 국정 파트너라고 받아들여야 한다. 그렇기에 중전이 교체되는 경우는 극히 이례적인 경우로 받아들여진다. 이런 중요한 자리에 앉은 원경왕후 민씨는 단순히 태종의 아내가 아니라 정치적으로 힘을 발휘할 수 있는 위치에 있었다.

둘째, 장인인 민제를 살펴보자. 재야에 묻혀서 옥좌를 노려보고 있을 때에는 더없이 소중하고 고마운 존재였지만, 옥좌에 앉고 보니 영 껄끄러울 수밖에 없었다. 사적으로는 장인이자 스승이지만, 공적으로는 신하인 존재. 문제는 정계는 물론 재야에서도 확실한 세력을 구축했다는 점이다. 민제는 고려 말에 권문세족이면서도 유교를 받아들였고, 보수파의 핵심이자 많은 유학자들이 추종하는 실력자였다. 친구로 받아들인다면, 더할 나위 없이 좋은 우군이지만, 적으로 돌릴 경우에는 뒷감당이 안 될 정도로 껄끄러운 존재였다.

셋째, 처남인 민무구, 민무질 형제이다. 1, 2차 왕자의 난을 거치면서 태종의 든든한 오른팔이 돼줬던 이들 형제는 정권을 잡고 나서는 껄끄러운 존재로 비쳐졌다. 당장 문제가 되는 것이 이들의 활동 분야였다. 1, 2차 왕자의 난을 거칠 때 이들은 실질적인 행동대장으로서 활약했다. 이 분야에서 특기할 만한 재주를 보여줬고, 태종이 집권한 후에도 군사 분야에서 실세로 자리 잡고 있었다. 한 나라의 권력은 군권에서 나오는 것이 아닌가? 만약 이들이 딴 마음을 품는 다면 아무리 태종이라도 부담스러울 수밖에 없었다.

넷째, 세자인 양녕대군이다. 양녕대군은 외가에서 자랐다. 아무 래도 민무구를 비롯한 민씨 형제들과 친할 수밖에 없었다. 혈연으로 맺어진 데다 더해서 인간적인 친분까지 있다면, 장래에 민씨 가문에 휘둘릴 위험성도 있었다.

이성계의 다섯째 아들로 있을 때에는 이들의 존재가 더없이 든 든한 힘이 됐지만, 왕위에 올라 조선의 제3대 임금 태종이 된 순간, 이들은 가까이 하기엔 너무도 껄끄러운 존재가 된 것이다. 만약, 정 상적인 거래 관계였다면, 민씨 가문은 사위에게 정당한 출자를 한 것이기에 수익금이 발생한 뒤에는 당당히 배당금을 요구할 권리가 있었지만, 정치는 이런 정상적인 거래와는 거리가 먼 활동 영역이 아닌가?

여기서 우리가 고민해야 할 것이 하나 있는데, '과연 민씨 가문은 태종에게 정당한 배당금 분배를 요청했는가'라는 대목이다. 한마디 로 그들은 정당한 대우를 받았느냐는 대목인데, 당시의 기록을 살펴 보면 이들은 투자에 대한 정당한 보상을 받았다고 볼 수 있다. 원경 왕후 민씨의 경우는 중전의 자리를 차지했고, 민제의 경우는 태종이 극진히 대우를 해줬다. 국구(國舅: 왕의 장인)이기 이전에 자신의 스승 이자 정권 창출의 일등공신이며 보수 세력과 재야 세력에 두루 힘이 뻗치는 민제의 실력과 인품을 인정한 것이다. 민무구 형제들은? 이 들도 1, 2차 왕자의 난을 거치면서 공신 대열에 합류했고, 공에 걸맞 는 직위를 보장받았다. 겉으로만 보면 아무 문제없는 상황이었다.

그러나 우리는 앞에서 언급한 민제의 졸기에 주목해야 한다. "너희들이 매우 교만하니 고치지 않으면 반드시 패할 것이다." 이 대목만 보면, 민무구 형제가 자신들의 권세를 믿고 함부로 행동했고, 이걸 보다 못한 민제가 아들을 불러다 놓고 충고를 하는 것처럼 보인다. 실제로 그랬을까? 상식적으로 생각해보자. 이들이 바보였을까? 태종 이방원과 함께 한 세월이 20여 년이 넘는다. 그 정도면 태종의 성격 파악 정도는 진즉에 끝났을 것이다.

게다가 여흥 민씨 가문이 어떤 가문이며, 민제가 어떤 인물인가? 언제나 권력 가까이에 있었고, 누구보다도 권력의 생리를 잘 아는 것이 민씨 가문이다. 이런 가문에서 태어나, 보고 자란 이들이 지금 자신의 처지를 모를 리가 없다. 실제로 민무구 형제들은 태종이 자신들을 노리고 있고, 언제고 자신들에게 이빨을 들이밀 거란 걸 눈치채고 있었다. 이들은 태종에 대한 두려운 마음을 가감 없이 표현했다. 때문에 이들은 자신들의 행동거지 하나하나에 주의를 기울였고, 처신에 신중을 기했다.

민제는 양녕대군이 세자에 책봉되고 나서 얼마 뒤 관직에서 물러나 한가로이 바둑이나 두면서 정치 일선에서 거리를 두기 시작했다. 오랜 정치 생활로 다져진 '촉'이 작동한 것이다.

'살아남기 위해서는 이대로 물러나야 한다. 사위의 다음 목표는 우리 민씨 가문이다!'

위험 신호가 감지된 것이다.

처갓집을 풍비박산 내버린 남자

일찍이 전하가 직위하신 지 오래지 않았을 때에 우정승 이무(李茂)의 집에 가서 스스로 의심과 두 마음을 품고 원망하는 말을 하였습니다. 전하가 내선(內禪)을 행하고자 하시니, 기뻐하는 빛을 얼굴에 나타냈고, 복위(復位)하시자 도리어 근심스럽게 여긴 것은 나라 사람이 아는 바입니다.

　　　　　　　- 《조선왕조실록》 태종 7년(1407년) 7월 12의 기록 중 발췌

　　민무구, 민무질 형제의 죄상이다. 양녕대군에게 선위(禪位: 왕위를 물려주는 것)를 하겠다는 폭탄 발언을 했을 당시 민무구, 민무질 형제가 웃었으며, 뒤이어 태종이 복위하겠다고 하자 인상을 찌푸렸다는 이유를 들고 있다. 정말 '이유 같지 않은 이유'이다. 물론, 그 이전에 태종의 심기를 건드린 사건이 있긴 있었다. 바로 양녕대군의 '국제 결혼 미수' 사건이다. 당시의 상황을 간단히 정리하자면 이랬다.

　　명나라 사신 황엄이 양녕대군과 명나라 공주와의 혼사를 말했다. 태종도 동의했는데, 이후 황엄이 다시 조선에 왔을 때 아무 반응이 없었다. 결렬됐다고 판단한 태종은 양녕대군의 혼사를 추진하게 된다. 이때 이현, 조박 등등의 주위 무리들이 민제에게 찾아가 태종에게 명나라 공주와의 혼사를 추진해야 한다는 간언을 부탁하게 된다. 명나라의 부마국이 되면, 외교적으로 상당한 이득이 될 거라는 주장이었다. 민제는 일언지하에 거절했다. 민제가 거절하자 민무구 형제들에게 부탁했으나 이들 역시도 거절한다. 바짝 고개를 숙이고, 몸조

심을 하던 이들이었기에 괜히 나섰다가 험한 꼴을 당할지도 모른단 판단이 앞섰던 것이다. 그러나 이들의 끈질긴 부탁 앞에서 민제는 자기 대신에 당시 조정의 실세였던 하륜에게 가서 부탁을 해보라고 말한다. 하륜은 이때 동의를 하게 된다.

여기까지만 보면, 대신들끼리의 자유로운 토의나 의견 교환 정도로 볼 수 있었다. 왕에게 보고하기 전에 사안을 대신들끼리 자유롭게 논의하는 건 당연한 수순이 아닌가? 이러다가 의견이 맞아떨어지면, 정식으로 보고하면 되는 것이고, 아니면 폐기하면 되는 것이다. 그러나 이 와중에 난데없이 이해 당사자가 끼게 된다. 바로 김한로였다. 당시 양녕대군은 김한로의 딸과 혼담이 진행되고 있던 상황이었다. 김한로 입장에서는 이대로 이야기가 진행되면 완전히 닭 쫓던 개 입장이 될 판이었다.

김한로가 움직이게 되면서 이야기는 태종의 귀에까지 들어가게 된다. 태종의 반응은 즉각적이었다. 이 사건에 연루된 조박, 공부, 이현, 안노생 등등을 잡아들여 국문을 벌였던 것이다. 그러나 나올 '뭔가'가 없었다. 따지고 보면, 신하들끼리의 자연스러운 의견 교환이 아닌가? 태종은 노기를 거두고 곧 이들을 풀어준다. 그러나 의혹의 시선을 거두지 못한 곳이 있었으니, 바로 민씨 일가였다. 비록 이 논의에서 쏙 빠졌지만, 대신들이 달려가 의견을 구했다는 건 신하들이 민씨 일가를 실세로 여기고 있었다는 의미가 아닌가?

너무 과민한 반응이 아니냐고 말할 수도 있다. 하지만 이 사건 한 달 뒤 민무구, 민무질 형제들은 바로 앞에 실록에 나와 있었던 이유, 즉 태종이 선위를 발표했을 때 민씨 형제들이 웃었다는 이유로(소소한 몇 가지 이유가 더 있었지만, 거의 대부분이 이런 식이었다) 탄핵을 받게 된다. 태종의 삼촌이 되는 이화가 총대를 맸다. 정상적인 상황이라면, 탄핵을 한 이화가 무고죄로 잡혀갔을 것이다. 그러나 당시 조정은 태종의 의중을 읽고 있었다. '지금 전하는 민씨 형제들을 제거하려고 결심했구나. 까딱 잘못하면, 우리 목도 위험해!'

조정 대신들은 너나할 거 없이 민무구, 민무질 형제의 탄핵에 앞장섰다. 상황이 이렇게 돌아가니 태종은 못 이기는 척 이들에 대한 처벌에 나서게 된다. 처음엔 직첩을 회수하는 정도로 가볍게 접근을 했는데, 점점 처벌 수위가 높아져 종국에 이르러선 귀양을 가게 된다. 문제는 당시 태종이 민무구 형제를 살려줄 마음이 전혀 없었다는 점이다.

> "민무구 · 민무질은 그 죄가 비록 중하나, 내게는 인친(姻親)이 된다. 내가 나이 16세 때에 민씨(閔氏)에게 장가들어 오랫동안 함께 살았고, 또 부원군(府院君)의 나이가 70에 가깝고 송씨(宋氏)가 병에 걸려 오래 누워 있으니, 만일 두 아들을 법으로 논한다면, 부자간의 마음이 어떠하겠는가! (중략) 후일에 마땅히 경 등의 청을 따르겠다. 신극례의 죄는 민무구 등과 같은 죄과(罪科)가 아니다. 더군다나 그 몸이 이미 죽었고, 내가 일찍이 더불어 함께 맹세하였으니, 다시 거론하지 말라!"
>
> - 《조선왕조실록》 태종 7년(1407년) 11월 21일의 기록 중 발췌

대간(臺諫: 관료들을 감찰하거나, 왕에게 간언을 하는 관리)들을 타이르며 태

종이 했던 말이다. 당시 기록에 "얼굴빛을 온화하게 하고 친히 타일렀다"란 대목이 있는 걸로 봐서 당시 태종의 심중을 확인할 수 있을 것 같다. 여기서 주목해야 할 것은 바로 다음 대목이다.

"부원군(府院君)의 나이가 70에 가깝고 송씨(宋氏)가 병에 걸려 오래 누워 있으니, 만일 두 아들을 법으로 논한다면, 부자간의 마음이 어떠하겠는가! (중략) 후일에 마땅히 경 등의 청을 따르겠다."

그래도 사람인지라 장인, 장모가 살아 있을 적에는 죽이지 않겠다는 의미인 것이다. 이는 역으로 해석하자면, '장인이 죽으면, 너희들 의견에 따라 죽이겠다'는 뜻이 아닌가? 이 말은 현실로 이루어지게 된다. 민제가 죽고 한 달이 지난 1408년 10월 민무구 형제의 죄를 정식으로 인정하는 교서가 반포됐고, 그 뒤는 일사천리였다. 그리고 1410년 봄, 이들은 스스로 목숨을 끊게 된다.

민무구, 민무질로서는 억울할 수밖에 없었을 것이다. 아니, 민씨집안 전체가 억울했을 것이다. 잘나고 똑똑한 데다가 미래가 보이는 사위를 들여서 있는 힘껏 뒷바라지를 해줬더니만, 결국에 돌아온 것이 배신, 그것도 '죽음'이라는 선물로 포장된 배신이었다.

그러나 동서고금의 역사를 뒤돌아보면, 이런 경우가 어디 한두 번일까? 권력을 잡은 후에는 권력 집단 내에서 이합집산이 이루어지고, 어제의 동지가 오늘의 적이 되는 일이 당연시되는 것이 정치판이 아닌가? 태종의 경우는 지극히 상식적인 판단을 내렸다 할 수 있었다. 오죽하면, 토사구팽(兎死狗烹)이란 사자성어가 나왔겠는가? 그렇다. 태종은 당연히 해야 할 일을 한 것이다. 문제는 그다음의 행보이다.

'민씨 집안에 대한 경고, 외척 발호의 원천봉쇄'라는 명분으로 민무구, 민무질 형제를 죽인 것이라면, 여기에서 멈췄어야 했다. 그래도 처갓집이고, 한때는 자신을 위해 목숨을 걸었던 처남들이 아닌가? 옛정을 생각한다면, 이 정도에서 끝내는 게 옳았다. 민씨 집안에 더 이상 힘이 없다는 걸 태종도 잘 알고 있었다. 당시의 기록에도 잘 나와 있다.

> 이숙번이 말하기를, "민무구 · 민무질이 해를 본 까닭으로 복수할 마음을 품은 것이 아닙니까?" 하니, 임금이, "그렇지 않다. 일찍이 보건대, 민무회가 성질이 본래 사납고 고약하여 어질지 못한데, 어찌 형제의 원수를 돌아보고 생각하겠느냐? 지난번에 일찍이 계사(啓事)함으로 인하여 두 형의 일을 가련하게 여기지 않는 것을 알았다……."

> ─《조선왕조실록》 태종 15(1415년) 7월 18일의 기록 중 발췌

민씨 집안의 나머지 두 형제인 민무휼, 민무회가 덫에 걸려들었을 때 태종이 한 말이다. 자신의 측근인 이숙번에게 털어놓은 이야기를 보자면, 태종 스스로도 민무휼, 민무회가 복수에는 뜻이 없다는 걸 확인한 모습이다. 그럼에도 불구하고 태종은 남은 두 형제마저도 죽이려 들었다. 우선 당시의 상황을 살펴보자.

며칠 있다가 민무회가 충녕대군(忠寧大君)을 알현하고 그 노비의 근각(根脚)을 고(告)하고, 또 염치용의 말을 고하니, 충녕대군이 즉

시 임금에게 아뢰었다. 임금이 승전환관(承傳宦官) 최한(崔閑)을 시켜 승정원에 전명(傳命)하기를,(하략)

- 《조선왕조실록》 태종 15년(1415년) 4월 9일의 기록 중 발췌

염치용이라는 사람이 있었는데, 이 사람이 부리는 노비가 뇌물을 써서 공노비로 빠진 것이다. 이 때문에 소송을 했지만, 패하게 되고 억울했던 염치용은 충녕대군의 외삼촌인 민무회에게 찾아가 하소연을 한다. 이 하소연을 들은 민무회가 다시 충녕대군에게 달려가 이 말을 전한 것이다. 충녕은 이 사실을 지체 없이 태종에게 달려가 보고했다. 이게 시발점이 됐다. 태종은 꼬투리를 잡았다는 듯 분위기를 역모로 몰아갔다. 여기에 기름을 부은 것이 양녕대군이었다.

세자가 아뢰었다.

"지난 계사년 4월에 중궁(中宮)이 편찮아서 신(臣)과 효령(孝寧)·충녕(忠寧)이 궐내에 있었는데, 민무회와 민무휼도 문안을 왔었습니다. 두 아우가 약을 받들고 안으로 들어가서, 신과 두 민씨만이 있게 되었습니다. 민무회의 말이 가문이 패망하고 두 형이 득죄(得罪)한 연유에 대하여 미치기에, 신이 책망하기를, '민씨의 가문은 교만 방자하여 불법(不法)함이 다른 성(姓)에 비할 바가 아니니, 화(禍)를 입음이 마땅하다' 하였더니, 민무회가 신에게 이르기를, '세자는 우리 가문에서 자라지 않으셨습니까?' 하므로, 신이 잠자코 있었습니다. 조금 있다가 안으로 들어가는데 민무휼이 신을 따라와 말하기를, '민무회가 실언을 하였으니 이 말을 드러내

지 마십시오' 하기에, 신이 오래도록 여쭙지 못했습니다. 오늘날
에도 개전(改悛)할 마음이 없고, 또 원망하는 말이 있으므로 감히
아룁니다."

- 《조선왕조실록》 태종 15년(1415년) 6월 6일의 기록 중 발췌

충녕대군이 가볍게 토스를 했다면, 세자였던 양녕대군은 강스파
이크를 날린 셈이었다. 6년 전에 민무구, 민무질 형제가 죽었는데,
이제 이 가벼운(어쩌면 문제가 되지도 않을) 사안 때문에 나머지 두 동생
인 민무휼, 민무회도 죽게 된다. 세자의 발언과 민무회의 발언에 주
목하자.

"민씨의 가문은 교만 방자하여 불법(不法)함이 다른 성(姓)에 비할
바가 아니니, 화(禍)를 입음이 마땅하다."

"세자는 우리 가문에서 자라지 않으셨습니까?"

억울하게 죽은 두 형에 대한 하소연을 하니 어린 조카가 '너희
잘못 아니냐? 외가댁이 원래 법을 잘 어기는 집안 아니냐'고 대들었
다. 이 말을 들은 외삼촌이 황당해하며, '그래도 조카라고 키워줬더
니만, 네가 이럴 수 있느냐?'라는 반응을 보인 것이다. 일상생활에서
충분히 나올 법한 대화 내용이었다. 물론, 세자라는 특수한 신분을
감안하고 듣는다면 문제의 소지가 없지는 않다.

그러나 이 말 한마디 때문에 죽인다는 건 문제가 있다. 그렇게 따
랐던 장인의 아들이 아닌가? 지금 아내의 동생들이고, 세자의 외삼
촌이며, 한때 자신을 위해 목숨을 건 사람들인데. 태종은 결국 민씨
사형제의 나머지 두 명도 죽여버린다. 이 정도면 거의 증오에 가까

왔다고 볼 수 있다. 아무런 저항의지도 없는 사람들을 단지 민씨라는 이유 하나만으로 꼬투리를 잡아 죽이다니…… 태종의 이런 증오는 어디서 온 걸까?

나쁜 남자의 손을 치다

"임오년 여름 5월에 민씨의 가비(家婢)로서 본래부터 궁에 들어온 자가 임신하여 3개월이 된 뒤에 나가서 밖에 거(居)하고 있었는데, 민씨가 행랑방에 두고 그 계집종 삼덕(三德)과 함께 있게 하였다. 그해 12월에 이르러 산삭(産朔)이 되어 이달 13일 아침에 태동(胎動)하여 배가 아프기 시작하였다. 삼덕이 민씨에게 고하자, 민씨가 문 바깥 다듬잇돌 옆에 내다 두게 하였으니, 죽게 하고자 한 것이다. 그 형으로 이름이 화상(和尙)이라는 자가 불쌍히 여기어, 담에 서까래(椽木) 두어 개를 걸치고 거적으로 덮어서 겨우 바람과 해를 가리웠다. 진시(辰時)에 아들을 낳았는데 지금의 원윤(元尹) 이비(李裶)이다. 그날 민씨가 그 계집종 소장(小庄)·금대(金臺) 등을 시켜 부축하여 끌고 아이를 안고 숭교리(崇敎里) 궁노(宮奴)인 벌개(伐介)의 집 앞 토담집에 옮겨두고, 또 사람을 시켜 화상이 가져온 금침·요 자리를 빼앗았다. 종 한상좌(韓上佐)란 자가 있어 그 추위를 무릅쓰는 것을 애석하게 여기어 마의(馬衣)를 주어서 7일이 지나도 죽지 않았다. 민씨가 또 그 아비와 화상으로 하여금 데려다 소에 실어 교하(交河)의 집으로 보냈다. 바람과 추위의 핍박과 옮겨

다니는 괴로움으로 인하여 병을 얻고 또 유종이 났으니, 그 모자가 함께 산 것이 특별한 천행이었다. 내가 그때에 알지 못하였다. 지금 내가 늙었는데 가만히 생각하면 참으로 측은하다. 핏덩어리가 기어 다니는 것을 사람이 모두 불쌍히 여기는데, 여러 민(閔)가가 음참(陰慘)하고 교활하여 여러 방법으로 꾀를 내어 반드시 사지(死地)에 두고자 하였으니, 대개 그 종지(宗支)를 제거하기를 꾀하는 생각이 마음에 쌓인 것이 오래되었으므로, 그 핏덩어리에게 하는 짓이 또한 이와 같이 극악하였다."

　　　　　－《조선왕조실록》 태종 15년(1415년) 12월 15일의 기록 중 발췌

　원경왕후 민씨의 몸종이었다가 태종의 승은을 입었던 효빈 김씨에 관한 에피소드이다. 솔직히 말해서 자신의 몸종이 남편이랑 눈이 맞았다는데, 어떤 여인이 마음이 편하겠는가? 효빈이 임신했다는 소식을 듣고 민씨는 분노했을 것이다. 믿는 도끼에 발등이 찍혔다고 해야 할까? 당장 옛날 집 행랑방으로 내쫓았고, 해산달이 가까워지자 방앗간에 내동댕이쳤다. 그리고 이도 모자라 애를 낳자 이불도 빼앗은 다음 오두막에 내팽개치고, 그래도 분이 안 풀려 삭풍이 몰아치는 12월에 소를 태워 교하로 보냈다.

　이 모든 상황을 알게 된 태종으로서는 분노했을 것이다. 그 분노는 다음과 같은 발언만 보더라도 확인할 수 있다.

　"민(閔)가가 음참(陰慘)하고 교활하여 여러 방법으로 꾀를 내어 반드시 사지(死地)에 두고자 하였으니 (중략) 그 핏덩어리에게 하는 짓이 또한 이와 같이 극악하였다."

13년 전 이야기를 끄집어낼 정도로 태종은 민씨 가문에 대한 증오를 불태우고 있었다. 외척 발호와 권력 누수를 염려했다면, 민제의 죽음과 뒤이은 민무구, 민무질의 사형(표면상으론 자살이지만) 정도에서 멈췄어야 했다. 더구나 자신의 옆에는 아직 원경왕후 민씨가 있지 않은가? 중전과 계속 살 생각이 아니라면 모를까, 계속 살 거라면 상황을 이 정도로 악화시켜선 안 됐다. 앞으로 왕의 모후가 될 여자이고, 일국의 국모가 아닌가? 게다가 옛 의리를 아예 무시할 수도 없는 노릇이었다.

그러나 태종은 끝내 민씨 가문을 풍비박산 내버린다. 여기에는 분명 정치적 이해와 목적, 그 이상의 뭔가가 있다. 효빈의 이야기는 태종의 마음 한구석을 살짝 보여준 것이라 할 수 있다. 태종은 오래전터 민씨 가문과 아내에 대한 불만이 있었던 것이다. 자신의 욕망을 억눌러야 했고, 이도 모자라 권력까지 위협하는 민씨 가문의 세력에 불편함을 느꼈던 것이다. 그렇다면, 원경왕후는 어땠을까? 분노할 수밖에 없었을 것이다.

'나는 당신과 함께 목숨을 걸고 싸웠다. 당신의 권력 중 절반은 나와 내 친정이 만들었다고 해도 과언이 아니다. 나는 여염집의 평범한 마누라가 아니라, 정권 창출에 이바지한 공신으로 대우해야 한다. 그렇다면, 최소한의 예의를 갖춰야 하는 것이 아닌가? 나를 옆에 두고, 다른 여자를 들이는 건 분명 예의에 어긋나는 행동이다. 나는 당신에게 정당한 요구를 할 권리가 있다!'

원경왕후로서는 당연한 요구이자, 권리 행사였다. 그러나 태종은 이를 무시하고, 수시로 여자를 곁에 끌어들였다. 여기에 한 술 더 떠서 후궁을 법제화해서 자신의 엽색 행각에 정당성까지 부여하고 있었던 것이다. 이를 본 원경왕후로서는 분노할 수밖에 없었다. 결국 이들 부부는 왕위에 오른 이후 하루가 멀다 하고 싸우게 된다. 《조선왕조실록》은 이를 두고 단순히 '정비의 투기'라고만 기록하고 있지만, 그 실상은 부부싸움이다.

여기서 주목해야 할 것은 싸움이란 건 서로 대등한 입장에서 충돌이 일어나는 행위를 일컫는다는 점이다. 왕과 왕비는 서로 대등한 입장일까? 아니다. 왕비는 언제나 왕의 그림자 밑에서 살아야 했던 존재였지만, 원경왕후는 당당히 자신의 의견을 말하고, 분노하고, 시정을 요구했던 것이다. 이에 대한 태종의 반응은 응징이었다.

처음에는 왕비의 체면을 고려해 원경왕후를 피하거나, 원경왕후의 시종들을 벌하는 수준에서 끝냈지만, 시간이 지나자 왕비의 힘의 근원이었던 친정을 공격했던 것이다. 물론, '왕권 강화', '외척 견제' 등등의 명분도 한몫을 했을 것이다.

그렇지만, 장인인 민제의 죽음, 처남인 민무구와 민무질의 죽음 이후에 사실상 견제할 외척 세력은 존재하지 않았다. 민무회나 민무휼은 더 이상 견제할 그 무엇도 없는 불쌍한 처남들이었을 뿐이다. 그럼에도 불구하고 태종은 이들에 대한 복수를 결정하고, 이들을 죽이게 된다. 여기에는 정치적인 이유 그 이상의 '감정적인' 무엇이 있다고밖에 달리 할 말이 없을 것이다.

그리고 이런 태종의 마음은 앞에서 언급한 기록에서 단적으로 드러나 있다. 이 대목에서 궁금한 게, '만약, 원경왕후가 태종에게 고분고분했다면 어땠을까?'라는 가정이다. 아버지 민제는 태종의 분위기를 살피다가 조용히 은퇴를 했고(물론, 주변에선 그를 가만 놔두지 않았지만), 민제의 아들이었던 민무구와 민무질도 언제 날아올지 모르는 태종의 칼날을 두려워하며 전전긍긍했다. 이때 만약 원경왕후가 화해의 제스처를 취했다면 태종의 칼날은 내려치지 않았거나 강도가 약했을지도 모른다. 물론, 원경왕후의 마음을 모르는 건 아니다. 그러나 사람의 관계가 틀어지는 가장 큰 원인 중 하나가, 과거의 기준으로 지금의 사람을 대하는 것이란 걸 원경왕후는 몰랐던 걸까? 아니면, '부부'라는 울타리를 너무 과신했던 걸까? 이도저도 아니면, 여자로서의 단순한 질투심 때문이었을까?

평범한 인간관계를 기준으로 봤을 때 태종의 행동은 지탄받아 마땅한 이야기이다. 그러나 여기에 '왕'이라는 가중치를 적용한다면, 태종의 행동은 그리 욕먹을 짓이 아니었다. 권력은 아들과도 나누지 않는다고 하지 않았는가? 하물며 아내와 처가라면 더 말할 필요도 없을 것이다. 일방적으로 태종 편만 드는 것 같은데, 태종도 나름 노력을 했던 게 아닌가란 생각이 들기에 이런 말을 꺼내는 것이다.

여흥부원군(驪興府院君) 민제의 집으로 행차하니, 정비도 따르고, 여러 왕자도 모두 따라가 술자리를 베풀었다. 민제가 시 3편을 지어서 올리니, 그 첫째는 문정(文定)의 초년(初年)에 집안 살림이 빈궁하였음을 서술한 것이요, 둘째는 전하가 왕위에 즉위하여 기쁜 정을 서술한 것이며, 셋째는 민씨 일문이 두텁게 은혜를 받은 사사로움을 서술한 것이었다. 임금이 매우 즐거워하여 서로 대하기를 잠저(潛邸) 때같이 하였다. 민제가 임금을 '선달(先達)'이라 칭

(稱)하니, 임금도 민제를 '사부(師傅)'라 불렀다. 술자리가 파(罷)하자, 민제가 임금을 전송하며 대문 밖에 서 있으니, 임금이 민제에게 들어가라고 청했다. (하략)

- 《조선왕조실록》 태종 6년(1406년) 12월 10일의 기록 중 발췌

민무구, 민무질 형제가 웃었다는 이유로 제거되기 반년 전 일이다. 태종이 정안군이던 시절을 떠올리며, 민씨 가문과 즐거운 한때를 보냈던 것이다. 왕이라는 신분을 벗어버린다면 시집간 딸과 사위가 아들들을 데리고 친정 나들이를 한 모양새다. 또, 실제로도 그렇고 말이다. 태종의 성격을 보자면, 이 모든 게 정치적 의도가 숨겨져 있는 연기라고 할 수도 있을 것이다. 그러나 태종이 원경왕후에게 화해의 신호를 보냈다고 해석할 여지는 없는 것일까?

'이 정도 했으면, 그냥 좀 이해하고 넘어가줘라. 나도 남자잖나. 그리고 왕이고…… 여러 가지 복잡한 게 많고, 나름 고민해야 할 것도 많아. 그러니 좀 봐줘. 그래도 우리 한때 잘 지냈잖아. 나도 처갓집 도움 받은 거 잊지 않고 있어. 우리 털어버릴 건 털어버리고, 앞으로 잘 지내자, 응?'

태종의 속내는 이런 게 아니었을까? 왕이기 이전에 한 여자의 남편으로서 화해의 모습이었는지도 모른다. 그러나 상황은 개선되지 않았다. 딱 그때뿐이었다. 태종은 여전히 여자를 밝혔고, 원경왕후는 그런 태종이 못마땅했다. 부부싸움은 잦아졌고, 태종의 마음속에는 이런 불만과 분노가 차곡차곡 쌓여가고 있었던 것이다.

"남자에게 헌신하면, 헌신짝처럼 버림받는다"라는 말이 이처럼

정확하게 맞아떨어진 예가 있을까? 목숨을 걸고 남편을 도왔건만, 돌아온 건 친정의 몰살이라니, 원경왕후로서는 땅을 치고 후회할 일이었을 것이다. 그러나 어쩌겠는가? 권력의 속성상, 아니 남자의 속성이 그런 것을……. 이 모든 것이 태종과 결혼했을 때부터 이미 예견된 일이었을 것이다. 현실은 이리도 적나라하고, 처절한 것이다.

파파보이 세종

파파보이란 말이 있다. 국립국어원 '신어' 자료집을 찾아보면 아래와 같이 나와 있다.

> 파파보이(papa's boy): [명사] 주체적으로 행동하지 못하고 아버지에게 의존하는 소년이나 남자. '마마보이(mamma's boy)'에 상대하여 만들어낸 말이다.

한국 사회를 보면, 이런 파파보이, 마마보이를 흔하게 볼 수 있다. 부모에게서 독립하는 나이가 점점 늦어지고, 설사 취업을 하고, 결혼을 한다 해도 제대로 독립하는 경우가 드물다. 결혼하기 위해 살림집을 하나 얻으려고 해도 부모의 도움이 필요하지 않은가? 한국 사회의 부동산 문제가 어제오늘의 문제도 아니고, 새삼스러울 것도 없지만 결정적으로 대한민국에서 제대로 사춘기를 겪고 성장한 사람이 몇이나 될까? 정상적인 사춘기를 겪어야 할 시점에 입시와 진로에 치여 무한경쟁의 트랙에 뛰어들어야 했으니, 사춘기 같은 건 사치였을지도 모른다. 중요한 결정은 대부분 부모님의 판단에 의지하다 보니 자아성찰이나 인생 계획 같은 고답적인 말은 한켠으로 밀려날 수밖에 없는 것이다. 그러다 보니 나이가 들어서도 부모님의 그늘 밑에서 벗어나지 못하는 경우가 많다.

① 한 남자가 있었다. 재벌집 셋째 아들로 태어났으나, 그 능력은 뛰어났다.

② 셋째 아들이기 때문에 안심하고 결혼한 여자가 있었다. 첫째 라면 사업을 이어받아야 하기에 너무 부담스럽고, 부가옹(富家翁: 부잣집 뒷방 늙은이) 정도의 경제력을 가지고 자기 하고픈 일을 하며 사는 것도 괜찮을 것이란 판단을 내린 것이다.

③ 어느 날 상황이 바뀌게 됐다. 첫째 아들에게 결격사유가 발생한 것이다. 주변에서는 사업을 다른 누군가에게 물려줘야 하는 게 아니냔 말이 나왔다. 첫째에 대한 신뢰를 보여주던 아버지의 마음도 흔들렸다. 셋째 아들은 고민하게 된다. 내가 사업을 물려받으면 어떨까?

④ 셋째 아들은 본격적으로 후계자 경쟁 구도에 뛰어들었다. 첫째 형을 견제하고, 압박하더니 결국 형을 몰아내고 상속자의 자리에 앉게 된다.

⑤ 셋째의 아내는 불안했지만, 친정아버지는 야망을 불태우게 된다. 아들의 아버지는 이 모습이 못마땅하게 보였고, 자신의 사돈을 제거하려고 덤벼든다.

⑥ 아내의 친정은 위기에 봉착하게 된다. 이때 셋째 아들은 어떤 모습을 보여줄까?

보통의 경우라면, 두 가지 판단을 내릴 수 있을 것이다.

첫째, 사업체를 물려받기 위해 냉정하게 아내를 버리는 모습.

둘째, 사랑하는 아내를 위해서 사업체를 물려받는 걸 포기하는 모습.

후자의 경우는 여성들이 꿈꾸는 드라마 속 왕자님들이 자주 보여주는 모습이다. 한마디로 지극히 실현 불가능한 이야기란 소리이다. 그렇다면 남는 건 사랑하는 아내를 버리고 사업체를 택하는 모습이다. 현실을 생각하면 이게 맞다. 그렇다면, 지금 이야기하려는 이 아들은 어떤 선택을 했을까?

고자질쟁이였던 위대한 왕

예를 들면, 이런 사람이 있다고 치자. "이 사람은 어린 시절 아버지와 형제들이 재산 때문에 서로 싸우는 모습을 지켜봤다. 조금 지나니 이제는 외삼촌들이 아버지의 손에 두들겨 맞는 걸 봐야 했다. 아버지는 외삼촌을 때리는 것도 모자라 외갓집을 아예 박살냈다. 아버지와 어머니는 사이가 좋지 않아서 툭하면 부부싸움을 했다. 어머니는 장남인 큰형만 편애했다. 외삼촌들도 큰형만 좋아해서, 자신은 언제나 소외된 느낌을 받아야 했고, 아버지는 바람을 피우는 것에도 법도가 있다며, 공식적으로 첩을 들이고 이를 당당하게 어머니에게 말했다. 덕분에 집안은 편할 날이 없었다. 삐뚤어진 이 아이는 어린 시절부터 큰형의 잘못을 고자질하는 못된 버릇이 들었다. 큰형은 이

동생이 고자질쟁이라면서 피했다. 고기를 좋아하고, 움직이는 걸 싫어한 소년은 살이 쪘는데, 아버지는 틈만 나면 살을 빼라고 면박을 줬다.

이 소년은 나중에 어떻게 됐을까? 가정환경과 유년 시절의 행동만을 봤을 때 이 소년은 비행청소년이 될 확률이 높아 보인다. 완전히 콩가루 집안이 아닌가? 누가 봐도 문제가정의 문제 청소년으로 자라날 것처럼 보인다. 하지만 이 소년은 나중에 자라서 조선의 제4대 임금인 세종대왕이 된다.

세종대왕에 대해서는 더 이상 언급하지 않아도 다들 잘 알 것이다. 한글 창제 하나만으로도 모든 걸 다 설명할 수 있는 위대한 임금, 그게 바로 세종대왕이 아닌가? 한글 이외도 수많은 문화적 · 제도적 발전을 이끌었지만, 한글 앞에서는 왠지 초라해 보인다. 분명 다른 임금이었다면, 크게 주목받고 치적으로 인정받았을 업적이지만, 세종대왕이라는 이름 앞에서는 그 정도는 '당연히' 해줘야 한다는 인식이 있을 것이다. 우리 역사상 가장 위대한 임금으로 손꼽히는 세종대왕. 그러나 왕의 유년 시절은 과히 행복하지만은 않았다. 아니, 오히려 불행했다고 보는 게 맞을 것이다. 그러나 세종에게는 이 불행을 피해 갈 비장의 카드가 있었다. 바로 공부였다.

임금이 일찍이 충녕대군에게 이르기를, "너는 할 일이 없으니, 평안하게 즐기기나 할 뿐이다" 하였으므로, 이때에 서화(書畵) · 화석(花石) · 금슬(琴瑟) 등 모든 유희 애완(愛玩)의 격물(格物)을 두루 갖추지 않음이 없었다. 그러므로 충녕대군은 예기(藝技)에 정(精)하지 않는 바가 없었다. 세자가 충녕대군에게 금슬을 배웠기 때문에 화목하여 틈이 없으니, 임금이 심히 그 화목한 것을 가상하게 여겼다.

- 《조선왕조실록》 태종 13년(1413년) 12월 30일의 기록 중 발췌

태종은 일찍부터 충녕대군에게 하고 싶은 공부를 마음대로 하라고 허락했던 것이다. 이미 왕세자는 양녕대군으로 정해졌으니, 자신이 하고 싶은 공부나 실컷 하라는 배려였다. 이런 부왕의 뜻에 따라 충녕대군은 아무 거리낌 없이 자신이 하고 싶은 공부를 마음대로 했다. 예체능에 뛰어나 갖가지 악기를 다뤘고 형인 양녕대군에게 거문고를 가르쳐줄 정도가 됐다. 게다가 화초나 수석을 비롯해 온갖 학문과 취미에 몰두했는데 이 덕분에 세종 시절의 수많은 문화 업적들이 나올 수 있었던 것이다. 이에 더해 유학 서적에 대한 공부도 빠뜨리지 않았다. 익히 알다시피 세종대왕은 책벌레로 유명했다. 이런 이유로 충녕대군은 하루가 다르게 주변의 신망을 얻게 된다.

이때부터 이야기가 좀 묘하게 흘러가기 시작한다. 양녕대군의 거듭된 비행과 탈선 앞에서 태종과 그 신하들이 골머리를 앓고 있던 그때 떡 하니 그 대안이 나온 것이다. 더 믿음직스러운 건 이 대안이 자신을 홍보할 줄 아는 적극성을 보여주었다는 것이다. 스스로도 뜻을 굳힌 것이다.

① 이날 세자가 성(盛)한 복장을 하고, 모시는 자를 돌아보며, "신채(身彩: 몸단장) 가 어떠한가?" 하니, 충녕대군이, "먼저 마음을 바

로잡은 뒤에 용모를 닦으시기 바랍니다" 하매, 모시는 자가 탄복하였다.

"대군의 말씀이 정말로 옳습니다. 저하(邸下)께서는 이 말씀을 잊지 말기를 바랍니다." 세자가 매우 부끄러워하였다.

-《조선왕조실록》태종 16년(1416년) 1월 9일의 기록 중 발췌

② 연회가 파하자 세자가 부마(駙馬) 청평군(淸平君) 이백강(李伯剛)이 일찍이 축첩(畜妾)한 기생 칠점생(七點生)을 데리고 돌아오려 하였다. 충녕대군이 만류하며, "친척 중에서 서로 이같이 하는 것이 어찌 옳겠습니까?" 하였다. 말을 재삼하니, 세자가 마음으로 노하였으나 애써 그 말을 따랐는데, 그 뒤로 세자는 대군과 도(道)가 같지 아니하여 마음으로 매우 꺼려하였다.

-《조선왕조실록》태종 16년(1416년) 3월 20일의 기록 중 발췌

③ "집에 있는 사람이 비를 만나면 반드시 길 떠난 사람의 노고를 생각할 것이다" 하니, 충녕대군이 말하였다.

"《시경(詩經)》에 이르기를, '황새가 언덕에서 우니, 부인이 집에서 탄식한다'고 하였습니다." 임금이 기뻐하여, "세자가 따를 바가 아니다" 하였는데, 세자가 일찍이 임금 앞에서 사람의 문무(文武)를 논하다가, "충녕(忠寧)은 용맹하지 못합니다" 하니, 임금이 말하였다.

"비록 용맹하지 못한 듯하나, 큰 일에 임하여 대의(大疑)를 결단하는 데에는 당세에 더불어 견줄 사람이 없다."

-《조선왕조실록》태종 16년(1416년) 2월 9일의 기록 중 발췌

첫 번째 기록은 양녕대군이 새 옷을 장만했다고 좋아하자, 이를 우회적으로 비난한 충녕대군의 모습이다. 두 번째 기록은 양녕대군이 부마가 데리고 놀던 기생을 취하려 하자 충녕대군이 이를 비난하고 있다. 맞는 말이긴 하지만 어딘지 기분 나쁘게 하는 모습, 그것이 바로 충녕대군의 모습이다.

상황이 이렇게 돌아가니 양녕대군도 서서히 충녕대군에 대한 견제심리가 발동하게 된다. 세 번째 기록을 보면 당시 양녕대군의 심리 상태를 확인할 수 있다. 세자보다 충녕대군의 학문이 높다며 태종이 칭찬을 하는데, 사실 태종의 이런 발언들은 은근히 많다. 아예 대놓고 양녕에게 넌 왜 충녕보다 공부를 못하냐고 핀잔을 주기도 했다. 어쨌든 태종이 또 이와 같이 말하자 충녕대군이 용맹하지 못하다며 양녕대군이 딴죽을 건다. 이렇게 보면 양녕대군의 견제가 본격화되는 것처럼 보이지만, 견제는 충녕대군이 양녕대군에게 날린 것이 더 많았다.

당시 양녕대군의 피해의식이 어느 정도였느냐면 아래와 같은 기록이 있을 정도다.

충녕대군이 대자암(大慈庵)에서 불사(佛事)하고 개성으로 돌아가다가 세자를 마산역(馬山驛) 앞 노상(路上)에서 만났는데, 세자가 노하여, "어리(於里)의 일을 반드시 네가 아뢰었을 것이다" 하니, 충녕대군이 대답하지 아니하였다. 서로 헤어져 4, 5리쯤 가는데, 별감(別監)이 말을 달려서 소명(召命)을 전하니, 세자가 돌아왔다.
- 《조선왕조실록》 태종 18년(1418년) 5월 11일의 기록 중 발췌

개경으로 들어가는 길에 우연찮게 충녕대군과 만나게 된 양녕대군이 이렇게 화를 낸 것이다. "네가 또 아버지한테 고자질했지? 내가 어리랑 노는 게 너랑 무슨 상관이야? 응?" 이런 양녕대군의 추궁에 충녕대군은 대답을 하지 못하다가 나중에 별감을 보내서 해명한 것이다. 양녕대군이 세자 자리에서 쫓겨나게 된 결정적인 계기가 바로 어리 사건이었다.

이때 태종은 횡액을 막기 위해 개경으로 잠깐 옮겨간 상태였다. 세자였던 양녕대군은 한양에 있었다. 태종은 그 즉시 양녕대군을 호출했는데, 이때 양녕대군은 충녕대군과 만나게 된다. 이 자리에서 양녕대군은 이제까지 속에 품어 두었던 화를 폭발시켰던 것이다. 고자질쟁이 충녕대군의 이미지가 이렇게 각인된 것이다.

우리가 어린 시절 보았던 위인전을 보면, 부왕의 뜻이 충녕에게 있으니, 내가 이 자리에 눌러앉아 무슨 영화를 바라겠는가, 효를 위해서도 마땅히 세자 자리를 충녕에게 물려주는 것이 옳다며, 쿨 하게 세자 자리를 충녕에게 물려주는 것이 양녕대군의 모습이었다. 그러나 현실은 이런 감상이 끼어들 틈이 없었다. 양녕은 세자 자리를 지키기 위해 아버지에게 끊임없이 반성문을 써서 제출했고, 충녕은 형 양녕대군의 꼬투리를 잡아 고자질하기에 바빴다. 이들은 정말 왕의 자리에 앉고 싶었던 것이다.

대왕을 위한 수습 기간

"…… 술을 마시는 것이 비록 무익(無益)하나, 중국의 사신을 대하여 주인으로서 한 모금도 능히 마실 수 없다면 어찌 손님을 권하여서 그 마음을 즐겁게 할 수 있겠느냐? 충녕은 비록 술을 잘 마시지 못하나 적당히 마시고 그친다. 또 그 아들 가운데 장대(壯大)한 놈이 있다. 효령대군은 한 모금도 마시지 못하니, 이것도 또한 불가(不可)하다. 충녕대군이 대위(大位)를 맡을 만하니, 나는 충녕으로서 세자를 정하겠다."

— 《조선왕조실록》 태종 18년(1418년) 6월 3일의 기록 중 발췌

효령은 자질이 미약하고, 충녕은 글 읽기와 공부하기를 좋아한다며 장광설을 늘어놓던 태종이 난데없이 꺼낸 비장의 카드가 충녕과 효령의 음주 유무였다. 충녕은 술을 좋아하진 않지만 나름 마실 줄 아는데, 효령은 술을 전혀 못 마신다는 것이다. 중국 사신들이 왔을 때 접대를 해야 하는데, 접대의 기본인 술을 못 한다면 문제가 있다는 주장이었다. 논리로선 정말 빈약하지만, 어쩌겠는가? 지금은 충녕에게 왕세자 자리를 넘기는 적당한 명분이 필요한 것이지, 실질적인 이유가 필요한 게 아닌 것을. 그렇게 충녕대군은 세자 자리에 오르게 된다.

태종 18년 6월, 전격적으로 양녕대군을 폐하고, 셋째인 충녕대군을 세자로 삼게 된다. 뭘 시키든 기본 이상은 해내는, 아니 확실하게 해내는 충녕대군이었기에 양녕대군과 같은 시행착오는 더 이상

없을 것 같았다. 이제 후계 구도는 안정되고, 조선은 미래의 왕을 잘 키워내기만 하면 되는 것처럼 보였다. 그런데 태종은 생뚱맞은 일을 저지르고 만다. 충녕대군을 세자에 책봉한 지 불과 40여 일 만에 왕위를 넘긴 것이다.

왕조 국가에서 정권의 수명은 곧 왕의 자연 수명과 일치하는 경우가 많다. 특별한 경우가 아니라면, 왕이 살아 있는 기간 동안이 정권의 기간이었다. 그러나 조선시대에는 왕의 자연 수명이 아직 남아 있는 상황에서 정권이 끝난 경우가 의외로 많았다. 스물일곱 명의 왕 중에서 무려 여덟 명이 자연 수명이 끝나지 않았음에도 정권을 내놓아야 했다.

"왕이 건강상의 이유로 물러나는 경우도 있잖아"라고 물어볼 수도 있는데, 원래 권력이란 물건은 죽는 그 순간까지도 내려놓지 못하는 것이다. 만약 건강상의 문제가 있다면, 세자를 통해 대리청정(代理聽政)을 했으면 했지 권력을 내려놓지는 않았다. 세종대왕도 집권 후반기에는 정사를 볼 수 없을 정도로 건강 상태가 나빴음에도 권력을 내려놓지 않고, 세자였던 문종에게 대리청정을 맡겼던 것이다.

분명하게 말할 수 있는 건 왕의 수명이 남아 있음에도 불구하고, 권력을 내려놓는 것에는 정치적인 이유가 있다는 것이다. 아무리 부정하려 해도 그 사실에는 변함이 없다. 태종의 경우에도 마찬가지였다. 세종에게 왕위를 넘기는 행동에도 숨겨진 정치적 의도가 있었다.

태종은 다른 일곱 명의 왕과 달리 자발적 의지로 왕위에서 물러난 인물이다. 그렇다고 해서 나머지 일곱 명처럼 양위에 정치적 의도가 없었느냐면, 그건 또 아니었다. 아니, 나머지 일곱 명보다 훨씬 더 많은 정치적 의도가 있었다고 해야 한다. 그 정치적 의도는 무엇이었을까? 답은 세종대왕에게 있다.

> "주상(主上)이 장년(壯年)이 되기 전에는 군사(軍事)는 내가 친히 청단(聽斷)할 것이다. 또 나라에서 결단하기 어려운 일은 의정부 · 육조로 하여금 의논하게 하여 각각 가부(可否)를 진달하게 하여 시행하게 하고, 나도 마땅히 가부에 한 사람으로서 참여하는 것이 가(可)하다."
>
> ─《조선왕조실록》태종 18년(1418년) 8월 10일의 기록 중 발췌

세종에게 일단 왕이라는 타이틀은 넘겨주지만, 군사에 관한 일, 즉 병권과 나라에서 결단하기 어려운 일들은 의정부와 육조를 통솔해 정치 일선에서 뛰겠다는 의지 표명이다. 간단히 말해서 세종은 얼굴마담이 되는 것이고, 실질적인 왕으로서의 권리는 태종이 행사하겠다는 것이다. 그렇다면, 굳이 왕위를 세종에게 넘길 필요가 없지 않았을까?

당시 세종은 세자로 책봉된 지 40일도 안 된 상태에서 바로 왕위를 물려받게 된다. 이렇게 초스피드로 왕위를 넘겨받은 것에는 비밀이 숨겨져 있다. 세종이 세자 책봉을 받기 전까지 조선의 세자는 세종의 큰형이 되는 양녕대군의 자리였다. 문제는 양녕대군이 거듭된 돌출 행동으로 자질 논란에 휩싸이게 되고, 태종은 고심 끝에 양녕대군을 세자 자리에서 끌어내리고, 그 자리에 셋째인 충녕대군을 앉혔다는 것이다. 결과론적으로 보면, 태종의 선택은 최고의 결과를 이

끌어 냈지만, 당시로서는 몇 가지 문제점이 예상됐다.

첫째, 충녕대군이 아무리 똑똑하다고 해도 세자로서 제왕학을 배우지는 못했다는 점.

둘째, 혹시 모를 양녕대군과 그 추종 세력들의 불온한 움직임.

셋째, 아직 어린 충녕대군이 노회한 정치 세력과 외척의 발호를 대처할 수 있을까 하는 의구심.

기본적으로 당시 양위를 결정한 태종은 세종에게 수습 기간을 주고자 했던 것이다. 실제로 태종은 상왕으로 있는 4년 동안 세종을 그 옆에 두고서 현실 정치의 감각을 익히게 만들었다.

문제는 세 번째 항목이었다. '노회한 정치 세력과 외척의 발호를 대처'한다는 대목이다. 태종의 경우에는 손에 피를 묻히고 권력을 잡았다. 그것도 형제들의 피를 말이다. 그런 태종으로서는 권력의 생리를 누구보다도 잘 알고 있었고, 가급적이면 자식에게 이런 험한 꼴을 보이고 싶지 않았다. 이때 제일 눈에 걸렸던 게 바로 심온(沈溫)이었다.

심온 그리고 김한로

태종에게는 세자가 두 명이었다. 한 명은 양녕대군이었고, 나머지 한 명은 세종대왕이 된 충녕대군이다. 이 대목에서 주목할 것이 김한로는 태종이 직접 낙점한 사돈이었고, 심온은 표면상 얼떨결에 국구가 된 인물이란 점이다. 그러나 사실 심온도 일정 부분 왕의 장인 자리에 뜻이 있었다고 보는 게 맞을 것이다. 그렇다면, 이 둘의 차이는 무엇일까? 우선 김한로에 대한 이야기를 해보자.

일단 김한로는 태종의 친구다. 고려 시절 태종과 함께 과거시험을 본 동방(同榜: 같은 때에 과거에 급제하여 방목에 함께 적히던 일)이었다. 지금으로 치자면, 사법고시 동기생 정도라고 할 수 있다. 둘은 친구였고, 덕분에 조선 개국 후에 대우를 받게 된다. 그리고 태종이 왕위에 오른 뒤에는 그의 딸이 양녕대군과 혼인하게 된다.

왕권의 화신이자, 외척이라면 이를 가는 태종이 직접 낙점한 김한로는 대체 어떤 사람이었기에 왕의 선택을 받을 수 있었을까? 답은 간단하다. 김한로에게는 권력에 대한 뜻이 없었기 때문이다.

태종과 과거 시험을 볼 때 장원급제를 할 정도로 총명했으나, 이는 어디까지나 '공부머리'였다. 공부는 잘했으나 정치적인 식견이나 리더십, 용인술과 같은 정치력은 떨어졌던 것이 김한로였다. 책방서생이라고 해야 할까? 공부는 잘하나 권력욕이 없는 김한로는 장인으로서는 딱이었다. 그렇다면, 심온은 어땠을까? 여기서부터 이야기가 좀 복잡해진다.

심온은 조선 개국공신 청성백(青城伯) 심덕부(沈德符)의 아들이었다. 아버지와 함께 조선 개국에 적극 동참했고, 이 덕분에 조선이 개국한 뒤에는 승승장구해 형조, 호조판서를 거쳐 한성부판윤, 의정부참찬, 좌군도총제, 이조판서 등등의 핵심요직에 두루 기용됐다. 주변의 평판도 좋았고, 성품 역시 인자한 것으로 알려져 있었다.

문제는 심온이 김한로보다는 훨씬 더 정치적이고, 야망이 있었다는 대목이다. 충녕대군이 한참 자신의 존재감을 내보이며 양녕대군을 압박하던 시절, 이를 보다 못한 좌의정 박은이 심온에게 충고한 적이 있다. 충녕대군에게 민심이 모이는데, 이게 충녕대군에게도 좋을 건 없으니 대군에게 처신을 조심토록 하는 게 좋을 것 같다는 내용이었다.

심온은 이를 무시한다. 한참 양녕대군의 옆구리를 찌르며 점수를 따던, 누가 봐도 예민하고 위험하던 시기였다. 보기에 따라선 충분히 역모, 혹은 왕위에 욕심이 있는 행위처럼 보일 수 있었던 게 당시 충녕대군의 모습이었다. 이 아슬아슬한 시기에 심온은 사위의 행동을 묵인 혹은 방조, 아니 지지하고 있었던 것이다. 그도 왕자의 장인보다는 왕의 장인이 되고 싶었던 것이다.

그렇다면 이런 심온을 태종은 어떻게 바라보고 있었을까? 초반에는 분위기가 좋았다. 고작 마흔네 살인 심온을 영의정에 앉히더니 세종의 즉위를 알리는 사은사(謝恩使)로 명나라에 보내기도 했다. 이제까지 보여준 태종의 모습과는 전혀 다른 모습이었다. 외척이라면 이를 갈던 태종이 왜 이렇게 유순해진 것일까? 이유는 금방 드러났다. 바로 페인트 모션이었던 것이다. 심온이 사은사로 떠난 지 한 달 정도 지난 시점에서 느닷없이 강상인 사건이 불거지게 된다.

① 상왕이 병조참판 강상인(姜尚仁)과 좌랑(佐郎) 채지지(蔡知止)를 잡아 의금부(義禁府)에 가두라고 명하였다. 이때에 임금은 장의동(藏義洞) 본궁(本宮)에 있었는데, 병조는 매양 군사에 관한 일을 상왕에게 아뢰지 아니하고 먼저 임금에게 아뢰므로, 임금이 그럴 때마다 이를 물리치면서, "어찌하여 부왕께 주상하지 않느냐"고 말

하였다. 상왕이 이러한 사실을 알고, 그의 소위(所爲)를 시험해보고
자 하여, 상인에게 물었다.

"상아패와 오매패는 장차 어디에 쓰려고 한 것인가" 하니, 상인이
대답하기를, "이것으로 대신을 부르는 데 쓰나이다" 하였다. 상왕
은 이 말을 듣고 곧 상아패와 오매패를 꺼내어서 상인에게 주며
말하기를, "여기서는 소용이 없으니, 모두 왕궁으로 가져가라"고
하였다. 상인은 곧 이를 받들고 주상전으로 가지고 갔다. 임금이
묻기를, "이것은 무엇에 쓰는 것이냐" 하니, 상인이, "이것으로써
밖에 나가 있는 장수를 부르는 데 쓰는 것입니다"라고 대답하였
다. 임금이 말하기를, "그러면 여기에 두어서는 안 된다"고 하고,
곧 상인으로 하여금 다시 가지고 가서 도로 바치게 하였다.

-《조선왕조실록》세종 즉위년(1418년) 8월 25일의 기록 중 발췌

② 상왕이 박습과 강상인을 원종공신(原從功臣)이라고 용서하여 면
죄하고, 강상인은 그의 고향으로 돌아가라고 내쫓았다. (중략) 강상
인은 상왕이 잠저에 있을 때에 비로소 가신이 되었다가 상왕이 즉
위하자 발탁하여 등용하였으나, 오히려 본궁의 사재(私財)를 맡아
보게 하여 그 출납(出納)을 감독하도록 하였다. 이때에 이르러 상
왕이 사람을 보내어 이르기를, "너는 30년간이나 나를 따라 지내
다가 오늘에 와서 이렇게 되었으나, 나는 오히려 옛날을 생각하여
죄를 주지 않노니, 너는 스스로 반성함이 마땅하다."

-《조선왕조실록》세종 즉위년(1418년) 8월 29일의 기록 중 발췌

이야기는 간단했다. 세종에게 왕위를 넘겨준 태종에게는 단서 조항이 하나 붙어 있었다. 군권은 자기가 가지고 있겠다는 것이었다. 그런데 강상인이 실수로 장수를 부를 때 쓰는 패를 세종에게 건넸던 것이다. 이는 순전히 착각이며 실수이다. 상왕인 태종에게 가서 상아패와 오매패를 건넸는데, 대신들을 부를 때 쓰는 것이니 세종에게 건네라는 말을 듣고는 무심결에 세종에게 건넨 것이다.

반역의 의도는 손톱만큼도 없는 단순 실수였다. 문제는 이중으로 나뉜 권력 앞에서 전전긍긍하는 대신들에게 보일 시범 케이스가 필요했다는 것이다. 태종은 강상인을 '모범답안'으로 제시했다. 세종에게 보위를 물려준 지 보름만에 태종은 권력이 아직 자신에게 있음을 선언한 것이다.

이렇게 적절한 시범 케이스가 있었을까? 강상인은 그대로 의금부로 끌려가 모진 고문을 당해야 했다. 그래도 다행인 것은 태종이 시범 케이스의 효과만 확인하고, 강상인을 풀어준 것이다. 어떻게 보면 해프닝 그 이상도, 그 이하도 아닌 지나가는 이야기였다. 그러나 태종은 이걸 다시 끌고 나온 것이다. 심온이 명나라에 가 있는 사이 태종은 강상인을 다시 끌고 나와 그 배후를 수사하기 시작했다.

배후? 그렇다. 태종의 목적은 간단했다. 강상인의 입에서 '영의정 심온'이란 이름이 나오길 바란 것이다. 그리고 이 소망은 너무도 간단히 이뤄졌다. 네 차례 압슬(壓膝: 무릎에 가하는 고문)형 끝에 강상인은 영의정 심온의 이름을 토해냈다. 그 뒤로는 일사천리였다. 관련자 전원은 사형이 언도됐고, 심온은 압록강을 건너자마자 붙잡혀 와 추국을 당하게 된다. 이미 다 짜여진 각본대로 움직이는 추국이었다.

결론적으로 심온 역시 사약을 받게 된다. 문제는 이 당시 세종과 세종의 아내였던 소헌왕후(昭憲王后) 심씨는 어떤 상황이었는가 하는 점이다. 이들의 이야기는 지금부터 시작이다.

내명부를 잘 다스렸던 불행한 왕비

무려 8남 2녀를 낳은 소헌왕후는 조선왕조 5백 년을 거쳐 간 수 많은 왕비들 중에서 가장 많은 자식을 낳은 왕비이며, 왕비와 후궁을 통틀어 아들을 가장 많이 낳은 궁중 여인이었다. 소헌왕후 외에 자식을 많이 낳은 부인으로는 성종의 후궁인 숙의(淑儀) 홍씨를 들수 있다. 숙의 홍씨는 7남 3녀를 낳았다. 세종과의 금실이 얼마나 좋았는지를 확인할 수 있는 대목이다. 실제로 세종과 소헌왕후는 사이가 좋았다. 특히 소헌왕후는 세종이 마음 편하게 나라를 다스릴 수 있도록 물심양면으로 내조를 잘했던 것으로 유명하다. 실제로 조선 시대를 거쳐 간 수많은 왕비들 중에서 가장 내명부(內命婦: 궁궐 안에서 품계를 받은 여인들)를 잘 다스린 왕비로 손꼽힌다.

이렇듯 겉으로 보기에는 행복한 삶을 살았을 것 같은 소헌왕후지만, 한 겹 벗겨 보면 조선의 왕비들 중에서 가장 불행한 삶을 살았던 왕비들 중 한 명이라 할 수 있다.

심씨는 애초에 중전이 될 생각도 없었으나 양녕대군이 폐세자가되고, 그 자리를 남편인 충녕대군이 잇게 되자 일약 세자빈으로 뛰어오르게 된다. 남들이 보기에는 행복의 시작으로 보였으나, 심씨는 불안하기만 했다. 이미 시아버지인 태종이 시어머니의 가문을 쑥대밭으로 만든 걸 알고 있었기 때문이다. 이 불안은 곧 현실로 나타나게 된다.

왕권에 대한 집착으로 외척 발호에 민감한 반응을 보였던 태종은 세종의 장인이 되는 심온에게 누명을 씌워 죽인다. 이 일로 심온의 가문은 몰락하게 되고, 소헌왕후의 친정어머니는 관노비로 전락하고 만다. 물론 심온을 제거하는 데 두 팔을 걷어붙인 것은 태종이었다. 그러나 이런 태종의 명을 받들어 직접 행동으로 옮긴 것은 유정현과 박은이었다. 태종이야 상왕이니 후환을 두려워할 게 없었다. 그냥 죽으면 그뿐이다. 그러나 이들 신하들은 이야기가 달랐다. 태종이 죽고, 세종이 권력을 넘겨받는다면? 아찔할 수밖에 없었다. 만약 소헌왕후가 복수의 칼날을 들이민다면, 그 길로 목이 떨어져도 할 말이 없는 것이다. 이들은 소헌왕후에게 부모를 죽인 원수가 아닌가. 결국 이들이 먼저 손을 쓰기 시작했다.

"죄인의 딸인 까닭으로 외인(外人)이 반드시 이를 의심하지만은, 그러나 이것이 어찌 법관(法官)이 마땅히 청할 바이겠느냐"고 하니, 조말생·원숙·장윤화 등이 대답하기를, "만약 형률(刑律)로써 논하오면 상교(上敎)가 옳습니다. 그러나 주상의 처지에서 논한다면, 심온은 곧 부왕의 원수이니, 어찌 그 딸로써 중궁에 자리를 잡고 있도록 하겠습니까. 은정(恩情)을 끊어 후세에 법을 남겨두시기를 청합니다"하니, 상왕이 대답하지 않았다. 박은이 또 병조에 나아가서 당상관(堂上官)에게 이르기를, "그 아버지가 죄가 있으니,

그 딸이 마땅히 왕비로 있을 수 없다."

-《조선왕조실록》세종 즉위년(1418년) 11월 29일의 기록 중 발췌

아버지의 죽음, 집안의 몰락, 그리고 자신의 폐비 논의까지 진행되는 상황. 소헌왕후의 가슴은 미어질 수밖에 없었다. 그러나 태종은 거기까지는 바라지 않았다. 왕비는 필요했다. 다만, '친정이 강한 왕비'는 필요하지 않았던 것이다. 이 정도면 어느 정도 정리가 됐다고 판단한 태종은 왕비 자리를 인정해주는 대신 안전 장치를 하나 설치하기로 결심한다. 바로 세종의 후궁이다. 세종의 의중보다는 태종의 판단에 따라 세종은 후궁을 들였으니 상호군의 딸을 의정궁주로, 이운로의 딸을 혜순궁주로, 최사의의 딸을 명의궁주로, 박의동의 누이를 장의궁주로 받아들이게 된다.

태종의 생각은 간단했다. 왕실을 번창시키려면 후궁을 여럿 거느려 자손을 많이 낳는 것이 가장 좋은 방법이라는 것이다. 아울러 이렇게 후궁을 많이 두면 둘수록 왕권은 더더욱 공고해진다는 논리였다. 왕권 강화에는 도움이 될지 모르지만, 아내이자 여자로서는 최악의 환경이라 할 수 있을 것이다. 친정은 도륙나고, 남편은 후궁들을 연달아 들이고, 어머니가 노비로 끌려가는 걸 지켜봐야만 했던 심정을 누가 다 알 수 있을까? 이처럼 왕비 자리에 올랐다고 꼭 좋아할 일만은 아니었다.

문제는 이런 일련의 사태에서 보여준 세종의 행보이다. 껍데기뿐인 왕이지만, 그래도 왕이었던 세종은 타협을 할 수밖에 없었다. 장인인 심온의 죽음은 누가 봐도 손을 쓸 수 없는 상황이었다. 이미 태

종이 결심한 상황이 아닌가? 그렇기에 장인의 죽음 앞에서 세종은 손을 놓을 수밖에 없었다. 그러나 자신의 아내에 대한 문제가 불거지자 적극적으로 아내를 감싸 안았다. 애처가의 모습이다. 그러나 이 애처가의 모습에 파파보이, 아니 효자로서의 모습이 겹쳐지면 어떤 이미지가 될까?

왕비를 마음 고생시킨 위대한 군주

세종 4년(1422년) 5월, 태종이 죽게 된다. 이제 세상은 세종의 것이 됐다. 이렇게 됐으니 당장 발등에 불이 떨어진 사람은 심온을 죽이고, 소헌왕후의 친정을 쑥대밭으로 만들 때 앞장섰던 박은과 유정현이었다. 행인지, 불행인지 박은은 태종이 죽기 하루 전날 죽었기에 불행의 칼날을 피해갈 수 있었다. 문제는 유정현이었다. 그는 심온을 직접 심문했고, 심온 일가의 여자들을 관비로 만들 것을 강력하게 주장한 인물이었다. 소헌왕후로서는 원수 중의 원수였던 셈이다. 그러나 세종은 이를 눈감아줬다. 아니, 오히려 유정현을 중용했다. 소원왕후로서는 이런 말이 나올 법했다.

"아니, 여보! 시아버님이 살아 계실 때에는 시아버님 체면도 있고, 당신이 나설 상황이 아니니까 이해했는데, 지금은 당신 세상이잖아요? 억울하게 죽은 우리 아버지와 고생하고 있는 우리 어머니가 안 보여요?"

"아니, 그게······ 아버지 체면도 생각해야 하고, 또 내가 추구하는 리더십하고는 거리가 있는 것이라…….”

세종은 분명 소헌왕후를 사랑했다. 그 엄청난 자식 숫자를 한번 보라. 8남 2녀나 낳다니, 소헌왕후를 사랑한 것은 확실하다. 또한 금실도 좋았다. 그러나 이 문제에 있어서만은 세종은 한 발 물러난 모습을 보여줬다. 세종은 태종과는 달랐다. 태종의 경우에는 한 손에 권력을 틀어쥐고 신하들을 쥐 잡듯이 몰아붙이는 카리스마형 리더십을 보였다면, 세종의 경우는 화합과 소통을 강조했다(집권 후기에 가면 아버지를 닮아가지만). 그 결과가 유정현의 중용이었다. 세종은 자신의 치세 동안에는 피를 보는 일을 최대한 자제하고 싶었던 것이다. 문제는 이렇게 되다 보니 소헌왕후와 심온 일가는 계속 피눈물을 흘려야 했다는 것이다. 당장 쟁점이 됐던 것이 두 가지였다.

첫째, 심온의 사면 문제였다. 죽은 몸이긴 하지만, 심온이 억울한 죽음을 당했다는 건 온 세상이 다 아는 사실이다. 그의 죄를 사면해주고, 정당한 평가를 내려주는 것이 당연한 일이었다.

둘째, 실질적인 심온 일가의 구제이다. 태종이 죽기 전까지 심온의 아내, 그러니까 세종의 장모는 노비 신분이었다. 태종이 죽은 뒤에 바로 노비 신분에서 벗어날 수 있는 기회가 있었으나, 세종은 사건 당사자인 유정현이 죽을 때까지 끝내 장모의 신분 복귀 카드를 꺼내지 않았다.

당시 세종의 마음은 어땠을까? 기록을 잠간 살펴보자.

① “…… 신 등은 삼가 바라건대 한나라의 고사(故事)를 본받고 태종의 뜻을 계승하시어 천안(賤案)을 삭제하고 작첩(爵牒)을 돌려주

어, 신민(臣民)들의 국모를 떠받드는 마음을 위로하여 주신다면 매우 다행하겠습니다" 하니, 명하여 천안에게 제명하게 하였다.

- 《조선왕조실록》 세종 8년(1426년) 5월 17일의 기록 중 발췌

② "이는 부왕(父王) 때의 일이므로 경솔히 논의할 수가 없다. 부왕께서 온이 북경으로부터 돌아왔을 때에 추국하지 않고 외방으로 유배하려고 하셨지만은, 그때 집사자(執事者) 한 사람이 국문을 굳이 청하므로 비로소 이를 허락하셨던 것인데, 온이 드디어 '병권(兵柄)은 마땅히 한곳으로 돌아가야 한다'는 말을 승복하였고, 또 '이른바 한 곳이란 것은 어느 곳을 뜻하는 것이냐' 하고 물으니, 대답하기를, '한 곳이란 곧 주상을 가리키는 말이라' 하였고, 또 병권이 '한 곳으로 돌아간 뒤에는 어떻게 하겠다는 것이냐' 하니, 대답하기를, '나도 무반(武班)이다. 병권을 장악해보려는 것이다' 하였으니, 이것으로 보더라도 온이 문초에 승복하지 않았던 것은 아니요, 그렇다고 반역한 신하가 아니니, 제경(諸卿)은 마땅히 의금부의 문안(文案)을 가지고 이를 잘 살펴보라."

- 《조선왕조실록》 세종 11년(1429년) 3월 16일의 기록 중 발췌

첫 번째 기록은 세종 8년 때의 일이다. 심온 사건의 연루자였던 유정현이 죽자 황희와 대신들이 소헌왕후의 어머니를 면천시키자는 주청을 올린 것이다. 노비가 된 지 무려 8년만의 일이었다. 태종의 눈치가 보였다면, 태종이 죽은 다음에 노비 신분에서 해방시킬 수도 있었을 텐데, 세종은 끝끝내 유정현의 죽음을 기다렸던 것이다.

'조금만 더 참으면, 모든 사람이 다 웃으면서 해결될 문제인데…… 그걸 굳이 끄집어내서 분란을 일으킬 필요는 없잖아? 내가 생각하는 정국 구상은 '피'와는 거리가 있어.'

분명 세종의 마음은 이해할 수 있지만, 그사이 마음고생했을 소헌왕후는 어떠했을까? 물론, 세종이 잘 달래고 이해시켰을 것이다. 그러나 대(大)를 위한 소(小)의 희생이라지만, 한 여자가 감당하기에는 너무도 큰 짐이 아니었을까? 피눈물을 토해내는 심정이었을 것이다. 아버지는 이미 돌아가셨으니 잊고 산다지만, 살아 계신 어머니는 노비가 돼 모진 고초를 겪어야 한다니, 일국의 왕비 신분이 다 무엇이란 말인가? 자기 어머니 하나 구해내지 못하는 것을……. 그러나 어쩌겠는가? 남편에게는 또 남편의 생각이 있었다. 소헌왕후는 그냥 참을 수밖에 없었다.

두 번째 기록을 보면 세종의 성격을 엿볼 수 있다. 아버지의 말을 거역할 수 없다는 파파보이의 모습과 함께 효자 세종의 모습을 확인할 수 있는 것이다. 세종은 아버지가 내린 결정을 자신이 뒤엎는 것은 자식 된 도리가 아니란 사실을, 그리고 이런 행동이 국정 전반에 어떤 파장을 일으킬지를 예상하고 있었던 것이다. 결론은 소헌왕후가 좀 더 참아야 한다는 것이었다. 실제로 심온의 사면은 소헌왕후의 아들인 문종 대에 이르러서야 겨우 이루어졌다. 참으로 냉정하다 할 수 있는 처사였다.

분명 아내에게는 따뜻하고 건실한 남편이었지만, '왕'이라는 공식적인 호칭 앞에서는 한없이 냉정했던 것이 세종이었다. 아버지와는 다른 세상을 꿈꾸고, 아버지와는 다른 리더십을 보여준 세종이었기에 오히려 더 힘들어했던 것이 바로 소헌왕후였다. 덕분에 백성들은 행복할 수 있었겠지만 말이다.

충녕대군에게 시집갔다는 이유 하나만으로 아니, 남편이 야망을 가졌고, 아버지가 이 남편의 야망에 동조했다는 이유만으로 피눈물을 흘려야 했던 소헌왕후. 어쩌면 그녀에게 왕비 자리는 열어서는 안 되는 판도라의 상자였는지도 모른다. 남들이 다 부러워하는 자리였지만, 정작 자신에게는 지옥과 같은 절망만을 안겨준 자리였던 것이다. 세종이 실질적인 왕권을 회복한 연후에 얼마나 많은 기대와 신호를 남편에게 보냈을까? 그러나 그 기대와 바람도 남편의 공식적인 칭호인 '왕'이라는 이름 앞에서 여지없이 무너져야 했다. 여자로서는 행복했을지 몰라도, 왕비로서는 불행해야만 했던 소헌왕후. 그것은 바로 중전의 자리에 오른 여인들이 공통적으로 느껴야 했던 감정이 아니었을까.

여자를 멀리한 문종

제3장

남자들이 '왕'이라는 지위를 부러워하는 이유 중 하나가 바로 여자 때문이다. 정실부인말고도 수십 명의 후궁을 따로 두는 왕의 생활은 남자들 입장에서는 선망, 그 자체일 것이다. 여자가 많다고 꼭 좋은 건 아니겠지만, 열 여자 마다하지 않는 게 또 남자들의 본능이 아닌가? 그런 의미에서 왕실의 번영을 위해서는 자손을 번창시켜야 한다는 논리로 합법적이면서도 여자를 선택할 폭이 넓은 왕이라는 자리는 남자들에게는 꿈이요, 로망일 것이다.

　　여기서 우리가 주목해야 할 사실은 왕의 여자가 우리의 예상과는 달리 의외로 적었다는 점이다. 궁궐 안의 모든 궁녀가 왕의 여자라고 생각해보면, 많은 여자들을 만났을 것 같지만 조선시대 왕들은 의외로 그렇지 않았다. 당시 궁궐 안 궁녀의 숫자는 많아봐야 6~7백 명선이었다. 이 여성들도 왕실 식구들의 생활을 위해서 각 전각마다 분산 배치되었고, 저마다의 임무 때문에 왕을 볼 수 있는 확률은 극히 제한되었다. 예를 들어 바느질을 전담하는 침방 나인이 왕의 얼굴을 어떻게 볼 수 있을까? 수라간 나인들은 또 어떤가. 설사 본다 하더라도 이들 중 왕과의 하룻밤을 꿈꿀 수 있는 젊은 궁녀는 더 적었을 것이다. 왕의 행동반경 안에 들어가는 궁녀의 수는 제한적이었고, 이들 중 왕의 마음에 쏙 들어갈 만한 궁녀는 손에 꼽을 정도였을 것이다.

의자왕의 3천 궁녀를 생각하는 사람들도 있을 텐데, 이 3천 궁녀 이야기는 후대에 들어와 문인들의 문학적 표현이 과장되었던 것이지 실제로 3천 궁녀를 모집할 정도의 힘이 백제에는 없었다. 일제 강점기 시절 식민사관으로 뿌리내린 것일 뿐이다. 백제보다 훨씬 더 국력이 강성했던 조선도 고작해야 5~6백 명 선의 궁녀를 둔 것이 전부였다. 그래도 5~6백 명이 어디냐고 말할 수 있겠지만, 진짜 문제는 왕이 여자에 관심이 있었느냐는 것이다.

대표적인 예가 세조이다. 할아버지 태종을 닮아서 힘으로 조카의 왕위를 빼앗은 세조는 한눈에 봐도 영웅호색이기에 여자를 밝힐 것 같지만, 의외로 여자를 멀리했다. 특히 기생은 사람의 족속이 아니라면서 멀리했는데, 단순히 직업여성을 멀리한 것만이 아니었다. 여성 자체에 대해서 별 관심이 없었던 것이다. 13년 3개월 동안 재위하면서 정비 한 명, 후궁 한 명의 여자만 곁에 둔 것만 봐도 알 수 있다. 의외로 소박하다고 해야 할까?

그러나 역사적으로 살펴보면 이런 기록은 생각보다 많다. 현종 같은 경우에는 15년 3개월 동안 재위하면서 고작 중전 한 명만 곁에 뒀었고, 희대의 폭군이자 바람둥이로 불리는 연산군도 11년 10개월 동안 비록 기생을 많이 두긴 했지만 정식으론 중전 한 명과 후궁 한 명만 곁에 뒀었다. 반면 태종, 성종, 중종은 중전과 후궁을 포함해 열두 명을 두어 많은 편에 속했다. 하지만 이 이상 여자를 둔 왕은 없었다.

여기서 문제가 되는 것이 여자를 너무 밝혀도 문제지만, 여자에게 너무 무심해도 문제라는 점이다. 평범한 남자라면, 자신의 후손이 없다는 것은 대(代)가 끊긴다는 정도로 넘어갈 문제이지만(이 역시도 좀 심각한 문제이긴 하다), 왕의 경우엔 여자가 없다는 건 곧 다음 왕권에 대한 후계 구도가 복잡해진다는 의미이다. 왕자 한 명만 있으면 되는 것 아니냐고 생각할 수도 있겠지만, 그게 그렇게 녹록한 문제가 아니다. 세자를 일컫는 말 중에 국본이란 말이 있다. 말 그대로 나라의 근본이라는 뜻인데 다음 시대의 주인공이자, 다음 대권을 약속받은 이에게 어울리는 표현이란 할 수 있다.

그러나 이 국본이라는 말이 무색할 정도로 조선시대 세자의 자리는 위태로웠다. 원래 정상적인 절차를 밟는다면 왕의 적장자로 태어나 원자(元子: 아직 왕세자에 책봉되지 않은 왕의 맏아들)를 거쳐 세자에 책봉되고, 왕이 승하한 뒤 왕위를 이어받아야 하지만, 조선시대에서 이렇게 정상적으로 등극한 경우는 불과 여섯 명밖에 되지 않는다.

소위 말하는 적장자 승계 원칙에 따라 승계한 경우는 문종, 단종, 연산군, 인종, 현종, 숙종뿐이다. 조선시대 스물일곱 명의 왕 중에서 불과 여섯 명, 22.2퍼센트뿐인 것이다. 그 나머지 왕들은 이 원칙에서 벗어나 변칙적으로 왕위를 승계한 경우이다.

더구나 어린 세자가 왕위에 오른다면, 이를 지켜주고 보살펴줄 후견인이 필요한데, 왕이 여자를 적극적으로 취하지 않는다면 이 후견인 세력들이 없어지게 된다. 게다가 세자 한 명만 덜렁 있다가 이 세자마저 죽는다면, 왕위는 방계로 넘어갈 수밖에 없다. 이렇게 되면 주변에 있는 왕실 식구들이 저마다 계산기를 두들기는 상황이 벌어지게 된다.

'왕(혹은 세자)만 사라지면, 나한테도 기회가 올 수 있는데…….' 이런 계산이 나오는 것이다. 그래서 왕들은 너무 여자를 가까이 해서도 문제이지만, 너무 멀리 해도 문제가 된다. 조선 왕조 5백 년 중에서 가장 큰 비극이라 꼽히는 단종의 죽음과 세조의 즉위는 바로 이 '여자를 너무 멀리 한' 왕 때문에 벌어진 일이라 할 수 있다.

문종, 하나 빼고 아빠를 쏙 빼닮았다

30년 동안이나 세자 자리에 앉아 있었던 문종을 한마디로 표현하자면, '조선시대 가장 행복했던 세자'라고 할 수 있다.

문종은 여덟 살에 세자에 책봉되어, 착실히 세자 수업을 받았고, 나이 스물이 넘어서부터는 세종 옆에서 조정 실무를 익혔다. 그리고 세자 기간의 마지막 8년 동안은 병든 세종을 대신해 실질적으로 조선을 통치했다. 일국의 세자로서 이 정도로 완벽하게 준비된 세자는 없었다. 세종이 30년간 착실히 왕재(王才)를 갈고닦아 만든 조선 왕조 최초의 '준비된 왕'이 바로 문종이었다.

아버지 태종이 못 이뤘던 적장자 승계의 원칙을 세종은 꼭 이루고 싶었고, 그러기 위해 문종을 이토록 갈고닦았던 것이다. 4대가 지났음에도 왕위를 오르기 위해서는 피를 흘리거나, 정치적인 잡음이 끊이지 않았던 상황에서 세종은 자기 대에서 이 질곡의 사슬을 끊어버리고 싶었다.

문종은 이런 세종의 바람에 착실히 호응해줬다. 그의 나이 불과 열두 살이었을 때 세종은 문종에게 명나라 사신을 영접케 했다.

> 세자를 대신시켜 하마연(下馬宴)을 베풀었다. 사신이 세자 대우하
> 기를 매우 공손히 하고 찬미(贊美)하여 말하되, "이 나라는 산수(山
> 水)가 기절(奇絶)하므로 이런 아름다운 인물이 난다" 하였다.
>
> — 《조선왕조실록》세종 7년(1425년) 윤7월 19일의 기록 중 발췌

문종은 명나라 사신들의 찬사마저 이끌어낸 것이다.

세종의 자식들 중에서 아버지를 가장 많이 닮은 것이 바로 문
종이었다. 책과 공부를 좋아하고, 어버이에 대한 효성 또한 지극했
다. 몸을 움직이는 것을 싫어해 체형조차 세종과 비슷하게 변한 것
도 역시 닮았다. 하긴, 조선시대 모범적인 세자로서의 삶을 살아가
기 위해서는 체형이 세종과 비슷하게 변해가야 했다. 인사와 공부
가 삶의 전부인데, 계속 앉아서 공부만 하다보면 자연히 살이 찔
수밖에 없었다.

어쨌든 문종은 세종을 붕어빵처럼 빼닮았다. 솔직히 이때까지만
하더라도 아니, 세종과 문종의 관계만 보면, 조선 왕조가 지향해야 할
가장 이상적인 '왕-세자' 관계라 할 만했다. 권력은 아들과도 나누지
않는 것이라지만, 이들 부자에게는 해당 사항이 없는 이야기였다. 부
왕은 세자를 사랑하고, 세자는 부왕에게 효를 아끼지 않았다.

아들을 준비된 왕으로 만들기 위해 손에 피를 묻힌 태종과 달리,
세종은 공을 들여 하나하나 착실히 문종을 가르쳤고, 문종은 세종의
기대에 어긋나지 않게 이를 차곡차곡 받아들였다. 글도 잘 쓰고, 활

쏘기도 잘하고, 천문을 잘 알아 세종이 교외 행차 시 세자에게 날씨를 물어볼 정도였다. 게다가 세종과 닮아 각종 신기술 개발에 앞장섰고, 역산이나 음운학 같은 비인기 과목에서도 탁월한 능력을 보여줬다. 이러니 세종이 사랑하지 않을 수 없었다.

게다가 신하들과 주변의 기대 또한 컸다. 조선시대를 살아간 수많은 세자와 세손들 중에서 가장 준비가 잘됐고, 왕과 신하들의 기대가 컸으며, 그 자신도 행복했던 세자. 그것이 바로 문종이었다. 물론, 문종의 자질도 한몫을 단단히 했지만, 여기에는 부왕 세종의 노력과 인내가 있었다.

아버지 태종이 40일도 안 돼 세자를 왕위에 올리고, 4년 동안 뒤에서 세종을 지도했다면, 세종은 30년이라는 세월을 들여 사랑과 관심으로 문종을 키워냈다. 둘 다 훌륭한 세자를 키워냈지만, 교육 방식과 사고관의 차이가 전혀 다른 타입의 성군을 만들어낸 것이다.

뛰어난 자질, 균형 잡힌 판단력, 엄청난 학업 의지, 지극한 효심, 박학다식한 지식 등등 문종은 세종을 비롯해 수많은 대소신료들의 기대를 한 몸에 받았지만 딱 한 가지 아버지와 닮지 않은 부분이 있었다. 바로 여자를 가까이 하지 않는 점이었다. 할아버지 태종을 비롯해 큰아버지인 양녕대군, 작은아버지 효령대군, 아버지인 세종까지 모두 여자를 가까이 했다. 예를 들어 효령대군은 1처 1첩을 두었는데, 본처 소생으로만 6남 2녀를 뒀다. 서자녀는 1남 1녀를 뒀다. 여색을 탐한 건 아니지만, 그래도 다복한 가정을 이뤘다. 단적인 예를 들자면, 세종이 문종을 낳은 게 세종의 나이 열여덟 살 때였는데, 문종이 단종을 낳았던 때가 그의 나의 스물여덟 살 때였다.

이것이 훗날 단종의 비극을 몰고 왔다 할 수 있다. 단종이 열 살만 더 많았다면, 수양대군이 그리 쉽게 왕위를 노리진 못했을 것이다. 단순히 아들을 늦게 낳았을 뿐이지 많은 후사를 두었다면 또 이야기가 달라졌겠지만, 문종은 여자 자체를 싫어했다. 세종이 처음 짝을 지어준 휘빈 김씨는 문종으로부터 외면을 받게 된다. 상황이 이러니 휘빈은 문종의 마음을 얻기 위한 방법을 강구하기 시작했는데, 그 방법이 좀 요상했다.

"뱀이 교접할 때 흘린 정기를 수건으로 닦아 간직하면……."

"남자의 사랑을 받는 여자의 신발을 베어다 태워 가루로 만든 다음 이걸 술에 타서 남자에게 먹이면……."

거의 이런 식이었다. 이런 망측한 술책을 확인한 세종은 바로 휘빈을 폐하게 된다. 그러곤 곧바로 다음 세자빈을 구하려 하는데, 이때는 나름 고민을 하게 된다.

'첫 번째 며느리는 너무 못생겨서 우리 아들이 외면한 거야. 여자는 자고로 예쁘고 봐야 해! 무조건 예쁜 며느리를 뽑자!'

당시의 기록을 잠깐 살펴보자.

"이제 동궁(東宮)을 위하여 배필을 간택할 때에는 마땅히 처녀를 잘 뽑아야 하겠다. 세계(世系)와 부덕(婦德)은 본래부터 중요하나, 혹시 인물이 아름답지 않다면 또한 불가(不可)할 것이다. 나는 부모된 마음에서 친히 간택하고자 하나, 옛 예법에 없어서 실행할 수가 없으므로, 창덕궁(昌德宮)에 모이게 하고 내관(內官)으로 하여금 시녀와 효령대군과 더불어 뽑게 해야겠는데 어떻겠는가." 하니, 황희 · 맹사성 · 변계량 · 신상 · 윤회 등은 모두 "좋습니다" 하였으나, 허조만 유독 "불가하옵니다. 만약에 한 곳에 모이게 하여 가려 뽑는다면 오로지 얼굴 모양만을 취하고 덕을 보고 뽑지 않게 될 것입니다" 하였다. 임금이 말하기를, "잠깐 본 나머지 어찌 곧 그 덕을 알 수 있으리오. 이미 덕으로서 뽑을 수 없다면 또한 용모로서 뽑지 않을 수 있겠는가. 마땅히 처녀의 집을 찾아 돌아다니면서 좋다고 생각되는 자를 예선(豫選)해서, 다시 창덕궁에 모아놓고 뽑는 것이 좋겠다" 하니, 모두가 "좋습니다" 하였다.

- 《조선왕조실록》 세종 11년(1429년) 8월 4일의 기록 중 발췌

여기서 다음의 대목을 주목하기 바란다.

"혹시 인물이 아름답지 않다면 또한 불가(不可)할 것이다."

"잠깐 본 나머지 어찌 곧 그 덕을 알 수 있으리오. 이미 덕으로서 뽑을 수 없다면 또한 용모로서 뽑지 않을 수 있겠는가."

세종의 입에서, "못생긴 처녀는 절대 뽑을 수 없다. 내가 직접 확인하겠다"라는 강력한 의지가 피력된 것이다. 당시 세종의 상황 판단은 단순했다. 예쁜 여자를 붙여주면, 문종도 마음을 돌려서 2세를 보기 위해 열심히 노력할 것이라는 판단이었다. 예쁜 여자를 마다할 남자가 어디있겠는가. 일견 단순하지만, 확실한 상황 판단이었다. 문제는 문종이 그렇게 '단순한 남자'가 아니었다는 부분이다.

희대의 왕실 동성애 사건

못생긴 여자는 절대 뽑지 않겠다는 강력한 의지로 뽑은 사람이
바로 세자빈 봉씨였다. 그러나 상황은 그리 호락호락하지 않았다. 다
음의 기록을 잠깐 살펴보자.

① 뜻밖에도 세자가 친영(親迎)한 이후로 금슬(琴瑟)이 서로 좋지
못한지가 몇 해나 되었다. 내가 중궁과 함께 상시 가르치고 타일
러서, 그 후에는 조금 대하는 모양이 다르게 되었지마는, 침실의
일까지야 비록 부모일지라도 어찌 자식에게 다 가르칠 수 있겠는
가. 생각하건대, 세자는 나라의 저부(儲副)이므로 선대를 계승하는
도리로서는 후사를 두는 것보다 더 큰일이 없는데, 부부 관계가
이와 같았다.

② "후사 잇는 길을 넓히도록 꾀하는 일을 늦출 수는 없습니다" 하
였다. 이로 인하여 세 사람의 승휘(承徽)를 뽑아 들였는데, 봉씨는
성질이 시기하고 질투함이 심하여서, 처음에는 사랑을 독차지 하
지 못한 일로 오랫동안 원망과 앙심을 품고 있다가, 권 승휘(단종의
생모가 되는 현덕왕후)가 임신을 하게 되자, 봉씨가 더욱 분개하고 원
망하여 항상 궁인에게 말하기를, "권 승휘가 아들을 두게 되면 우
리들은 쫓겨나야 할 거야" 하였고, 때로는 소리 내어 울기도 하니,
그 소리가 궁중에까지 들리었다. 내가 중궁과 같이 봉씨를 불러서
타이르기를, "네가 매우 어리석다. 네가 세자의 빈이 되었는데도

아들이 없는데, 권 승휘가 다행히 아들을 두게 되었으니, 인지상정으로서는 기뻐할 일인데도 도리어 원망하는 마음이 있다니, 또한 괴이하지 않는가" 했으나, 봉씨는 조금도 뉘우치는 기색이 없었다.

③ 그 후에 또 세자에게 항상 가르치기를, "비록 여러 승휘가 있지마는, 어찌 정적(正嫡)에서 아들을 두는 것만큼 귀할 수가 있겠느냐. 정적을 물리쳐 멀리할 수는 없느니라" 하였다. 이때부터 세자가 조금 우대하는 예절을 보였는데, 그 후에 봉씨가 스스로 말하기를, "태기(胎氣)가 있다." 하여, 궁중에서 모두 기뻐하였다. 그가 혹시 놀람이 있을까 염려하여 중궁으로 옮겨 들어와서 조용히 거처한 지가 한 달 남짓했는데, 어느 날 봉씨가 또 스스로 말하기를, "낙태(落胎)를 하였다"고 하면서, "단단한 물건이 형체를 이루어 나왔는데 지금 이불 속에 있다"고 하므로, 늙은 궁궐 여종으로 하여금 가서 이를 보게 했으나, 이불 속에는 아무것도 보이는 것이 없었으니, 그가 말한 "임신했다"는 것은 거짓말이었다.

세종이 신하들에게 한 말이다. 며느리를 쫓아내기 직전에 며느리의 비행 사실을 한탄조로 읊조린 것인데, 보면 참 할 말이 없을 정도이다. 애초에 세종은 봉씨를 들인 다음 문종을 잘 타일렀다. '네가 후사를 봐야 왕실이 번창하고 후계 구도가 확실해진다. 힘써서 잘해 봐라'라는 뜻을 전한 것이다. 하지만 문종은 아예 이쪽에는 별 관심이 없는 듯했다. 부부간에도 침실 안에서의 이야기를 꺼내기 민망한데, 하물며 자식 앞에서 적나라하게 이야기하기는 그렇잖은가? 에둘러 '금실 좋게 지내라' 정도로 이야기를 마무리 지어야 했을 것이다. 문제는 문종이 봉씨마저도 탐탁지 않게 여겼다는 것이다. 가장 큰 문제는 바로 성격 차이였다. 조용조용하고 책 읽기 좋아하며 내성적인 문종과 달리 봉씨는 활달하고 괄괄하며 직선적인 성격이었다. 아무리 예뻐도 성격이 맞지 않으니 부부 문제가 끊이질 않았다.

상황이 이러니 세종은 문종에게 후처를 권하게 되는데, 이때 들어간 여자 중 한 명인 권 승휘가 덜컥 임신을 하게 된 것이다. 이 소식에 세자빈 봉씨는 길길이 날뛰게 됐고, 뒤이어 자신도 임신을 했다는 거짓말까지 하고 만 것이다. 정말 단순함의 극치라 할 수 있겠다. 그러나 이때까지만 하더라도 어느 정도는 참고 넘어갈 만한 사안이었다.

'며느리가 투기가 심한 거라 생각해야지. 하긴, 남편이 첩을 두는 건데, 어느 여자가 가만있겠어?'

이 정도의 분위기였다. 그러나 봉씨는 이때부터 완전히 막무가내인 모습을 보였다. 권씨의 임신 이후로 봉씨는 대낮부터 술판을 벌이면서 스스로의 입지를 약화시키더니, 결국 조선 왕조 역사상 희대의 동성애 사건을 터트리게 된다.

내가 중궁과 더불어 소쌍을 불러서 그 진상을 물으니, 소쌍이 말하기를, "지난해 동짓날에 빈께서 저를 불러 내전으로 들어오게 하셨는데, 다른 여종들은 모두 지게문 밖에 있었습니다. 저에게 같이 자기를 요구하므로 저는 이를 사양했으나, 빈께서 윽박지르므로 마지못하여 옷을 한 반쯤 벗고 병풍 뒤에 들어갔더니, 빈께서 저의 나머지 옷을 다 빼앗고 강제로 들어와 눕게 하여, 남자의 교합하는 형상과 같이 서로 희롱하였습니다" 하였다.

-《조선왕조실록》세종 18년(1436년) 10월 26일의 기록 중 발췌

현대의 관점으로 보자면, 일정 정도 봉씨에게 동정표를 보낼 수도 있다. 남편과 성격도 맞지 않는데, 남편은 밤마다 외면하고, 한 발더 나아가 다른 여자와 바람을 피우고, 그 결과 애까지 덜컥 임신시켰다면 그 기분을 이해할 만하다. 그러나 봉씨가 살던 시절은 조선시대였다. 그것도 왕실에 시집을 간 것이 아닌가? 지금의 기준으로도 남편이 외면한다고 동성애 행각을 벌인다면, 이해를 구하긴 어려울 것이다. 하물며 조선시대에서 이런 일이 벌어졌다면, 어떤 반응이 돌아올지는 뻔했다. 누가 봐도 세자빈으로서는 부적합하다는 말이 나왔을 것이다.

자, 이 대목에서 우리가 고민해봐야 할 것이 문종이 왜 이렇게 여자를 멀리 했느냐는 대목이다. 이때까지의 기록을 종합해보면 아래와 같이 말할 수 있다.

첫째, 문종은 '남성'으로서의 육체적 문제는 없었다.

둘째, 문종은 여자를 싫어하는 게 아니라 그 기준이 까다롭다.

셋째, 문종이 이제까지 맞아들인 세자빈들은 문종의 기준에 부합하지 못했다.

정말 문종은 여자를 보는 눈이 까다롭다고 할 수 있었다. 그러나 어떡하랴? 문종은 일국의 세자이고, 세자가 혼자 지낼 수는 없는 법이다. 세종은 세 번째 세자빈을 맞아들이기 위한 준비에 들어가게 된다.

세 번째 세자빈

세종은 봉씨를 내보낸 다음 억지로 밀어 넣어준 문종의 후궁들 중에서 세 번째 세자빈을 뽑게 되는데, 바로 권 승휘였다. 문종의 딸을 낳았던 전적이 높게 평가된 것이다. 당시 기록을 잠깐 살펴보자.

> "…… 권양원(權良媛)과 홍 승휘(洪承徽) 중에서 누가 적임자인가. 두 사람은 모두 세자가 우대하는 사람이며 우리 양궁(兩宮)을 돌보아 사랑하는 사람이다. 그러나 세자의 뜻은 홍씨를 낮게 여기는 듯하나, 내 뜻은 권씨가 적당하다고 생각한다."
>
> - 《조선왕조실록》 세종 18년(1436년) 12월 28일의 기록 중 발췌

여기서 우리가 주목해야 할 것이 바로 홍 승휘라는 여자이다. 세자가 봉씨와 사이가 좋지 않자, 억지로 밀어 넣어준 세 명의 후궁 중에서 문종의 마음을 사로잡은 여자가 바로 홍 승휘였다. 당시 권씨와 홍씨는 문종과 잘 통했는데, 이들 중 홍씨가 문종과 코드가 더 맞았던 것이다. 그러나 당시 세종의 마음은 달랐다.

'아이도 낳아본 사람이 낳는다고, 비록 딸이지만 이미 세자의 자식을 낳은 권씨를 세자빈으로 앉히는 게 좋을 것 같다. 이미 한 번 자식을 낳았으니, 아들을 낳을 확률도 높을 것이다.'

지극히 현실적인 판단이었다. 이렇게 보면, 문종도 참 박복한 인생이라 할 수 있다. 세 명의 아내를 맞아들이는데, 한 번도 자신의 의중이 들어간 경우가 없었던 것이다. 그러나 왕실 일이란 게 다 그런

것 아니겠는가? 개인의 사사로운 감정보다는 왕실과 후사를 우선으로 생각해야 하는 것이다. 어쨌든 당시 세종의 판단은 정확했다. 권승휘는 세 번째로 세자빈이 되었고, 왕실이 그렇게 염원하던 아들을 낳게 된다. 이 사람이 훗날의 단종이다. 그러나 기쁨은 잠시였다.

"…… 7월 23일 새벽 이전에 대역(大逆)을 모반한 것, 자손(子孫)이 조부모(祖父母)·부모(父母)를 모살(謀殺)하였거나 때리고 욕한 것, 처첩(妻妾)이 남편을 모살한 것, 노비가 상전을 모살한 것, 독약이나 저주로 살인한 것, 강도(强盜)를 범한 것 외에는, 이미 발각되었거나 아니되었거나, 이미 결정되었거나 다 용서하여 제(除)해 버리니, 감히 유지(宥旨) 전의 일을 가지고 서로 고(告)하고 말하는 자는 그 죄로써 죄 줄 것이다. 아아, 이미 많은 복을 받았으니 진실로 웅몽(熊夢)의 상서에 합하게 할 것이라, 의당 관대한 은전(恩典)을 베풀어서 홍도(鴻圖)의 경사(慶事)를 크게 넓힐 것이다" 하였다. 교지 읽기를 끝마치기 전에 전상(殿上)의 대촉(大燭)이 갑자기 땅에 떨어졌으므로, 빨리 철거하도록 명하였다.

- 《조선왕조실록》 세종 23년(1441년) 7월 23일의 기록 중 발췌

원손이 태어나자 세종은 즉각 대사면령을 내린다. 그토록 기다리던 손주가 아니었던가? 그러나 마지막 부분에 주목해보기 바란다. "교지 읽기를 끝마치기 전에 전상(殿上)의 대촉(大燭)이 갑자기 땅에 떨어졌으므로……." 뭔가 불길한 생각이 들지 않는가? 대사면령을 내리는 와중에 촛불이 땅에 떨어진 것이다.

이 불길한 예감은 여지없이 맞아떨어졌다. 다음 날 세자빈이 죽게 된 것이다. 산후 후유증이라고 해야 할까? 문종은 일생에 여자 복이 없었다. 만약 현덕왕후가 살아 있었다면, 문종이 일찍 세상을 떠났다 하더라도 수렴청정(垂簾聽政: 왕이 너무 어려 정사를 보기 힘들 때 대비나 왕대비가 대신 정사를 보는 것)과 같은 방식으로 단종의 왕권을 지켜줄 수 있었을지도 모른다. 그러나 단종은 태어날 때부터 혼자였고, 살아가면서는 정치적 후견인들을 하나씩 잃어가는 비극적인 삶을 맞이해야 했다. 만약 문종이 여자를 밝히지는 않더라도 일반적인 수준 정도로만 가까이 했어도 단종의 인생과 역사는 달라졌을지 모른다.

여자에 무심했던 후폭풍

세종이 죽자 문종이 보위에 오르게 되고 그의 열 살 난 아들인 단종은 세자로 책봉된다. 그러나 그 2년 뒤, 아버지 문종마저 죽게 되자 단종은 열두 살의 어린 나이로 왕위에 오르게 된다.

조선 왕조를 거쳐 간 총 스물일곱 명의 왕 중에서 절반 가까이 되는 열세 명의 왕이 십 대에 왕위에 올랐다. 이들 중 단종보다 짧게 왕 생활을 했던 인물은 딱 한 명, 8대 예종뿐이다. 이 예종도 어떤 외부적 요인에 의해 왕의 자리에서 물러난 것이 아니라 건강상의 이유로 일찍 세상을 떠났기에 1년 2개월이란 짧은 재위 기간을 기록하게 된 것뿐이다.

그 나머지 왕들을 보면 전부 두 자릿수 재위 기간을 기록하고 있다. 개중에는 40년 이상의 장기 집권을 보여준 숙종이나 고종과 같은 왕들도 있다. 이들과 단종의 차이는 단 하나, 후견인의 존재 여부였다. 15세 이전에 등극한 왕들 중에서 단종을 제외한 성종, 명종, 숙종, 순조, 헌종, 고종은 전부 정치적 후견인이 있었다. 하다못해 외삼촌, 장인, 할머니 등의 친인척들이 주변에 둘러앉아 어린 왕을 보필하고 보호했다.

그 당시에 단종에게도 후견인이 있긴 있었다. 문종은 죽기 전 세 명의 재상에게 유탁(遺託: 죽은 사람이 남긴 부탁)을 남겼는데, 그 세 사람이 바로 영의정 황보인, 좌의정 남지(남지는 이후 병으로 사직하게 되고, 그 뒤를 정분이 채우게 된다), 우의정 김종서였다. 이 정도 후견인이라면 어지간한 반란이나 역모는 능히 제압할 수 있는 확실한 '드림팀'이었다. 그러나 궁 안에서 단종을 챙겨줄 족친이 부재했다는 사실은 인정해야만 했다. 당시 어린 단종을 궁 안에서 챙겨줄 수 있었던 어른은 바로 세종의 후궁인 혜빈(惠嬪) 양씨(楊氏)뿐이었다. 촌수로 따지자면, 단종의 할머니뻘이고, 수양대군의 어머니이지만 그래도 후궁이다. 후궁이란 신분적 제약에서 벗어날 수는 없는 것이다. 만약 혜빈 양씨가 수렴청정을 한다고 쳐도 대신들이 이를 따르기 어려웠을 것이다. 결국 단종은 궁 안에 홀로 버려진 셈이었다.

만약 문종이 적당히 참고, 적당히 이해하고, 대의를 위해 어느 정도 자신의 취향을 포기하고 살았다면 어땠을까? 부부라는 게 꼭 성격이 맞고, 자신의 마음에 쏙 들어서 사는 건 아니지 않은가? 더구나 왕과 왕비의 관계라면 말이다. 개인의 성격이나 취향보다는 정치적 목적과 배려를 우선시하는 것이 바로 왕과 왕비의 관계이다. 그럼에도 불구하고 문종은 너무 예민했다. 세종이 그 정도로 배려해줬다면, 어느 정도 선에서 타협을 했어야 했다. 자신의 까다로운 취향 덕분에 왕실의 비극이 시작됐다는 걸 문종은 몰랐을 것이다.

"내가 첫사랑에 실패하지만 않았더라도 너만한 자식이 있어!"라는 농담을 우리는 곧잘 하곤 한다. 만약 문종이 첫 번째 결혼에 실패하지 않았다면, 이광수의 《단종애사》는 나오지 않았을지도 모른다. 왕은 원래 인내하는 사람이다. 그리고 결혼생활이라는 것의 기본은 인내이다. 결혼생활 빼고 모든 것에서 완벽했던 왕 문종. 그러나 그 한 가지의 아쉬움이 너무도 큰 결함이 됐다.

폭군 아들을 낳은 성종

제4장

1457~1494

어느 순간 우리 곁에 다가온 단어들 중에 '마마보이'라는 말이 있다. 이제는 일상용어로 익숙하게 사용하고 있지만, 사용하는 사람들도 정확하게 그 뜻을 확인해본 적은 없을 것이다. 어찌 보면 생소한 이 단어의 뜻을 사전에서 찾아보면 다음과 같다.

> 마마보이(mamma's boy): [명사] 주체적으로 행동하지 못하고 어머니에게 의존하는 소년이나 남자. '응석받이', '치마폭 아이'로 순화.

우리가 알고 있는 단어의 뜻과 크게 다르진 않다는 걸 확인할 수 있다. 솔직히 말해 요즘 남자들 중에서 마마보이, 파파보이와 일정 부분 연관이 있는 사람들이 많다. 자신이 주체적으로 인생을 결정하기보다는 부모님이 인생의 진로를 판단해주고, 결정해주는 진로에 따라 자신의 인생을 맞춰 나가는 것이다. 경제적인 독립 또한 마찬가지다. 캥거루족이란 단어가 괜히 나온 것이 아니다. 대한민국의 구조적인 병폐가 원인일 수도 있겠지만, 어렸을 때부터 문제의 대부분을 해결해준 부모들의 과잉보호가 낳은 폐단일 수도 있다. 이렇게 장황하게 마마보이에 대해 이야기한 것은 한 남자에 관한 이야기를 하기 위해서이다. 이 소년은 누구일까?

① 왕이 될 수 없는 남자아이가 있었다. 이 남자아이에게는 형도 있고, 자신보다 왕위계승 서열이 높은 사촌동생도 있었다. 정상적인 경우라면, 절대 왕위를 넘볼 수 없는 위치였다.

② 그러나 이 소년은 당대 실력자의 사위였다. 소년의 할머니와 어머니, 그리고 장인은 서로 손을 잡고는 이 소년을 왕위에 올리기로 결정한다. 장인과 아내 덕에 왕이 된 것이다.

③ 너무 나이가 어린 소년은 자신이 직접 왕권을 행사하지 못했다. 그 대신 자신의 할머니와 장인이 나라를 다스렸다. 소년의 어머니는 정치에서 한 발 물러나 있었지만, 언제나 카리스마가 넘쳤기에 아들을 엄하게 가르쳤고, 이런 주변의 기대 때문에 소년은 모범생으로 자라났다.

④ 7년(정확히는 6년 2개월) 동안 착실하게 제왕학을 수련한 이 소년은 결국 권력을 넘겨받고 실질적인 왕이 된다.

⑤ 그러나 이 소년은 지난 7년간 몸에 스며든 바른 생활 소년과 모범생 이미지를 버리지 못하고, '범생이'로서 지내야만 했다. 교육의 힘은 위대했다. 왕이면 왕다운 카리스마를 보여줘야 하는데, 이 소년은 언제나 마마보이 기질을 보였다.

⑥ 결국 자신의 가정사에 관련된 문제도 주변에 휘둘리게 되었다. 그 결과 후세에 커다란 재앙을 떠넘기고 말았다.

왕이 될 수 없었던 소년

세종과 함께 조선 전기의 성군으로 추앙받는 성종. 그런데 알고 보면 성종은 임금이 될 수 없는 사람이었다. 그가 왕이 될 수 있었던 이유는 그의 장인이 바로 한명회였기 때문이다. 일단 성종의 가계도를 보면 할아버지는 세조였고, 아버지가 의경세자(懿敬世子: 후에 덕종으로 추존된다), 어머니는 후에 인수대비가 되는 소혜왕후(昭惠王后) 한씨였다. 세조의 장자였던 의경세자는 별탈이 없었다면, 세조의 왕위를 이어받아 조선의 8대 임금이 되었을 것이고, 성종은 나중에 자신의 형이 왕이 되는 걸 지켜봐야 했을 것이다. 덕종과 소혜왕후 사이에는 두 명의 아들이 있었는데, 첫째가 월산대군(月山大君)이었고, 둘째가 성종이 되는 잘산군(乽山君)이었다(성종: 세조 7년(1461) 자산군(者山君)에 봉해졌다가 1468년 잘산군(乽山君)으로 개봉되었다).

왕조 국가에서 정상적인 상황이라면 둘째가 왕이 되긴 어렵다. 그러나 운명의 수레바퀴는 성종을 선택하였고, 그 선택을 위해 세 번의 질곡을 마련하게 된다.

첫 번째 운명은 아버지의 죽음이었다. 의경세자가 스무 살의 나이에 요절하게 된 것이다. 아버지의 죽음으로 월산대군과 잘산군은 끈 떨어진 연이 되어야 했고, 왕위는 그들의 숙부인 해양대군(海陽大君: 훗날의 예종)에게 넘어가게 됐다.

두 번째 운명은 성종의 결혼이었다. 당시 덕종의 두 아들인 월산대군과 잘산군은 당대의 명문가와 혼인을 맺게 되는데 장남인 월산대군은 평양군(平陽君) 박중선의 딸과 혼인했고, 잘산군은 한명회의 둘째 딸과 혼인하게 된다. 이 대목에서 눈여겨봐야 하는 것이 당대 최고의 권신(權臣)이라 할 수 있는 한명회가 잘산군에게 딸을 주었다는 부분이다. 일설에는 한명회가 월산대군이 병약한 걸 알고 둘째인 잘산군에게 딸을 시집보냈다는 설도 있다. 어쨌든 한명회의 첫째 딸은 예종의 비인 바로 장순왕후(章順王后) 한씨였다. 그리고 둘째 딸이 성종의 비가 되니 바로 공혜왕후(恭惠王后) 한씨이다. 같은 자매끼리 시숙모와 조카며느리가 되는 묘한 가계도를 만들 정도였으니 당시 한명회의 권세가 어느 정도였는지를 짐작할 수 있을 것이다.

세 번째 운명은 바로 예종의 죽음이다. 즉위 14개월만에 운명을 달리한 예종 덕분에 왕위의 행방은 묘연해질 수밖에 없었다. 당시 예종에게는 원자인 제안대군(齊安大君)이 있었으나 이때 나이가 네 살에 불과했다. 원칙상 제안대군이 왕권을 이어받는 게 정당한 절차였으나 당시 원자의 나이가 너무 어렸다는 것이 문제였다. 어린 단종을 죽이고 왕권을 탈취했던 것이 세조가 아니던가. 또다시 이런 일이 일어나지 말란 법은 없었다. 결국 왕실의 큰 어른인 대왕대비 정희왕후(貞熹王后)와 정치적 타협을 하게 된다. 제안대군이 성년이 될 때까지 16년을 기다리는 모험 대신, 곁에 있는 안전한 길을 가자는 것이었다. 당시의 기록을 잠깐 살펴보자.

신숙주가 권감(權瑊)에게 이르기를, "국가의 일이 이 지경에 이르렀으니, 상주(喪主)를 마땅히 서둘러 품달(稟達)해서 결정해야 될 것이오" 하고는, 하성군(河城君) 정현조(鄭顯祖)로 하여금 대비에게 아뢰게 하기를 "마땅히 상주부터 먼저 정하여야 할 것인데, 큰 일을 중사(中使: 내시)에게 전하여 아뢰게 할 수는 없으니, 청컨대 직접 품달하게 하소서" 하므로, 정현조가 대궐에 들어가서 아뢰었는데, 교지(敎旨)를 받들어 갔다 왔다 한 것이 너댓 번 되었다. 한참 있다가 대비가 강녕전 동쪽 편실에 나와서 신숙주 등과 권감을 불러서 들어오게 하였다. 대비가 얼마간 슬피 울고 나서 정현조와 권감에게 명하여 여러 원상(院相)에게 두루 묻기를, "누가 주상(主喪)할 만한 사람인가?" 하니 신숙주 등이 말을 같이하여 아뢰기를, "이 일은 신(臣) 등이 감히 의논할 바가 아닙니다. 교지를 듣기 원합니다" 하였다. 대비가 말하기를, "원자는 바야흐로 포대기 속에 있고, 월산군(月山君)은 본디부터 질병이 있다. 자산군(者山君)은 비록 나이는 어리지만 세조께서 매양 그의 기상과 도량을 일컬으면서 태조에게 견주기까지 하였으니, 그로 하여금 주상하게 하는 것이 어떻겠는가?" 하니 신숙주 등이 대답하기를, "진실로 마땅합니다."

－《조선왕조실록》 성종 즉위년(1469년) 11월 28일의 기록 중 발췌

여기서 주목해봐야 할 것이 세 가지 있다.

첫째, 당대의 권신이라 할 수 있는 신숙주가 직접 나서서 왕위 결정에 개입했다는 대목.

둘째, 자산군을 왕위에 앉히기 위해 억지로 짜 맞춘 느낌이 든다는 것.

셋째, 예종이 죽자마자 바로 즉위식을 올렸다는 점.

하나씩 살펴보자. 일단 신숙주가 전면에 나선 것부터 확인해봐

야겠는데, 정현조가 중간에 서서 신숙주로 대표되는 공신 세력과 대왕대비 사이를 오갔다는 대목이다. 당시 조정의 실력자는 신숙주였다. 그리고 이 당시 영의정 자리에서 물러나 있었던 한명회는 신숙주와 함께 세조의 왼팔과 오른팔로 불렸던 인물이다. 당시 한명회는 물러나긴 했어도 여전히 정계의 실력자였다. 조정 안팎에 그의 사람들이 널리 포진돼 있었다. 이들 사이에 지나온 세월이 얼마인가? 같이 목숨을 걸고 계유정난을 비롯해 수많은 난국을 헤쳐 온 인물들이다. 공신 세력의 핵심인물들이며, 둘 사이의 친분은 돈독하기 그지없었다. 아울러 이들은 사돈지간이었다. 한마디로 이 기록을 살펴보면 한명회와 신숙주가 이미 합의 본 사항을 가지고 대왕대비였던 정희왕후와 거래를 했다는 정황이 드러난다. 신숙주와 한명회 두 사람이 찬성했다는 건 당시 조정을 장악하고 있었던 구(舊)공신 세력들이 인정을 한다는 소리였다. 어린 왕을 위해서도 이들 세력들의 이해와 협조, 조력은 꼭 필요한 대목이었다.

두 번째로 살펴볼 것이 바로 월산군이 배제된 억지스러운 이유이다. 제안대군의 경우에는 아직 포대기에 싸여 있는 네 살배기이니 이해할 구석이 있다. 그렇다면, 남은 카드는 두 장이다. 월산대군과 잘산군이다. 당시 월산대군의 나이가 16세, 잘산군의 나이가 13세였다. 상식적으로 판단해보면 월산대군이 왕위에 오르는 것이 타당했다. 당시 잘산군이 뽑혔던 표면적인 이유는, '월산대군은 어릴 때부터 병약했다. 잘산군이 비록 어리기는 하나 세조도 생전에 그 도량을 칭찬하며 태조에 비할 정도로 총명했다'라는 정희왕후의 주장 때문이다. 그렇다면 실제로 월산대군은 병약했을까? 월산대군은 서른다섯의 나이로 죽게 된다. 당시 성종이 서른여덟의 나이로 죽은 걸 보면 그리 허약한 것도 아니었다. 만약 왕위에서 물러나 평생 몸조심을 하며, 행동거지 하나하나에 신경을 써야 했던 삶을 살지 않았다면(월산대군은 그 가솔들과 집안 노비들에게까지 입단속을 시켰다), 성종보다 더 오래 살았을지도 모른다. 그는 허약하지 않았다. 다만, 아내 복이 없었을 뿐이다.

마지막으로 재빨리 진행된 즉위식을 살펴보자. 이때까지의 기록을 보면, 문종의 경우 세종이 죽고 나서 5일 뒤에, 단종의 경우 문종이 죽고 나서 4일 뒤에 즉위식을 올렸는데, 성종은 왕으로 낙점을 받자마자 바로 즉위식을 올렸다. 명분상의 취약점을 가지고 있었기에 빨리 왕위에 올려 정국을 수습하려는 의도였다고 볼 수 있다.

그렇게 열세 살 소년은 자신보다 왕위 계승 서열이 높은 두 명의 경쟁자를 따돌리고, 조선의 제9대 임금이 됐다.

모범생이었던 군주

열세 살 소년에게는 든든한 후견인들이 널려 있었다. 왕실의 큰 어른이자 할머니인 정희왕후 윤씨, 자신의 어머니인 인수대비 한씨, 자신에게는 작은어머니이면서 예종의 비였던 안순왕후 한씨까지 세 명의 어른이 있었다. 특히나 성종의 할머니인 정희왕후 윤씨는 조선 시대에 가장 모범적인 수렴청정을 보인 인물로 기록될 정도로 정치적 식견과 탁월한 리더십을 보여줬기에(덤으로 손자 사랑도 대단했다) 성종으로서는 더할 나위 없는 좋은 환경이라고 할 수 있었다. 이에 더해 조정의 지지도 확실했다. 신숙주와 한명회가 수긍했는데 누가 반기를 들겠는가. 이 정도면 아무 걱정이 없을 정도였다. 자신보다 한 살 어린 나이에 즉위했던 단종이 구중궁궐에서 혈혈단신 홀로 살아야 했던 것을 생각하면, 비교할 수 없을 정도로 훌륭한 환경이라 할 수 있다.

문제는 거기서부터 시작된다. 성종 스스로가 자신의 존재 가치에 대해 고민을 하게 된 것이다. 왕이 될 수 없는 상황이었지만, 아내를 잘 만난 덕에 왕이 된 상황. 성종은 자신의 자리에서 할 수 있는 최선의 선택을 하기로 결심한다. 바로 주변의 기대에 부응하기 위해서 열심히 공부하기로 한 것이다. 이를 권한 것도 대신들이었다.

우리의 상식선에서 왕이 공부를 해야 할 이유를 찾기란 어렵다. 설사 공부를 한다고 하더라도 사람을 쓰는 용인술이나 제왕학, 아니면 실무에 관련된 공부를 할 것이라 생각하기 쉽지만, 당시 왕의 공부인 경연은 이런 실무와는 거리가 먼 공부였다. 유교의 기본 경전인 사서삼경(四書三經: 《논어》, 《맹자》, 《대학》, 《중용》, 《시경》, 《서경》, 《역경》)을 주로 공부했던 것이다.

과연 이것은 무엇을 의미할까? 여기서 잠깐 당시 조선의 왕과 신하들의 관계에 대해 이야기해보자. 우리의 상식선에서 왕이란, '무소불위의 권력을 휘두르는 절대군주'라는 이미지가 강하지만, 조선 왕은 그 정도의 권한과 역량이 없었다. 물론 개중에는 태종이나 연산군과 같은 독특한 경우도 있었지만 대부분의 조선시대 왕들은 그리 힘이 강하지 않았다. 오죽하면 중국 황제가, "내가 보살피지 않으면, 조선의 왕은 그 자리가 위태로울 것이다"라고 말했을까? 실제로 조선은 왕 혼자서 다스리는 절대왕조 국가가 아니라 신하와 함께 나라를 다스리는 군신공치(君臣共治)의 나라였다. 사대부들 사이에서는 왕이라는 존재가 절대왕권을 휘두르는 말 그대로의 '왕'이라는 느낌보다는 은연중에, '사대부들 중에서 으뜸일 뿐이다'라는 생각들이 있었다. 그리고 실제로도 그러했다. 그렇다면 절대왕권을 휘두르는 왕을 견제하는 신하들의 무기는 무엇이었을까? 그것은 언관(言官)과 역사(歷史), 경연(經筵)으로 나뉠 수 있다. 이들을 하나씩 설명해보자.

첫째, 언관인데, 텔레비전 사극에 종종 등장해 왕이 뭐라 할 때마다 '아니되옵니다!'를 외치는 이들이 바로 언관들이다. 사간원, 사헌부, 홍문관, 이 세 관청을 묶어 삼사(三司)라 칭했는데, 이들이 바로 그런 역할을 했다. 이들은 오늘날의 언론과 같은데, 수시로 왕의 행동을 감시하고 살피다가 만약 조금이라도 잘못이 있다면 득달같이 달려들어 왕을 압박했다.

둘째, 역사이다. 솔직히 어떤 왕이 후대에 폭군으로 기억되고 싶을까? 게다가 자신의 행동거지 하나하나가 관찰되고, 기록된다면 마음 편히 뭔가를 할 수 없을 것이다. 오늘날로 치자면, 24시간 내내 CCTV의 감시를 받는다는 것인데, 《조선왕조실록》이란 다른 나라에서는 꿈도 꾸지 못할 기록물을 남긴 것이 바로 조선 왕조이다. 자기의 일거수일투족을 옆에 앉아 빠짐없이 기록하고, 이를 역사에 남긴다는데 행동을 조심하지 않을 수 있을까. 역사에 오명을 남기지 않기 위해서라도 행동거지 하나하나에 신경이 쓰였을 것이다. 그렇기에 조선의 왕들은 이를 기록하는 사관(史官)들에 대해 불편해했고, 이를 몹시도 꺼려했던 모습을 보인다. 가뜩이나 사생활이 제약받는 마당에 사관의 등장은 말 그대로 사생활 박탈을 의미하는 것이었다.

셋째가 바로 경연이다. 텔레비전 사극을 보면, 왕이 신하들과 함께 경서를 가지고 공부하는 모습을 볼 수 있는데, 이건 무늬만 공부인 일종의 토론이었다. 실상은 왕과 신하들이 정치적 사안을 가지고 토론을 벌인 것이다. 게다가 경연의 또 다른 목적인 왕의 유교적 소양 증진도 무시할 수 없었다. 토론에서 밀리지 않으려면 왕도 부단히 노력해야 하는데, 이게 보통 일이겠는가? 전국의 수재들 중에서 제일 잘났다는 사람들을 모아 경연에 참가시키고, 이들과 싸워야만 했던 것이다. 그것도 하루에 몇 번씩 매일 해야 했다. 당시 경연 방식을 잠깐 살펴보자.

"《논어》〈술이〉 편에 보면 자왈(子曰) 사즉불손(奢則不孫)하고, 검즉고(儉則固)니 여기불손야(與其不孫也)론 영고(寧固)니라, 라고 하였습니다. 뜻을 해석해보자면 공자가 말하길 사치하다 보면 공손하지 못하고, 검소하다 보면 고루하기 쉬운데, 공손하지 못한 것보다는 차라리 고루한 것이 낫다라는 뜻입니다, 전하."

"그래서요?"

"공자도 말하길 검소한 것이 사치한 것보다 낫다 하지 않았습니까? 한데 이를 잘 아시는 전하께서는 연일 연회를 베풀어 나라의 재정을 궁핍하게 몰아가셨습니다. 군자는 모름지기 깨달음을 얻으면 실천하는 것이 도리이거늘 어찌하여 전하는 알면서 실천하시지 않는 것인지 신은 도무지 알 길이 없습니다."

이런 식으로 유교 경전을 공부한다는 핑계로 왕을 압박했다. 경연이 아니고, 일종의 국정 대토론회 정도로 생각하면 이해가 빠를 것이다. 이런 경연을 왕은 하루에 조강(朝講), 주강(晝講), 석강(夕講)으로 세 번이나 했다. 물론, 왕의 성격에 따라 경연을 하지 않는 왕도 있었으나, 그 자체가 왕에게는 흠결이 될 수밖에 없었다. 그렇다면, 당시 성종은 어떠했을까? 한마디로 말하자면, 모범생이라고 할 수 있었다. 당시 기록을 잠깐 살펴보자.

> "…… 또 듣건대, 옛 제왕(帝王)은 경(經)과 도(道)를 강론(講論)하여 밤이 오랜 뒤에야 파하였으므로 후세에 미담이 되었는데, 이제 전하께서 하루 세 번 경연에 나아가 잠시도 겨를이 없으시니, 이는 성왕(聖王)의 공입니다. 다만 야대(夜對)를 궐(闕)하였으니, 원컨대 이제부터 밤에 경연관을 불러서 경사(經史)를 강론하여 치도(治道)의 중요함을 참구(參究)하게 하소서."
>
> -《조선왕조실록》성종 2년(1471년) 윤9월 25일의 기록 중 발췌

장령 홍귀달이 성종에게 야대(야간 경연)까지 요구한 것이다. 조강, 주강, 석강도 모자라 이제 밤에 나머지 공부까지 하자고 닦달하는 모습이다. 오늘날로 치자면, 중학교 2학년짜리에게 학원 세 개를 끝낸 다음 야간에 논술 과외를 하나 더 하라는 소리가 된다. 오늘날의 입시지옥과는 비교가 안 될 정도였다. 성종은 홍귀달의 야대 요청에 순순히 응했다. 아마, 사촌동생과 친형을 제치고 왕위에 오른 미안함도 어느 정도 섞여 있었을 것이다. 성종은 이런 생활을 6년 2개월간 계속했다. '사촌동생과 형 대신 왕위에 오른 건데, 정말 잘해야 해. 내가 할 수 있는 건 다 할 거야'라고 말이다. 상황이 이렇게

돌아가다 보니 신하들로서는 신날 수밖에 없었다.

습관이란 무서운 것이다. 경연의 본래 목적이 '첫째, 왕의 유교적 소양을 함양시킨다. 둘째, 왕권을 견제해 왕이 독단적으로 행동하는 걸 방지한다'라는 것인데, 성종은 어린 시절부터 확실하게 이런 교육을 받았던 것이다. 조기교육의 무서움이랄까? 성종이 성군으로 인정을 받았던 것은 성종의 인품이나 공적이 인정받은 면도 있겠지만, 이보다 더 큰 이유는 신하들의 '입맛'에 맞는 모범생이었기에 추앙받았던 것이다. 성종은 어린 시절부터 철저하게 주입된 유교적 소양과 경연 덕분에 신하들의 의견을 들어야 했고, 그 뜻을 거스를 수 없었다. 신하들과 정치를 논하는 것을 보면 이런 모습이 자주 보이는데, 처음에는 신하들의 요구에 발끈하고, 반항하는 모습을 보이다가도 결국에는 신하들의 요구를 인정하고 이를 받아들이는 모습을 자주 보여줬다. 그런 다음에는 자신의 분에 못 이겨 분풀이를 하는 패턴의 반복이었다. 신하들에게 이보다 더 좋은 왕이 어디 있겠는가. 역시 교육의 힘은 위대했다.

모범생의 여자들

앞에서도 언급했지만, 지금 우리의 상식선에서 조선시대 왕들 중에서 여자가 많았던 왕은 그리 많지가 않다. 백 명, 이백 명의 후궁을 거느리고 주색잡기에 빠져 지낸 왕은 거의 없었다. 후궁이 많아봐야 열 명이 될까 말까였고, 평균적으로 두세 명 수준의 후궁을 뒀던 것이 일반적이었다. 물론, 그것도 굉장히 많다고 여길지도 모르지만 그래도 무소불위의 권력을 지닌 왕이지 않은가? 후궁은 법적으로는 왕의 첩이지만, 무미건조하게 보자면 왕의 성적 파트너라고 봐도 무방하다. 그러나 중전이 되면 이야기는 달라진다.

중전은 왕의 정실부인이자, 나라의 국모이다. 이런 중전이 가지는 권한은 대단한데 그중에서 제일 큰 권한은 뭐니 뭐니 해도 그녀의 아들 중 한 명이 왕이 된다는 것이다. 때문에 중전이 많은 왕치고, 정치적으로 부침이 없었던 경우는 거의 없었다. 이는 통계로도 드러난다. 조선왕조 5백 년을 거쳐 간 스물일곱 명의 왕 중에서 두 명 이상의 중전을 거느렸던 왕은 열 명이다. 이들 중 추존된 경우를 제외하면, 겨우 일곱 명의 왕만이 재위기간 동안 두 명 이상의 왕비를 거느렸다. 반면, 이렇게 여러 왕후를 거느렸던 왕들의 명단을 보면, 정치적으로 꽤 부침이 있었다는 걸 확인할 수 있다. 추존된 태조, 예종, 경종, 순종의 왕비들과 자연사한 선조, 인조를 제외한 세 명의 왕, 그러니까 성종, 중종, 숙종의 경우는 왕비들 때문에 정치적 파란을 겪어야 했다. 추존된 태조의 비 신의왕후(神懿王后) 한씨나 자연사한 의인왕후(懿仁王后) 박씨의 뒤를 이은 선조의 비 인목왕후(仁穆王后) 김씨도 나름 사고를 친 걸 보면, 왕후가 바뀐다는 게 얼마나 정치적 파장을 일으키는지 확인할 수 있다.

그럼 성종은 어떨까? 성종에게는 여자가 많았다. 정비만 세 명, 후궁은 아홉 명이었다. 성종의 재위 기간이 25년 1개월인 걸 고려해 보면, 거의 2년에 한 번 꼴로 새 여자를 들인 것이다. 태종(정비 한 명, 후궁 열한 명), 중종(정비 세 명, 후궁 아홉 명)과 함께 공식적으로 조선시대 왕들 중 가장 여자가 많았던 왕이 바로 성종이다. 여기서 얻은 후사만 16남 12녀이다. 과히 다산이라 할 만했다.

문제는 왕후가 많으면 많을수록 정치적으로 큰 문제가 생긴다는 점이다. 후궁의 경우는 많아봐야 그냥 찻잔 속의 태풍 정도에서 끝이 난다. 하지만 왕비는 다르다. 두 명인 경우에는 칼바람이 불지만, 세 명 이상의 경우에는 피바람이 분다고 해야 할까? 성종의 경우는 폐비 윤씨의 소생인 연산군이 왕위에 올라 피바람을 일으켰고, 중종의 경우는 장경왕후 윤씨 소생의 세자(훗날의 인종)와 문정왕후(文定王后) 소생의 경원대군(훗날의 명종)을 사이에 두고, 조정이 소윤(경원대군 지지)과 대윤(세자 지지)으로 쪼개져 치열한 당파싸움을 벌여야 했다. 숙종의 경우는 말할 필요도 없다. 텔레비전 드라마의 단골 소재로 나오는 장희빈과 인현왕후의 싸움을 보지 않았는가? 이처럼 중전이 많으면 많을수록 정치적으로 큰 파란이 일어난다.

성종의 경우에도 예외가 없었다. 왕비 세 명을 둔 것은 성종부터였다. 몸소 이 공식을 검증에 나선 것이다. 성종은 총 세 명의 정비를 뒀는데, 바로 공혜왕후 한씨, 폐비 윤씨, 정현왕후(貞顯王后) 윤씨였다. 성종은 어쩌다 이렇게 많은 본처를 두게 된 것일까? 시작은 공혜왕후 한씨부터이다. 공혜왕후 한씨는 성종을 왕으로 만들어준 여인이다. 앞서도 보았듯이 당대의 실력자 한명회가 바로 공혜왕후 한씨의 아버지였다. 성종으로서는 "마누라 잘 둔 덕에 왕위에 올랐다"란 말이 나올 법한 상황이었다. 실제로도 그러했고 말이다.

문제는 공혜왕후도 '한명회의 저주'에서 벗어나지 못했다는 것이다. 한명회의 저주란 한명회의 딸은 스물을 넘기지 못하고 다 요절한다는 것이었는데, 예종의 비로 들어간 장순왕후 한씨도 세자빈 시절 요절했고(성종 시절 추봉됐다), 성종의 비인 공혜왕후 한씨도 열아홉 어린 나이로 요절하게 된다. 신은 모든 것을 주지 않는다 했던가. 시대의 풍운아이며 당대 권력의 핵심이었던 한명회지만, 자식의 생명만은 어쩌지 못했다. 아니, 어쩌면 한명회의 죗값이었는지도 모른다. 수많은 생명들의 피를 담보로 쌓아올린 권력이었기 때문이다. 그래서 그 피의 대가를 딸들이 치렀는지도 모른다. 냉정하게 말하자면, 성종에게 있어서는 다행이었다. 아내와 장인 덕분에 왕위에 오를 수 있었다는 태생적인 약점을 어느 정도 희석시킬 수 있었던 것이다. 만약 공혜왕후 한씨가 계속 살아 있었다면, 한명회의 권력은 더욱더 공고해졌을 테고, 성종의 정치적 부담도 만만치 않았을 것이다. 만약 공혜왕후가 아들이라도 낳았다면, 그 위세가 어떻겠는가? 자, 그렇다면 공혜왕후의 뒤를 이을 성종의 두 번째 중전은 누가 됐을까? 이야기는 공혜왕후 사망 1년 전으로 돌아간다.

그 시작은 미약했다

"윤기견(尹起畎)·윤호(尹壕)의 집에 각각 면포(綿布) 1백 필(匹), 정포(正布) 50필, 쌀 50석(碩)을 내려주어라" 하였으니, 그것은 딸들이 장차 대내(大內)로 들어올 것이기 때문이었다.

－《조선왕조실록》성종 4년(1473년) 1월 13일의 기록 중 발췌

여기서 윤기견은 조선 초기의 문신으로 문종 시절 집현전 교리로서 《세종실록》편찬에 참여했다. 그러나 그 재능을 다 보여주지도 못하고, 일찍 죽게 된다. 덕분에 그의 아내는 넉넉하지 않은 환경에서 딸을 키우게 되는데, 그 딸이 바로 폐비 윤씨이다. 우리가 일반적으로 폐비 윤씨라고 하면, 궁녀로 들어갔다가 운 좋게 성종의 눈에 띄어 후궁이 되고, 다시 중전이 됐다는 생각들을 많이 하는데 아니다. 폐비 윤씨는 나름 양반가의 여식이었다. 그렇다면, 같이 들어온 윤호의 딸은 누구일까? 우선 윤호가 누구인지를 알아봐야 하는데, 바로 대왕대비의 족친이다. 주변의 평판은 과히 좋지 않았는데, 여색을 밝혀 국상 중에 기생을 건드렸다가 탄핵을 받고, 기생에게 살림을 퍼준다고 주변사람들의 손가락질을 받는 등 여자와 관련해 문제가 많았다. 그래도 명문인 파평 윤씨에다가 문과 병과로 급제할 정도의 기본적인 머리는 있었다. 결정적으로 대왕대비의 족친이었기에 승승장구, 관운 하나만은 타고났다는 평을 듣게 된다.

이렇게 성종 4년에 두 명의 후궁을 들인 이야기를 꺼낸 것은 이 두 명의 여인이 훗날 성종의 정비가 되기 때문이다. 정말 드라마틱하지 않은가? 같은 날 선발돼 들어온 두 명의 여인이 시간차를 두고 교대로 중전의 자리에 앉다니, 이 역시도 희귀한 일이다. 더욱 재미난 것은 이들을 선택한 이가 성종이 아니라 성종의 할머니인 정희왕후였다는 사실이다. 당시 성종의 나이는 겨우 열일곱 살이었고, 아직 수렴청정을 하던 시기였다. 당연히 이 시기에 궁 밖에 있는 여인들을 데려와 후궁으로 삼겠다는 말을 할 수 있을 리 없다. 후궁 두 명을 들이기로 결정한 것은 바로 수렴청정을 하던 정희왕후였다. 쉽게 말하자면, 손자를 위해 할머니가 첩 두 명을 들인 것이다.

그런데 정희왕후가 선택한 두 명의 후궁은 정말 극과 극을 달리는 이들이었다. 당장 사회적 위치부터가 달랐다. 윤기견의 여식은 과부의 딸로서 궁핍한 환경 속에서 살아야 했던 반면, 윤호의 여식은 당대 명문가로 불리는 파평 윤씨 가문에서 아무런 부족함이 없이 자랐다. 성격도 많은 차이가 있었고(훗날 두 왕비의 행동거지를 비교해보면 알 수 있다) 결정적으로 나이 차도 컸다. 당시 성종의 나이는 열일곱 살이었는데, 윤기견의 딸은 성종보다 한참 연상이었다. 일설에 따르면 스물일곱 살이라는 말도 있는데, 생몰년 미상이라 정확한 나이는 모르지만, 어쨌든 연상이라는 건 사실이다. 반면, 윤호의 딸은 열두 살로 코흘리개라고 봐도 좋을 정도였다. 이러다 보니 성종을 바라보는 두 여인의 각오도 다를 수밖에 없었다. 윤호의 딸은 거의 아무 생각이 없었던 반면, 윤기견의 딸은 자신의 운명과 가문의 영광을 위해 절치부심 각오를 한 듯한 모습을 보여줬다.

기회는 준비된 자에게 온다고 했던가. 후궁 시절 폐비 윤씨는 최대한 절제된 여성미를 보여줬다. 성종과의 관계에서 연상의 여인으로서 노련함을 보여준 것이다. 예나 지금이나 연상연하 커플에서 주도권은 언제나 여성이 쥐기 마련이다. 연상의 여인이 보여주는 성숙미에 성종은 빠져들었다. 층층이 쌓여 있는 시댁 식구들, 콕 집어 말하자면, 삼궁(三宮: 정희왕후, 소혜왕후, 안순왕후)의 평가도 좋았다. 남편의 사랑을 얻고, 이에 더해 시할머니, 시어머니, 시숙모의 사랑까지 얻었으니 폐비 윤씨의 앞날은 거칠 것이 없어 보였다. 그리고 기회가 찾아왔다.

성종의 정비인 공혜왕후 한씨가 죽고, 중전의 자리가 공석이 된 것이다. 이렇게 얼마간의 시간이 지나면서 궁궐의 인심은 자연스레 폐비 윤씨에게 쏠리게 된다. 걸림돌은 아무것도 없었다. 이런 상황에서 결정타가 들어간다. 바로 폐비 윤씨의 임신이었다. 당시 폐비 윤씨에 대한 평가가 어떠했는지 기록을 잠깐 살펴보자.

의지(懿旨)로 일찍이 의정(議政)을 지낸 사람과 의정부(議政府)·육조참판(六曹參判) 이상과 대간(臺諫)을 불러 전교(傳敎)하기를, "곤위(중전)가 오랫동안 비어 있으니 내가 위호(位號)를 정하여 위로는 종묘(宗廟)를 받들고 아래로는 국모를 삼으려고 하는데, 숙의 윤씨(尹氏)는 주상께서 중히 여기는 바이며 나의 의사도 또한 그가 적당하다고 여겨진다. 윤씨가 평소에 허름한 옷을 입고 검소한 것을 숭상하며 일마다 정성과 조심성으로 대하였으니, 대사(大事)를 위촉(委囑)할 만하다. 윤씨가 나의 이러한 의사를 알고서 사양하기를, '저는 본디 덕이 없으며 과부의 집에서 자라나 보고 들은 것이 없으므로 사전(四殿)에서 선택하신 뜻을 저버리고 주상의 거룩하고 영명한 덕에 누를 끼칠까 몹시 두렵습니다'고 하니, 내가 이러한 말을 듣고 더욱더 그를 현숙하게 여겼다" 하므로 정인지(鄭麟趾) 등이 대답하기를, "중망(衆望)에 매우 합당합니다" 하니, 전교하기를, "내가 매우 기쁘다. 경(卿) 등의 의사도 알 만하니 한 잔 마시도록 하라" 하였다.

— 《조선왕조실록》 성종 7년(1476년) 7월 11일의 기록 중 발췌

대왕대비였던 정희왕후가 대신들과 나눈 대화이다. 하나씩 분석해서 뜯어보면, 당시 폐비 윤씨의 인기가 얼마나 상종가였는지를 확인할 수 있다. 우선 "숙의(淑儀) 윤씨(尹氏)는 주상께서 중히 여기는 바이며 나의 의사도 또한 그가 적당하다고 여겨진다"라는 대목을 보면 성종이 폐비 윤씨를 상당히 아낀다는 걸 알 수 있다. 덤으로 정희왕후 역시 상당 부분 윤씨에게 마음이 기울었다는 걸 확인할 수 있다. 또한 "윤씨가 평소에 허름한 옷을 입고 검소한 것을 숭상하며 일마다 정성과 조심성으로 대하였으니, 대사(大事)를 위촉(委囑)할 만하다"는 말로 윤씨의 검소함을 칭찬하고 있다. 만약 이후의 기록이 사실이라는 전제하에서 본다면, 이는 다 윤씨의 연극이라고 볼 수 있다. 아니면, 초심을 잃었던가. 그러나 이 당시까지만 보자면, 윤씨는 검소하고, 현숙하며, 남편과 시부모들의 사랑을 독차지한 최고의 며느리였다. 특히나 다음 대목이 압권이다. "윤씨가 나의 이러한 의사를 알고서 사양하기를, '저는 본디 덕이 없으며 과부의 집에서 자라나 보고 들은 것이 없으므로 사전(四殿)에서 선택하신 뜻을 저버리고 주상의 거룩하고 영명한 덕에 누를 끼칠까 몹시 두렵습니다'고 하니, 내가 이러한 말을 듣고 더욱더 그를 현숙하게 여겼다." 겸양의 미덕이라고 해야 할까? 과부의 집에서 자라나 아는 것 없고, 덕이 부족하다, 괜히 중전 자리에 올라 성종에게 폐를 끼치는 게 아닐까 두렵다라고 말하는 모습은 정치적으로 나무랄 데 없이 정갈하고, 정교한 표현이다. 자신을 낮추고, 남편을 높였으며, 자리에 연연하지 않는 초연한 모습을 보여준 것이다. 여기에 더해 은연중에 자신의 집안이 한미(寒微)하다는 걸 보여줘 혹시 모를 외척의 발호에 대한 염려도 덜어주고 있는 것이다. 이 발언을 듣고 정희왕후는 다음과 같이 더더욱 윤씨에게 반하게 된다. 사실 어느 누가 반하지 않겠는가?

"내가 매우 기쁘다. 경(卿) 등의 의사도 알 만하니 한 잔 마시도록 하라." 이 술 한잔으로 중전 간택에 대한 최종 결정이 난 것이다. 실권자이자 시할머니인 정희왕후가 허락을 했고, 대신들도 이를 환영하고 있으니, 다들 기분 좋게 한잔하고 일을 추진하기만 하면 되는 것이다. 바야흐로 폐비 윤씨의 인생에 꽃길이 펼쳐진 것이다.

원자의 탄생, 그리고 1차 이혼 계획

전날밤 3경 5점(三更伍點)에 원자가 탄생하였다. 도승지(都承旨) 현석규(玄碩圭)·우승지(右承旨) 임사홍(任士洪) 등이 선정문(宣政門)에 나아가 아뢰기를, "우리 조정[我朝]이 개국한 이후로 문종(文宗)과 예종(睿宗)은 모두 잠저에서 탄생하시어서 오늘과 같은 경사는 있지 아니하였습니다. 신 등은 기쁨을 이기지 못하여 하례(賀禮)를 드리오니, 청컨대 반사(頒赦: 큰 경사가 있을 때 나라에서 사유령을 내리는 일)와 백관(百官)의 하례를 예문(禮文)과 같이 시행하게 하소서" 하니, 전교하기를, "가하다. 그럼 사유문(赦宥文)을 기초하여 아뢰도록 하라."

－《조선왕조실록》성종 7년(1476년) 11월 7일의 기록 중 발췌

성종 7년 8월에 숙의 윤씨는 중전으로 봉해진다. 그리고 불과 넉 달만에 아들을 낳게 된다(이 아들이 훗날 연산군이 된다). 당시 궁궐 분

130

위기가 어떠했겠는가? 완전 축제 분위기일 수밖에 없었다. 이제 윤씨는 인생을 편하게 즐기는 일만 남은 것처럼 보였다. 조선의 국모가 된 마당에, 떡하니 아들까지 낳았으니 이제 그녀의 길 앞에는 거칠 것이 없어 보였다. 문제는 이때부터이다. 창업보다 수성이 어렵단 말처럼 일단 일정 수준의 성취를 이루고 나면 사람들은 나태해지고, 지난날을 잊게 된다. 윤씨도 예외가 아니었다. 아니, 가장 적확한 예라고 말할 수 있다. 조선에서 여자가 오를 수 있는 가장 높은 자리에 올랐고, 그녀의 옆에는 미래의 국왕이 될 아들이 있었다. 현재 권력과 미래 권력을 동시에 손아귀에 쥔 그녀는 브레이크가 제거된 폭주 기관차로 돌변했다. 서서히 종막이 다가오고 있었다.

> 임사홍이 말하기를 "작은 것은 삼가해야 한다는 것은 성상의 하교가 진실로 그러하나, 이것은 투기에 지나지 않습니다. 문왕(文王)의 후비(后妃) 이후로부터 부인이 투기하지 않는 자가 적습니다."
>
> -《조선왕조실록》 성종 8년(1477년) 3월 30일의 기록 중 발췌

윤씨가 중전의 자리에 오른 지 불과 8개월 만에 우승지였던 임사홍이 윤씨를 두둔하는 발언을 한 것이다. 발언의 요지는 간단했다. '모든 여자가 질투를 한다. 씨앗을 보면 길가의 돌부처도 돌아앉는다란 말도 있지 않은가? 좀 참고 지켜보자'라는 내용이다. 도대체 무슨 일이 있었던 걸까? 하루 전에 있었던 대왕대비의 언문 교지를 살펴보자.

"…… 다만 이것은 잉첩을 제거하려는 것일 것이다. 부인(婦人)은 옳은 것도 없고 그른 것도 없는 것으로 덕(德)을 삼는 것인데, 투기하는 것은 아름다운 일이 아니다. 하물며 제후(諸侯)는 아홉 여자를 거느리는 것인데 지금은 그 수(數)가 차지 않았으니…… (중략) 내가 당초에 사람을 분명하게 알아보지 못했음을 부끄럽게 생각한다. 중궁이 이미 국모가 되었고 또한 원자가 있는데, 장차 어떻게 처리할까?"

-《조선왕조실록》성종 8년(1477년) 3월 29일의 기록 중 발췌

불과 8개월 사이에 어떤 일이 있었던 걸까? "윤씨가 평소에 허름한 옷을 입고 검소한 것을 숭상하며 일마다 정성과 조심성으로 대하였으니, 대사(大事)를 위촉(委囑)할 만하다"라면서 윤씨를 칭찬하기 바빴던 정희왕후가 왕비 책봉을 한 지 불과 8개월 만에, "내가 당초에 사람을 분명하게 알아보지 못했음을 부끄럽게 생각한다"라면서 자신의 결정을 후회하는 모습을 보이고 있다. 그 실마리는 '잉첩을 제거하려는 것'이란 말에서 찾을 수 있다. 왕비가 됐고, 원자까지 떡 하니 낳은 윤씨의 눈에 남편 성종의 여자들이 들어온 것이다. 자신이 있음에도 불구하고, 다른 여자들을 찾는 성종이 미웠을 것이다. 아니, 자신의 남편을 꼬드긴 여자들이 미웠을 것이다. 이 당시 성종의 총애를 받던 여자가 정소용과 엄숙의였는데, 윤씨는 이들을 제거하기로 결심하게 된다. 그리고 구체적인 실행을 하게 된다. 왕비가 된 지 몇 달이 되지도 않은 시기였다. 당시 윤씨의 비행을 정리해보자.

① 정소용과 엄숙의에 대한 제거 계획을 세웠다. 좀 어설픈 계획이었는데, 정소용과 엄숙의가 계략을 짜 중전과 원자를 제거한다는 내용의 언문 투서를 권숙의의 집에 던진 것이다. 정황상 정소용이 던진 것이라고 판단했는데, 알고 보니 중전이었던 윤씨가 사건을 조작했던 것이다.

② 독약을 소지하고 있다가 발각됐다. 여기에 더해 자식을 못 낳게 하거나, 반신불수가 되게 하는 법, 사람을 해치는 법이 적혀 있는 책도 같이 발견됐다.

이 모두가 중전이 된 지 8개월 만에 일어난 일들이다. 첫 번째 사안의 경우에는 구중궁궐 안에서 흔하게 일어나는 음모의 한 자락이라고 이해할 수 있는 구석이 있다. 어쩌면 애교 수준이라고 할 수도 있을 것이다. 그러나 문제가 되는 것은 두 번째 사안이다. 임금의 손길이 닿는 곳에 독약이 있다는 건 중차대한 문제였다. 혹시 딴마음을 먹고 임금을 죽이겠다고 결심한다면 어떻게 되겠는가? 이 사안에 대해서 대왕대비를 비롯한 삼궁과 성종은 예민하게 반응했다. 훗날이에 대한 대비를 했던 이야기를 잠깐 살펴보자.

"만약 주상이 편치 않을 때를 만나면 독(毒)을 어선(御膳: 왕의 음식)에 넣을까 두려워하여 여러 가지 방법으로 방비하면서 중궁이 지나가는 곳에는 어선을 두지 않도록 금하였다."

－《조선왕조실록》성종 10년(1479년) 6월 5일의 기록 중 발췌

이 정도면 중전이라기보다 '내부의 적'이라고 말할 수 있을 정도였다. 성종과 삼궁의 눈에 중전은 이미 중전이 아니었다. 완전 눈 밖에 난 것이다. 어쩌다 이렇게 됐을까? 궁궐 생활 4년차면 어느 정도 상황 파악을 할 수 있었을 텐데, 어쩌다가 이런 무리수를 두게 된 것일까? 세 가지 정도를 추측할 수 있다.

첫째, 신데렐라로 화려하게 등장했지만, 자신의 뒤를 추격해오는 다른 후궁들에 대한 견제심리가 작용했을 것이다. 자신도 후궁에서 시작해 왕비가 됐는데, 다른 후궁이라고 그러지 말라는 법은 없다.

둘째, 다른 후궁에 비해 친정의 도움을 받을 확률이 적기 때문에 자신을 보호해줄 보호막이 없다고 판단해 직접 행동으로 옮겼을 가능성이다.

셋째, 자신의 나이이다. 남자란 다 똑같다. 어린 여자를 좋아하는 건 남자들의 본성 아닌가? 성종보다 연상이란 점이 초기에는 경쟁력으로 작용했겠지만, 아이를 낳고 나니 다른 젊은 후궁들이 눈에 밟혔던 것이다.

아마 이런 이유들이 복합적으로 작용해 무리수를 두게 만들었을지도 모른다. 그래도 너무 빨랐다. 중전이 된 지 이제 겨우 8개월째가 아닌가? 그렇다면 초반 상황 파악을 잘못해 무리수를 둔 것이라고 봐야 할까? 아니면, 원래 윤씨의 천성이 그랬는데, 목적을 달성하자 가면을 벗은 것일까? 그 속내는 아무도 모른다. 다만 확실한 건 당시 성종의 신하, 그중에서 임사홍의 논리 정연한 설득에 성종이 넘어갔다는 사실이다. 앞에서도 말했지만, 왕의 정비인 중전이 한 번 바뀌면 정치적으로 큰 파장이 인다. 더구나 중전 옆에는 원자가 있지 않은가? 미래를 생각해서도 섣부른 결정을 내릴 수는 없었다. 그리고 성종은 원래 모범생이었다. 어린 시절 뼛속 깊이 주입받은 '모범생' 유전자가 이 상황에서 발현된다.

'신하들이 이렇게 말리는데…… 다 이유가 있겠지? 원래 이럴 때는 신하들 말을 들어주는 것이 모범적인 군주의 모습이지.'

성종은 결국 자신의 뜻을 접었다. 중전을 폐하고, 빈으로 강등한 다음 사저로 내보내겠다는 성종의 1차 이혼 계획은 그렇게 무산됐다.

중전의 역습과 성종의 반격

중전이 된 지 8개월 만에 있었던 교체 파동, 보통 이런 일을 겪고 나면 몸을 사리고 주변 분위기를 파악하는 것이 일반인들의 상식이다. 그러나 윤씨는 좀 달랐다. 이후 윤씨는 진정한 의미의 팜므파탈(femme fatale), 아니 〈사랑과 전쟁〉에 등장하는 막장 며느리로 진화하게 된다. 물론, 윤씨에게 마음이 떠난 성종과 삼궁의 의도적인 폄훼일 수도 있지만 기록에 나와 있는 행간들을 잘 살펴봐도, '평범한 여자는 아니다'라는 결론을 내릴 수 있다. 이후의 행동들을 살펴보면, 발악을 한다는 느낌이 들 정도이다. 한번 위기를 겪어보니, 자신을 건드릴 수 없다는 확신이 섰던 것일까? 어쩌면 원자가 옆에 있는 이상 안전하다는 착각을 했을지도 모른다. 아니면, 정말 구석으로 몰렸을 수도 있다. 이도저도 아니라면, 원래 본성이 그러했던 것인지도 모른다. 어쨌든 1차 이혼 파동 이후 윤씨의 행보는 더욱더 거칠어졌다. 당시의 분위기를 확인해보자.

> 주상이 혹 때로 편치 않을 때가 있어도 마음에 개의치 않고 꽃 핀
> 뜰에서 놀고 새를 잡아 희롱하다가도, 만약 제 몸이 편치 않으면
> 갑자기 기도(祈禱)하여 이르기를, '내가 죽지 않기를 바라니 보여
> 주기를 원하는 일이 있다'고 하였다. 평소의 말이 늘 이와 같으니
> 우리들은 항상 두려워하였다. 만약 주상이 편치 않을 때를 만나면
> 독을 어선에 넣을까 두려워하여 여러가지 방법으로 방비하면서
> 중궁이 지나가는 곳에는 어선을 두지 않도록 금하였다. (정희왕후의
> 증언)

성종이 아플 때는 전혀 신경을 쓰지 않고 자기 놀기에 바빴는데,
막상 자기가 아플 때는 섬뜩한 기도를 한다는 것이다. "내가 죽지 않
기를 바라니 보여주기를 원하는 일이 있다"라는 발언이다. 일반인의
경우라도 섬뜩한 독기가 느껴지는 발언인데, 더구나 원자의 생모가
아닌가? 만약 성종이 죽고, 원자가 왕위에 오른다면 어떻게 될까?
윤씨가 죽기 전에 무엇을 보여주고 싶은지는 모르겠지만, 왕의 생모
라는 위치가 가지는 파괴력을 예상한다면 보통 일은 아닐 것이다.
그 자체로 커다란 위협이다. 더 위험한 건 뭔가를 보여주기 위해서
는 빨리 성종이 죽어야 한다는 계산이 나온다는 것이다. 일전에 있
었던 '비상(독약의 일종) 소지 파문'을 생각해본다면, 성종에게 어떤 위
해를 가할지 모르는 상황이었다. 결국 정희왕후는 성종의 음식에 왕
비가 접근하지 못하도록 조치를 취하게 했다는 것이다.

평소에 시비(侍婢)에게 죄과(罪過)가 있으면, 반드시 이르기를, '지금은 비록 너에게 죄 줄 수가 없더라도, 장차는 너를 족멸(族滅)시킬 것이다'라고 하였으니, 이와 같은 마음으로써 원자를 가르친다고 하면 옳겠는가? (성종의 증언)

이 역시도 무서운 발언이다. 왕의 생모가 가지는 정치력과 파괴력은 어느 정도일까? 효(孝)의 나라 조선(조선은 전통적으로 충보다는 효를 높게 쳤다)에서 왕이 절대로 거스를 수 없는 한 가지 법칙이 바로 '효'이다. 장차 윤씨가 왕이 될 원자를 치마폭에 싸고 국정을 농단할 수도 있고, 피바람을 부를 수도 있다. 작은 실수를 가지고 가문 전체를 멸족시키겠다는 발언을 보면, 모골이 섬뜩해질 수밖에 없다. 이런 엄마 밑에 있을 아들이 어떤 교육을 받을지 고민된다는 발언을 들어보면, 차라리 현실적이란 느낌이 든다.

위서(僞書)를 만들어서 본가(本家)에 통하여 이르기를, "주상이 나의 뺨을 때리니, 장차 두 아들을 데리고 집에 나가서 내 여생을 편안하게 살겠다"고 하였는데, 내가 우연히 그 글을 얻어 보고 일러 말하기를, "허물을 고치기를 기다려 서로 보도록 하겠다"라고 하였더니, 윤씨(尹氏)가 허물을 뉘우치고 말하기를, "나를 거제(巨濟)나 요동(遼東)이나 강계(江界)에 처(處)하게 하더라도 달게 받겠으며……."(성종의 증언)

성종이 자신을 때렸다는 주장을 하며, 자식들을 데리고 나가 살겠다는 편지를 보냈다는 것이다. 사실 여부를 떠나서 일국의 국모가 왕자를 데리고 나가 살겠다는 발언을 했다는 것 자체가 상식에서 크게 벗어나 있는 모습이다.

상참(常參)으로 조회를 받는 날에는 비(妃)가 나보다 먼저 일찍 일어나야 마땅할 것인데도, 조회를 받고 안으로 돌아온 뒤에 일어나니, 그것이 부도(婦道)에 있어서 있을 수 있는 일인가? (성종의 증언)

기본적인 아내의 덕목을 지키지 않았다는 뜻이다. 한마디로 출근하는 남편을 챙기지 않고, 그저 잤다는 것이다.

우리들은 항상 시물(時物: 철따라 생산되는 물건)을 만나면 비록 이미 천신(薦新: 철따라 새로 나는 물건을 사당에 먼저 차례 지내는 것)하였더라도 오히려 차마 홀로 맛보지 못하고 반드시 다시 원묘(原廟)에 올리게 하고 난 다음에 이를 맛보는데, 중궁은 우리들이 비록 간곡하게 타일러도 아예 천신할 마음을 두지 않고 모두 다 사사로이 써버렸다. 무릇 불의한 일을 행했을 때에 우리들이 보고 물으면 대답하기를, '주상이 가르친 것입니다' 하고, 주상이 이를 보고 꾸짖으면, '대비가 가르친 것입니다'라고 하여, 그 거짓된 짓을 행하는 것이 이와 같았다. (정희왕후 증언)

철따라 생산되는 물건이 있으면, 우선 종묘에 제사를 지내고 웃어른들에게 권한 다음 자신이 먹어야 하는데, 맛있는 건 혼자 먹는다는 말이다. 좀 치사한 느낌이 들기도 하지만, 며느리로서의 기본 품성이 결여된 모습이다. 이런 모습을 보고 대비들이 나서서 교정을 해보려고 했으나, 대비들이 물으면 성종 핑계를 대고, 성종이 물으면 대비 핑계를 대면서 요리조리 빠져나가기까지 했다. 이미 교육의 힘을 믿기에는 늦은 상황이라는 주장이다.

중궁이 주상을 용렬한 무리라고까지 하였고, 또 그 자취도 아울러 깎고자 하므로 주상이 부득이 정승(政丞)들에게 알렸던 것이다. (정희왕후 증언)

성종에게 욕을 한 것이다. 아마 부부싸움 중이거나, 뒷말을 한 것 같다. 개인적으로는 남편이지만, 국가적으로 봤을 때는 일국의 왕이지 않은가? 성종의 발자취를 다 깎아버리겠다는 발언을 들어보면, 섬뜩한 느낌마저 든다.

항상 궁중(宮中)에 있을 때에 대신들의 가사(家事)에 대해서 말하기를 좋아하였으나, 내가 어찌 믿고 듣겠는가? 내가 살아 있을 때에야 어찌 변(變)을 만들겠는가만은 내가 죽으면 반드시 난(亂)을 만들어낼 것이니……. (성종의 증언)

대신들의 가정사에 대해 이야기하는 것을 좋아했다는 말인데, 사람들이 모이면, 시중에 떠도는 소문이나 루머들을 이야기하는 것과 같다. 일반인의 경우라면, 소문으로 끝나겠지만 윤씨는 국모의 위치였다. '베갯머리송사'란 말이 괜히 나왔을까? 성종에게 잘못된 인식을 심어줄 수도 있지만, 더 큰 문제는 원자가 왕이 된 이후이다. 윤씨의 이런 성격이 그대로 이어졌다간 후대에 어떤 일이 생길지 모른다는 것이다. 성종도 이 점을 걱정하고 있었다. 자신 대에서야 그냥 '가정사'로 끝날 수 있겠지만, 자신이 죽고 난 뒤에는 분명히 '변란'이 일어날 것이란 판단을 내린 것이다.

이 정도면 폐비의 요건은 거의 다 갖췄다고 할 수 있었다. 사실 여부를 떠나서 최종 결정권자들의 판단이 이렇게 나온 이상 그다음 행동들은 형식적인 절차에 불과했다. 성종 10년 윤씨는 궁에서 쫓겨나게 된다. 화무십일홍(花無十日紅)이라고 했던가. 궁에 들어온 지 7년 만에, 중전이 된 지 3년 만에 윤씨는 모든 걸 잃고 궁에서 쫓겨나게 된다. 성종은 그렇게 두 번째 중전을 내친 다음, 세 번째 중전으로 윤씨와 같이 들어온 윤호의 딸을 낙점하게 된다. 이 사람이 바로 정현왕후로 중종의 생모이자, 연산군을 친자식처럼 키운 여인이다. 이때부터 '폭탄 돌리기'가 시작된다.

'원자'라는 이름의 폭탄 돌리기

레임덕(lame duck)이란 말이 있다. 임기 말 권력 누수를 뜻하는 말인데, 정권 말기에 종종 볼 수 있는 현상이다. 현재의 권력이 거의 끝나갈 때쯤 사람들은 미래의 권력에 대한 눈치 보기에 들어간다. 이런 현상은 비단 오늘날만의 문제가 아니다. 동서고금의 역사를 살펴보면, 나이 든 부왕(父王)과 젊은 왕자 사이에 미묘한 권력 암투가 이어지는 걸 흔하게 볼 수 있다. 예나 지금이나 사람은 바뀌지 않았다. 성종 시절에도 마찬가지였다.

윤씨가 폐비된 지 3년, 이때 원자의 나이도 일곱 살이 되었다. 조금 있으면, 세자 책봉을 받을 테고, 공식적으로 왕의 후계자가 되는 것이다. 만약 폐비 윤씨에게 자식이 없다던가, 자식이 있더라도 딸이었다면, 폐비 윤씨도 죽지는 않았을 것이다. 이 경우라면, 스스로도 그렇게 기세등등하지 않았을 테고, 설사 문제가 발생했더라도, '그냥 똥 밟았다고 생각하지 뭐. 혼자 저러다 제풀에 지칠 거야'라고, 아예 신경을 끊어버렸을 것이다. 후궁을 미리 정업원에 보냈다고 생각하면 되는 것이다. 그러나 폐비 윤씨의 경우에는 상황이 복잡했다. 그녀는 법적으로는 죄인이지만, 미래의 권력인 원자의 생모이다. 그리고 원자가 세자로 책봉되고, 무사히 권력을 승계받는다면 폐비를 추진할 때 찬성하는 입장을 보인 신하들은 어떻게 될까? 그리고 이때 폐비의 편을 들어준 신하들에겐 무슨 일이 생길까? 원자가 자라면서 대신들은 미래의 권력을 신경 쓰기 시작했다. 아무리 폐비가 잘못했다고 하더라도 모자지간의 정을 사람의 힘으로 어떻게 끊을 수 있겠는가. 만약 원자를 폐하고, 다른 왕자를 세자에 앉힌다면 문제는 쉽게 해결될 것이다. 그러나 성종과 대비들은 그럴 생각이 없었다. 신하들의 머릿속에는 저마다의 계산기가 등장하기 시작한다.

'지금 당장 욕을 먹더라도 폐비를 챙겨주는 액션을 취하면, 훗날 원자가 왕이 되고 난 후에 이걸 기억해줄 것이다.'

'지금 폐비 편을 들어주는 건 미래에 대한 투자다. 역사에 분명 기록될 것이고, 이 기록이 영수증이 될 거야. 당장 전하한테 욕을 먹고, 벼슬 자리에서 쫓겨날지 모르지만, 시련이 클수록 투자 효과는 더 클 수 있다.'

계산을 마친 신하들의 움직임이 보이기 시작했다.

① "…… 폐비 윤씨는 지은 죄악이 매우 크므로 폐비하여 마땅합니다만, 그러나 이미 국모가 되었던 분이니, 이제 무람없이 여염(閭閻)에 살게 하는 것을 온 나라의 신하와 백성들이 마음 아프게 여기지 않는 이가 없습니다. (중략) 신의 생각으로는 따로 한 처소를 장만하여주고 관(官)에서 공급(供給)을 하여 줌이 좋을 듯합니다." (권경우의 발언)

② "…… 그러나 이미 지존(至尊)의 배필로서 국모가 되었던 분인데, 이제 폐위되어 여염에 살게 하는 것은 너무나 무람없는 듯하니, 온 나라의 신하와 백성들이 누구라도 애처롭게 여기지 않겠습니까? 그리고 또 금년은 흉년이 들었는데, 아침저녁으로 공급되는 것이 또한 어찌 넉넉할 수 있겠습니까? 신은 처음 폐위를 당하였을 때에도 따로 처소를 정하여 공봉(供奉)하기를 청하였었습니다." (채수의 발언)

③ "신 등은 전일에는 이러한 뜻을 아뢰었습니다. 대저 지존께서 쓰시던 것은 아무리 미소(微小)한 것이라도 외처(外處)에 두지 못하는데, 하물며 일찍이 국모가 되었던 분이겠습니까?" (한명회의 발언)

권경우와 채수가 폐비 윤씨에 대한 예우를 말한 것이다. 중견 관료인 권경우뿐만 아니라, 권력 실세인 한명회조차도 폐비에 대해서는 한 수 접어두는 모습이 보인다. 특히 채수의 발언이 눈에 띈다. "신은 처음 폐위를 당하였을 때에도 따로 처소를 정하여 공봉하기를 청하였었습니다." 자기는 처음부터 폐비의 예우를 주장했다며 어필하는 모습이다. 누가 봐도 속이 빤히 들여다보인다. 성종의 눈에 이들의 모습이 곱게 보였을까? 성종은 즉각 반응을 보였다.

> "…… 만일 국모로서의 행동이 있었던들 마땅히 국모로서 대우하였을 것이다. 이미 서인(庶人)이 되었는데, 여염에 살게 하는 것이 어찌 무람없다고 하겠는가? 그런데 경들이 어찌 국모로서 말을 하느냐? 이는 다름이 아니라 원자에게 아첨하여 후일의 지위를 위하려고 하는 것일 것이다."
>
> -《조선왕조실록》성종 13년(1482년) 8월 11일의 기록 중 발췌

냉철한 상황 판단이었다. 분노한 성종은 권경우와 채수를 잡아 가두고(이들은 국문까지 당하게 된다), 바로 대소신료들을 소집해 폐비 문제에 대해 확실한 종결을 짓겠다고 결심하게 된다. 당시 분위기는 냉랭했다. 이 당시 폐비 문제를 종결지을 수 있는 사람은 성종 한 명밖에 없었다. 미래의 권력인 원자가 떡 하니 살아 있는 마당에 폐비에 대해 소신 있게 말할 수 있는 신하가 몇이나 될까? 어쩔 수 없이 성종이 직접 나설 수밖에 없었다.

"윤씨(尹氏)가 흉험(凶險)하고 악역(惡逆)한 것을 이루 다 말할 수 없다. 당초에 마땅히 죄를 주어야 하겠지만, 우선 참으면서 개과천선(改過遷善)하기를 기다렸다. 기해년에 이르러 그의 죄악이 매우 커진 뒤에야 폐비하여 서인으로 삼았지만, 그래도 차마 법대로 처리하지는 아니하였다. 이제 원자가 점차 장성하는데 사람들의 마음이 이처럼 안정되지 아니하니, 오늘날에 있어서는 비록 염려할 것이 없다고 하지만, 후일의 근심을 이루 다 말할 수 있겠는가? 경들이 각기 사직(社稷)을 위하는 계책을 진술하라"하였다. 정창손(鄭昌孫)이 말하기를, "후일에 반드시 발호(跋扈: 세력이 크게 일어나 제어하기 힘듦) 할 근심이 있으니, 미리 예방하여 도모하지 않을 수 없습니다"하고, 한명회는 말하기를, "신이 항상 정창손과 함께 앉았을 때에는 일찍이 이 일을 말하지 아니한 적이 없습니다"하였다. 정창손이 아뢰기를, "다만 원자가 있기에 어렵습니다"하니, 임금이 말하기를, "내가 만일 큰 계책을 정하지 아니하면, 원자가 어떻게 하겠는가? 후일 종묘와 사직이 혹 기울어지고 위태한 데에 이르면, 그 죄는 나에게 있다"하였다. 심회(沈澮)와 윤필상(尹弼商)이 말하기를, "마땅히 대의(大義)로써 결단을 내리어 일찍이 큰 계책을 정하셔야 합니다."(중략)

임금이 말하기를, "후일에 그가 발호하게 되면 그 후환이 어찌 크지 않겠느냐? 측천무후(則天武后)가 조정의 신하들을 많이 죽였던 것은, 자기 죄가 커서 천하가 복종하지 않을 것을 알았기 때문에 자기의 위엄을 보이려고 한 것이다."하였다. 이어서 좌우에게 묻기를, "어떻게 하여야 하겠느냐?"하니, 재상과 대간들이 같은 말로 아뢰기를, "여러 의견들이 모두 옳게 여깁니다" 하였다. 이에 곧 좌승지 이세좌(李世佐)에게 명하여 〈윤씨를〉 그 집에서 사사(賜死)하게 하고, 우승지 성준(成俊)에게 명하여 이 뜻을 삼대비전(三大妃殿)에 아뢰게 하였다.

- 《조선왕조실록》 성종 13년 (1482년) 8월 16일의 기록 중 발췌

당시 분위기가 그대로 녹아 들어가 있는 기록이다. 이때의 분위기와 진행 상황을 하나씩 분석해보자. 우선 성종이 발제를 한다. "…… 이제 원자가 점차 장성하는데 사람들의 마음이 이처럼 안정되지 아니하니, 오늘날에 있어서는 비록 염려할 것이 없다고 하지만, 후일의 근심을 이루 다 말할 수 있겠는가? 경들이 각기 사직(社稷)을 위하는 계책을 진술하라." 신하들의 마음이 원자와 폐비, 성종 사이에서 갈팡질팡하고 있다는 걸 지적하고는, 지금 당장은 별탈이 없지만, 훗날 원자가 왕위에 오를 경우에는 어떻게 할지 답이 안 보인다며 해결책을 요구하고 있는 것이다. 지금이야 폐비 신분으로 그대로 있기에 아무런 영향력도 없지만, 만약 원자가 세자가 되고, 훗날 보위에 오르게 되면 왕이 된다. 이렇게 되면 폐비는 왕의 생모가 된다. 이 경우 폐비의 성격으로 봤을 때 분명 문제가 생긴다는 판단이었다. 다음으로 정창손과 한명회의 발언이 이어진다. "다만 원자가 있기에 어렵습니다." 바로 원자가 문제의 핵심인 것이다. 폐비야 죽든 말든 상관이 없지만, 훗날 원자가 이 사실을 알게 되면, 어떤 반응을 보일지가 걱정거리였다.

그러자 성종은 이렇게 말한다. "내가 만일 큰 계책을 정하지 아

니하면, 원자가 어떻게 하겠는가? 후일 종묘와 사직이 혹 기울어지고 위태한 데에 이르면, 그 죄는 나에게 있다." 즉, 성종의 상황 판단으로는 이 상태가 계속 이어져 폐비가 살아 있는 와중에 원자가 보위를 잇게 되면, 분명 문제가 발생한다는 것이다. 폐비의 성격을 보건데, 분명 피바람이 불 것이고, 그 결과 정국에 파란을 일으킬 것이라는 결론이다. 지금도 폐비의 눈치를 보는데, 만약 좀 더 시간이 지나면 어떻게 되겠는가? 물론, 성종이 제어하겠지만, 만약 성종이 죽는다면? 그 상황을 어떻게 제어할 것인가? 여기서 '큰 계책'은 누구라도 알아들을 것이다. 게다가 성종은 신하들을 은근히 협박까지 하고 있다. "후일에 그가 발호하게 되면 그 후환이 어찌 크지 않겠느냐? 측천무후(則天武后)가 조정의 신하들을 많이 죽였던 것은, 자기 죄가 커서 천하가 복종하지 않을 것을 알았기 때문에 자기의 위엄을 보이려고 한 것이다." 측전무후까지 들먹이며, 폐비가 만약 돌아올 경우 너희들도 무사하지 못할 것이란 압박을 가하고 있는 것이다. 솔직히 맞는 말이다. 만약 폐비가 연산군을 옆에 끼고는, '내가 폐비를 당할 때 너희들은 무엇을 했느냐? 왜 말리지 않았느냐?'라고 말한다면, 신하들은 어떻게 대응해야 할까?

결국 폐비를 죽이는 것으로 결론이 났다. 권경우와 채수의 발언이 나온 지 불과 5일 만에 폐비 윤씨는 죽음을 선고받은 것이다. 어떻게 보면, 연산군의 원수는 권경우와 채수일 수도 있었다. 그냥 가만히 있었다면, 불안한 동거가 이어졌을 텐데, 이들이 괜히 나섰다가 폐비의 목숨을 끊은 것이다. 물론, 이들이 아니었어도 언젠가 터질 문제이긴 했지만.

146

일반 가정집이었다면, 부부싸움을 하고 이혼을 하는 선에서(혹은 소박을 맞는 선에서) 끝날 문제였는데, 왕과 왕비였기에 죽고 죽이는 관계로 비화된 것이다. 정말 거창한 부부싸움이라고 할 만하다.

아쉬운 것은 폐비 윤씨의 행동이었다. 공혜왕후 한씨가 죽은 뒤 보여준 폐비의 재빠른 판단력과 실행력을 그대로 이어나갔다면, 이와 같은 비극은 일어나지 않았을 것이다. 분명 그녀에게는 나름의 머리가 있었고, 이 머리를 가지고 움직일 만한 실행력도 있었다. 너무 빨리 방전된 것일까? 아니면, 목적을 달성하고 나서 성공에 도취된 것일까? 이도저도 아니면, 정말 그녀의 천성이었던 걸까? 어쨌든 조선 왕조 희대의 부부싸움인 '폐비 윤씨 사건'은 이렇게 하무하게 끝이 난다. 그러나 이 싸움의 여파는 그리 쉽게 가라앉지 않았다. 이들 사이에서 태어난 원자, 훗날의 연산군이 '폭탄'으로 남았던 것이다.

연산군이라는 '그들만의' 폭탄

우리의 기억 속에서 연산군은 희대의 폭군이다. 그리고 그 원인을 이야기할 때 어김없이 폐비 윤씨의 이야기를 꺼낸다. "연산군이 폭군이 된 것은 폐비의 죽음 때문이다. 폐비 윤씨의 비참한 죽음을 알고, 충격을 먹은 연산군이 신하들에게 복수를 한 것이다." 영화나 드라마에서 나오는 연산군을 보면, 재위 10년차가 되던 1504년이 돼서야 어머니의 죽음에 관한 사실을 알게 됐고, 이성을 상실한 연산군이 갑자사화(甲子士禍)를 일으켰다고 나와 있다. 결론은 성종이 잘못한 것은 없고, 무조건 폐비 윤씨의 잘못이란 소리다. 역사적으로 이게 사실일까?

> 왕이 성종의 묘지문(墓誌文)을 보고 승정원에 전교하기를, "이른바 판봉상시사(判奉常寺事) 윤기무(尹起畝)란 이는 어떤 사람이냐? 혹시 영돈녕(領敦寧) 윤호를 기무(起畝)라 잘못 쓴 것이 아니냐?"하매, 승지들이 아뢰기를, "이는 실로 폐비 윤씨의 아버지인데, 윤씨가 왕비로 책봉되기 전에 죽었습니다"하였다. 왕이 비로소 윤씨가 죄로 폐위되어 죽은 줄을 알고, 수라(水刺)를 들지 않았다.
>
> － 《조선왕조실록》 연산군 1년(1495년) 3월 16일의 기록 중 발췌

연산군은 즉위하고 얼마 지나지 않아 폐비 윤씨에 대한 사실을 공식적으로 확인하게 된다. 물론 그 이전에 궁궐 생활을 통해 뭔가 심상찮은 기운을 감지했을 확률이 높지만, 역사상으로는 즉위하고 3개월 만에 생모의 존재를 확인하는 것으로 나온다. 그리고 자신의 생모를 위한 나름의 성의를 보이려고 노력한다.

> "…… 임금이 비록 지공무사(至公無私)하다 하나 모자의 정은 사람마다 누가 없으랴. 묘를 옮기는 것은 명년에 있을지라도 준비하는 모든 일은 모름지기 금년부터 하여야 하는데, 지금 이것을 불가하다 하니, 어찌 그 저의가 없으랴. 균이 스스로 제 뜻으로 와서 말한 것인가? 아니면 장관(長官)과 함께 의논하고서 말한 것인가? 그 마

음에 만약 위에 임금이 있다고 생각한다면, 어찌 감히 이같이 하겠는가. 반드시 나를 어린 임금이라 하여 그렇게 한 것이니, 금부에 내려서 국문함이 옳다."

- 《조선왕조실록》 연산군 2년(1496년) 5월 6일의 기록 중 발췌

여기까지의 역사를 종합해보면, 연산군은 폐비 윤씨의 존재를 일찍부터 알고 있었고, 생모를 위해 노력하는 모습을 보인다. 드라마나 영화 속에서 생모의 존재를 확인하는 것과는 10년 가까운 시간차가 존재하는 것이다. 연산군이 욱 하는 마음으로 신하들을 죽인 것은 아니라는 설명이 가능해지는 대목이다. 여기서 중요한 것은 그럼 연산군 재위 12년이 조선 백성들에게 이른바 '고난의 행군'이었느냐는 것이다. 유감스럽게도 연산군 재위 기간 동안 백성들은 그 흔한 민란 한 번 일으키지 않았다. 당시 연산군의 국정 운영을 본다면 폭군 치고는 나름 균형 잡힌 모습을 보여준다.

"요즈음 불 같은 더위가 점점 성하여 전일에 비하여 더욱 심하니, 내가 염려하건대, 중앙과 지방의 죄수들이 옥에 갇혀서 오랫동안 무더위에 숨이 막히면 반드시 병을 앓게 될 것이요, 또한 옥사(獄事)를 다스리는 관원이 불쌍히 여겨 송사를 공평하게 잘 처리하지 못하고, 함부로 고문을 가하며 시일을 늦추게 되면 반드시 죄 없는 사람이 운명하여 나의 흠휼(죄인을 신중히 심문하는 일)하는 뜻을 손상시킬 것이다. 말이 여기에 이르니 마음속이 몹시 슬프다. 나의 지극한 생각을 본받아 중외의 형관(刑官)들을 효유(曉諭)해서

각 옥 안을 깨끗이 청소하여 더위를 먹지 않도록 하고, 신문과 판결을 정밀 신속하게 하여 원통하고 지체되는 일이 없도록 하라."

-《조선왕조실록》 연산군 8년(1502년) 7월 7일의 기록 중 발췌

여름 불볕더위에 죄인들의 건강을 걱정해 옥사 안을 깨끗이 청소하고, 더위를 먹지 않도록 특별히 신경 쓰라고 명하는 모습이다. 여기에 더해 심문과 판결을 조속히 진행해 백성들을 보살피라는 당부의 말까지 잊지 않은 연산군. 과연 우리가 생각하는 폭군의 모습일까? 이런 모습은 《연산군일기》 여기저기에 심심찮게 찾아볼 수 있다. 연산군은 백성들의 송사에 관심이 많았던지 백성들이 억울해하지 않게 신속 정확하게 빨리 일을 처결하라는 명을 많이 내린다. 이뿐만이 아니다. 주요 쟁점 사안에 대해서도 꽤 균형 잡힌 모습을 보여준다. 정치 경험이 짧은 정치 지도자가 곧잘 보여주는 외교 현안에 대한 미숙함도 연산군에게는 찾아보기 힘들다.

"서려(西旅: 중국 서북 지방의 오랑캐 나라)에서 오(獒)라는 개를 바치니, 소공(召公: 주나라 무왕 시절의 명신)은 마땅히 받을 것이 아니라고 생각하여, 글을 지어 무왕(武王)을 경계하기를 '개나 말도 그 지방의 산물이 아니면 기르지 않고, 진귀한 새나 기이한 짐승을 나라에 기르지 않으며, 먼 곳의 물건을 소중하게 여기지 않으면 먼 지방의 사람이 오게 될 것입니다' 하였다. 내가 듣건대, 앵무새를 선왕(先王) 때에 바쳤으나 값만 비싸고 나라에 이익이 없었다고 하는데, 지금 또 암 원숭이를 바치니 반드시 이전 일에 의거했을 것이

150

다. 그러나 근자에 구리와 쇠와 같은 필요한 물건도 그 값을 대기가 어려워서 공무역(公貿易)과 사무역(私貿易)을 정지했는데, 하물며 이 같은 무익한 짐승이겠는가? 도로 돌려주고 받지 않겠다는 뜻으로 타이르라."

- 《조선왕조실록》 연산군 8년(1502년) 11월 14일의 기록 중 발췌

역사적 사실을 예로 들며, 일본에서 보낸 원숭이를 거절하는 대목이다. 나라에 필요한 구리와 쇠라면 받겠지만, 나라에 전혀 쓸모가 없는 원숭이를 받을 수는 없다. 그래도 일본과의 관계를 고려해서 잘 타일러서 돌려보내라는 지극히 상식적이고 균형 잡힌 명령을 내리고 있다. 이런 그에게서 폭군의 모습을 떠올리기는 어렵다. 솔직히 말하자면, 연산군 재위 12년 중에서 갑자사화가 터지는 연산군 10년, 그러니까 집권 말기에 이르기 전까지 조선 백성들은 나름 살 만했다. 나라에 큰 변란도 없었고, 외적의 침입도 없었다. 균형 잡힌 정치로 백성들도 큰 불만이 없었다. 물론 사화(士禍) 덕분에 숱한 관리들의 목숨이 떨어져 나갔지만, 이건 어디까지나 그들만의 리그였다.

'높으신 양반들이 죽어나가는 거야. 팔자 아니겠어? 우리야 그저 땅만 파면되는 일이지…… 그냥 배 부르고 등 따신 게 최고야. 괜히 벼슬살이하다간 언제 목이 떨어질지 몰라. 우리 팔자가 최고지.'

대강 이런 분위기였다. 궁궐 안에서 피바람이 불어닥쳐 정국은 냉랭하게 얼어버렸지만, 궁궐 밖 백성들이 보기엔 이건 어디까지나 남의 일이었다. 실질적으로 백성들에게는 별 영향을 주지 않았기 때문이다. 물론 연산군 정권 말기가 되면, 백성들도 실질적인 피해를 입게

되고, 원성도 들리게 된다. 그러나 12년 집권 기간을 통틀어 본다면, 좋았던 시절이 좋지 않았던 시절보다 더 길었던 건 사실이다. 그럼 연산군이 피를 본 이유가 뭘까? 어머니 탓이 아니라면, 누구의 잘못이었을까? 그렇다. 바로 그의 아버지 성종 때문이었다. 연산군이 집권 후반기에 삐뚤어진 것은 모두 성종이 남긴 유산이 원인이었다.

부왕이 남긴 골치 아픈 정치 유산

성종은 7년 동안 철저한 교육을 거친 뒤에 왕권을 얻게 된다. 문제는 이 7년간의 기간 동안 그의 몸에는 왕으로서는 잘못된 버릇이 들었단 것이다. 물론 신하들에게는 좋은 버릇이었다. 사실 7년 동안의 수습 기간을 거친 뒤 성종이 훌륭하게 친정체제를 구축했다는 이야기가 나올 것 같지만 실상은 좀 달랐다. 장인과 훈구 세력들 덕분에 얼떨결에 왕위에 오른 성종이지만, 막상 왕권을 휘두르려고 하니 이 훈구 세력들이 영 걸렸다. 결국 머리를 굴린 성종이 택한 방법은 '자신만의 친위 세력을 양성하겠다'는 지극히 보편타당한 방법이었다. 이렇게 해서 사림의 젊은 피들을 전면에 내세우게 된다.

이들 사림 세력들은 대간의 위치에 앉아 훈구대신들을 물어뜯기 시작한다. 그리고 이들에게 자극받은 기존 언관들도 비판의 칼날을 뽑아들게 된다. 여기까지는 성종의 계산대로였는데, 그다음이 문제였다. 훈구 세력들에 대한 견제가 어느 정도 끝나자 이들 대간 세력들은 성종의 발목을 잡아채기 시작한 것이다. 보통의 왕이었다면 그

대간 세력들을 무시하겠지만, 문제는 성종이 착실하게 유교적 소양 교육을 받았다는 대목이다.

'왕이 신하들의 의견을 묵살하는 것도 모양새가 좋지 않고, 비판을 받았다고 화를 내면 속 좁은 놈 취급도 받을 텐데⋯⋯.'

덫에 걸린 것이다. 도학군주(道學君主)로서의 이상향을 철저히 주입받은 7년 세월이 현실 정치의 발목을 잡은 것이다. 태종이나 세조였다면 신하들을 귀양 보내거나 목을 쳤을 상황임에도 불구하고 성종은 일일이 신하들과 맞서 싸우다가 결국 신하들의 의견에 끌려가는 모습을 보여주게 된다. 성종 재위 내내 그가 보여준 통치 행태가 이랬다. 당시 성종과 대간들의 관계를 단적으로 보여주는 사례를 찾아보자.

"지금 들으니, 평안도에서 사람과 가축이 사로잡혀 갔다고 하는데, 실상 이것은 허혼(許混)이 변방의 흔단을 열었기 때문입니다. 그렇지 않다면 이 같은 6월에 어찌 감히 변방을 침범하겠습니까? 지금 만약 북방을 정벌하여 승냥이와 이리의 굴혈(窟穴)을 공격한다면 저들의 보복을 좋아하는 기질로써 장차 해마다 침범하여 포학(暴虐)을 행할 것이니, 양계(兩界)의 변방의 흔단은 그칠 날이 없을 것입니다. 신 등은 우매하고 용렬하여 천의(天意)를 돌이키지 못했으니, 거듭 생각해보아도 관직에 나아가기는 어렵겠습니다" 하니, 전교하기를, "비록 싸움에 이기더라도 그대들은 좋게 여기지는 않을 것이며, 만일 실패한다면 반드시 장차 나를 탓할 것이다. 그러나 작은 일과 같이 중지할 수 없는 것이다. 비록 온갖 방법

으로 와서 아뢰더라도 이익은 없을 것이니, 관직에 나아가는 것이
좋을 것이다."

- 《조선왕조실록》 성종 22년(1491년) 6월 19일의 기록 중 발췌

북방의 오랑캐가 변방을 괴롭히자 성종은 군사를 일으키려 하지
만 대간들은 이를 일제히 반대한다. 여기에 대한 성종의 반응을 보
면, 당시의 상황을 확인할 수 있다.

"비록 싸움에 이기더라도 그대들은 좋게 여기지는 않을 것이며,
만일 실패한다면 반드시 장차 나를 탓할 것이다."

싸움에 이기더라도 욕을 할 것이고, 지면 왕의 탓으로 돌릴 것이
라는 말이다. 당시 성종은 뭘 해도 대간들의 비판을 받을 거라는 피
해의식을 가지고 있었다. 사실 피해의식도 아니다. 실제로 뭘 해도
욕을 먹고, 비난받아야 했다. 대외적인 이미지 때문에 절대 자를 수
없는 직원이 있는데, 이 직원이 걸핏하면 사표를 들고 나와 사장 앞
에서 더러워서 회사 못 다니겠다고 깽판을 친다면 사장의 마음이 어
떠하겠는가? 태평성대를 일군 성군이라는 평가를 받는 성종에게도
이런 속 끓는 사연이 있었다.

성종 치세의 정국은 여우를 몰아내기 위해 호랑이를 끌어들인
것이라 할 수 있다. 아니면, 호랑이 새끼를 키웠다고 해야 할까? 어
쨌든 대간들에게 휘둘리는 부왕의 모습을 보고 자란 연산군은 마음
속으로 칼을 갈게 된다. 이는 즉위 이후 연산군이 보여준 통치 행태
를 보면 알 수 있다. 신하들에게 질질 끌려 다녔던 성종과 달리 연산
군은 젊은 언관들과 충돌했다.

앞에서도 언급했지만, 조선이란 나라는 군약신강(君弱臣强), 군신 공치의 나라였다. 왕조 국가로 보기에는 왕의 권력이 비정상적으로 약했고, 왕과 신하가 같이 나라를 다스려 나갔던 나라가 조선이었다. 이런 나라에서 철저하게 사육당한 성종의 치세 기간을 지켜본 연산 군은 아버지의 통치에 의문을 품게 된다.

'난 아버지처럼 살지 않을 거야!'

연산군이 왕위에 오른 즉위년 1494년부터 무오사화(戊午士禍)가 터졌던 연산군 4년 1498년까지의 4년간의 시간은 성종의 아들 연산 군과 성종이 키웠던 대간 세력들 간의 전쟁 기간이었다.

'내가 아버지랑 다르다는 걸 초반에 확실히 보여주겠어!'

'대행왕처럼 성군을 만들기 위해서도 초장에 확실히 우리 실력 을 보여줘야 해!'

언제 붙어도 이상할 게 없는 상황이었다. 그리고 정말 박 터지게 싸운다. 당시의 기록을 잠깐 살펴보자.

사헌부장령(司憲府掌令) 강백진(康伯珍)·사간원정언(司諫院正言) 이의 손(李懿孫)이 아뢰기를, "대행 대왕을 위하여 수륙재(水陸齋)를 내리 라는 전교를 듣자왔습니다. 대행왕께서 일찍이 불법을 좋아하지 않으셨고, 또 지금 신정(新政)의 처음이어서 신민이 좋은 정치를 바라는 시기이니, 사도(邪道)를 버리고 예문을 좇아야 할 것입니 다" 하니, 전교하기를, "선왕께서 어찌 다 불법을 좋아하셨으랴만 은, 수륙재의 거행은 조종조로부터 이미 그러하였고, 대행 대왕께 서도 그만두라는 유명(遺命)이 없었으니, 이제 문득 폐지할 수 없다"하매, 백진 등이 다시 아뢰기를, "대행 대왕이 불도를 본디 믿지 않으셨는데, 이제 칠칠일에 수륙재를 지낸다면 효자가 어버이를 받드는 뜻이 아니오니, 지내지 마소서"하니, 전교하기를, "선왕께서 다 행하셨고, 대행왕께서 비록 불교를 좋아하지 않으셨으나, 또한 선왕을 위하여 행하셨으니, 나도 마땅히 대행왕을 위하여 행하겠다."

- 《조선왕조실록》연산군 즉위년(1494년) 12월 26일의 기록 중 발췌

즉위 하루 만에 대간들과 충돌이 일어난 것이다. 그러나 이건 시작일 뿐이었다.

① "…… 정문형(鄭文炯)은 당연히 갈아야 하는데도 갈지 않으시니, 신들은 모를 일입니다. 전하께서는 효강이 죄가 없다고 여기십니까? 문형을 정승으로 삼을 만하다고 여기십니까? 신들은 기어코 윤허를 받아야 하옵지 스스로 그만두지는 못하겠습니다"하였으나, 듣지 않았다.

- 《조선왕조실록》연산군 2년(1496년) 2월 15일의 기록 중 발췌

② "봉보부인(奉保夫人)의 공·사천(公私賤) 족친을 명하여 혹은 종량(從良) 또는 포공(布貢)하도록 한 것이 무릇 40인인데, 만약 동산(同産)이나 백숙(伯叔)이라면 오히려 가하거니와, 원족까지도 역시 다 참여하였으니, 이는 너무도 불가합니다"하니, 전교하기를, "이 일은 경(卿)들이 말할 바가 아니다. 봉보가 공이 있고 또 전례가 있

기 때문이다. 비록 말하더라도 들어줄 수 없으니, 이후로는 다시 말하지 말라" 하였다.

- 《조선왕조실록》 연산군 2년(1496년) 3월 9일의 기록 중 발췌

즉위 다음 날부터 이어진 대간 세력과 연산군의 충돌은 거의 모든 사안에서 대립각을 세우게 된다. 인사권과 같은 전통적인 통치권에 대한 간섭부터 시작해, 연산군의 사생활이나 궁중생활에 대해서까지 비판이 이어진다. 한마디로 비난의 종합 선물 세트라고 할 수 있었다. 이 당시 대간들의 비판은 상궤를 벗어났다고밖에 달리 표현할 말이 없을 정도로 지나쳤다. '초장에 기를 확 죽여놔야 해! 그래야 우리 말을 듣지! 대행왕도 결국은 우리한테 넘어왔잖아.' 대간들의 계산은 이러했다. 상황이 이렇게 돌아가자, 연산군 행정부 초창기의 정무 활동은 거의 이런 패턴이었다.

"…… 전하께서 이미 신들의 말을 그르다 하셨으니, 반드시 신들에게 죄가 있다고 여기실 터이니, 죄 있는 사람이 어찌 오래 풍기(風紀)의 지위에 처하여 성명(聖明)의 치화(治化)를 더럽힐 수 있으리까. 신들을 파직하소서" 하였으나, 듣지 않았다. 대간이 또 다시 아뢰었으나 듣지 않으므로, 드디어 사직하고 물러갔다.

- 《조선왕조실록》 연산군 2년(1496년) 2월 24일의 기록 중 발췌

일단 대간들이 자신들의 주장을 내세우면, 연산군은 이를 거부한다. 그러면 대간들이 사표를 내던지고 물러난다. 그러면 연산군은 다

시 복직을 명하고, 이 복직 명령을 대간들이 거부하면서 조정은 대치 국면으로 흘러간다. 이런 상황이 계속 이어지자, 연산군의 권위는 추락하게 되었고 조정의 업무는 말 그대로 멈춰버리게 된다. 연산군으로서는 미치고 환장할 노릇이었다. 앞에서도 언급했지만, 대간들이 들고 나오는 주장이란 게 정치적으로 타협의 여지가 있었다면 연산군도 받아들일 수 있었겠지만, 이 당시 대간들의 주장은 말 그대로 반대를 위한 반대, 아니면, 새로운 왕에 대한 길들이기 차원이었다. 새로 임용한 감사가 술을 많이 마시므로 적당하지 않다며 대간들이 반대 의사를 표명하자 연산군은 허탈했던지, "그러면 물만 마시는 사람으로 뽑을까?"라며 비아냥거리던 것이 당시의 상황이었다. 거짓말 조금 보태서 연산군이 숨만 내쉬어도 숨을 너무 깊게 내쉰다며 반대 상소를 올릴 분위기였다. 만약 부왕이었던 성종이라면 대간들의 등쌀에 밀려 뜻을 접었겠지만, 연산군은 나름 '성격'이 있었다. 그리고 그 성격에 걸맞는 정치력도 가지고 있었다.

"경(卿)들이 이미 탁고(托孤)의 명을 받았으니, 내가 물으면 바른 대로 대답하는 것이 당연한데 무엇이 옳지 않았다는 것인가? 대간의 소(疏) 가운데 '〈정승들이〉 제 마음대로 하려 한다'는 말이 있으니 자못 불손(不遜)하다. 후진(後進)들이 어찌 알겠는가. 반드시 뒤에서 시킨 자가 있을 것이므로 27일을 지낸 뒤에 내가 묻고자 하는 것이다. 정승들도 우선 소를 보라."

－《조선왕조실록》연산군 1년 (1495년) 1월 4일

158

성종이 대간 세력을 키워 훈구 세력을 견제하려 했다면, 연산군은 대신들에게 힘을 실어줘 대간 세력을 견제하려 했다. 연산군은 대간들과는 달리 대신들에게는 한껏 몸을 낮춰 예를 표하면서 포섭 작업에 들어간다. 가끔 대신들을 도발해 대간들에 대한 감정을 부추기는 것도 잊지 않았다. 여기서 중요한 것은 연산군에 대한 지지를 표명한 대신들이 거꾸로 대간들의 공격을 받을 때에는 두 팔 걷어붙이고 확실하게 방패막이가 돼줬다는 것이다. 이런 식으로 연산군은 착실히 왕권의 기초를 다져 나갔다. 그러나 이런 연산군의 노력이 언제 꽃을 피울지는 당시로서는 아무도 몰랐다는 게 문제였다. 이때 연산군 정치 인생에 큰 전환점이 되는 사건이 터지게 된다. 바로 무오사화였다.

그들만의 위태로운 동거

역사 교과서 속의 무오사화는 김일손 사초(史草)에 삽입한 김종직 (金宗直)의 조의제문(弔義帝文)이 세조가 단종으로부터 왕위를 빼앗은 일을 비방한 것이라며, 유자광, 이극돈 등이 이를 핑계로 연산군을 부추겨 애꿎은 선비들을 때려잡았다고 기록되어 있다. 솔직히 말하자면 조의제문은 애들 장난이었다. 당시 김일손의 사초는 세조의 혈손들이 왕으로 앉아 있는 이상 도저히 실록에 실을 수 없는 내용들이었다.

"사초에 이른바 '노산(魯山: 단종)의 시체를 숲 속에 던져버리고 한 달이 지나도 염습(殮襲)하는 자가 없어 까마귀와 솔개가 날아와서 쪼았는데, 한 동자가 밤에 와서 시체를 짊어지고 달아났으니, 물에 던졌는지 불에 던졌는지 알 수가 없다'고 한 것은 최맹한(崔孟漢)에게 들었습니다. 신이 이 사실을 기록하고 이어서 쓰기를 '김종직이 과거하기 전에, 꿈속에서 느낀 것이 있어, 조의제문을 지어 충분(忠憤)을 부쳤다' 하고, 드디어 종직의 조의제문을 썼습니다" 하였다.

- 《조선왕조실록》 연산군 4년(1498년) 7월 13일의 기록 중 발췌

세조 행정부의 원죄라 할 수 있는 단종의 죽음을 이 정도로 헤집어 놓았던 것이다. 이쯤되면 정말 막 가자는 거였다. 연산군이 아니라 성종이라도 뒤집어 엎어버릴 만한 상황이었다. 문제는 이뿐만이 아니었다. 세조가 과부가 된 자신의 며느리인 귀인 권씨를 범하려 했다는 소문을 김일손이 사실인양 기록해놓았던 것이다. 세조를 파렴치한에 패륜아로 만들려고 작정한 것이었다. 문제는 이 기록들이 사실을 적시한 것이라면, 역사의 기록자로서의 명분이라도 챙길 수 있었겠지만, 거의 대부분이 누구누구에게 들었다는 식이라는 점이었다. 즉, 뜬소문이나 들은 이야기를 토대로 세조를 패륜아로 만든 것이다. 이건 그냥 놔두는 게 이상할 정도였다. 연산군으로서는 울고 싶은데 뺨을 때려준 상황이나 진배없었다. 연산군은 김일손의 배후에는 스승 김종직이 있다고 결론내린다. 그러곤 무덤에 들어가 있는 김종직을 끌어내 처벌을 했고, 김종직의 처벌에 미온적인 신하들을 역적을 비호했다는 죄로 모조리 잡아들이며 점점 포위망을 구축해

들어갔다. 이때쯤이면 연산군의 의도도 명백해진다. 바로 김종직의 제자들이었다. 죽은 김종직이야 처벌해도 그만, 안 해도 그만이지만 그 제자들은 이야기가 달라진다. 명망 있던 김종직의 제자들은 연산 군 시절이 되면 조정 요직에 진출해 있었고, 특히나 눈에 가시 같았던 언론 삼사, 즉 대간들의 자리에 집중적으로 배치돼 있었던 것이다. 연산군은 김종직의 제자들에게 죄를 묻는다는 명분으로 그동안 자신을 괴롭혔던 대간들을 한번에 싹 정리해버렸다.

연산군은 아버지 성종이 남긴 불편한 유산이었던 이 대간 세력들에게 결정타를 먹인 것이다. 일반적인 역사 상식으로는 이때부터 연산군이 폭군으로 변해서 무차별적으로 사람들을 때려잡는 백정으로 변신한 걸로 안다. 그러나 무오사화 이후에도 연산군은 꽤 모범적인 국정 운영을 보여준다. 물론, 달라진 점도 있었다.

'너희들 그동안 내 흉 보느라 침이 마를 새가 없었지? 앞으로 조심해라, 알았지?'

'저 양반 저거, 성격 있네⋯⋯. 앞으로 어지간한 건 대충 넘어가자. 사생활 부분에서 특히나 예민하던데 궁궐 안의 문제는 봐도 못본 척하고, 어지간한 쟁점 사안 아니면 좋게, 좋게 넘어가자.'

대간 세력들과 암묵적인 신사협정을 맺은 것이다. 하긴 동료들이 죽거나 유배되는 걸 옆에서 지켜봤는데, 위축되지 않으면 그게 더 이상한 일이었다. 연산군 역시 1차 전투에서의 승리 이후, 발언 수위를 높이긴 했지만 판 자체를 깨버리는 무모한 행동은 하지 않았다. 무오사화가 일어난 연산군 4년(1498년)부터 갑자사화가 터진 연산군 10년(1504년)까지의 6년간의 시간은 태평성대였다. 대내외적으로 큰 문제없이 연산군의 통치는 이어졌고, 신하들도 포기할 건 포기하면서 나름 균형 잡힌 모습을 보여주었다.

아버지와는 180도 달랐던 아들

문제는 연산군 10년 3월 20일부터 연산군이 갑자기 미쳐버린 거였다. 재위 10년간 보여줬던 카리스마 군주의 모습은 온데간데없어지고, 그냥 미쳐버린 것이다. 물론 살짝 징조가 보이긴 했었다. 6개월 전인 연산군 9년(1503년) 9월에 있었던 양로연에서 연산군은 예조판서 이세좌(李世佐)가 실수로 술을 쏟아 곤룡포를 적셨단 이유로 귀양을 보낸다. 대신들은 긴장하게 된다.

'이거 이러다 피바람 부는 거 아냐? 이세좌, 저 인간 저거 언젠가 간 저 꼴 날 줄 알았어.'

이세좌의 유배는 조정을 술렁이게 만든다. 왜 그랬을까? 이유는 간단한데, 바로 이세좌의 전력 때문이다. 과거 이세좌는 윤비(尹妃)를 폐위할 때 형방승지로서 성종을 말리지 않았고, 윤비에게 사약을 전달했던 과거가 있었던 것이다. 연산군이 왕권을 확실히 틀어쥔 이 시점에서 생모에 대한 복수극을 준비하고 있는 게 아닌가 하는 불안감이 스쳐 지나갔지만, 곧 이런 불안도 사그라들게 된다. 연산군은 유배 4개월 만에 이세좌를 복귀시키고, 그때 쏟았던 술잔을 그에게 내려준다. 이때까지만 해도 신하들은 안심을 했지만, 연산군은 다시 뒤통수를 친다. 당시 궁에서는 후궁을 뽑으려고 했었는데, 그와 관련해 적당한 양반 처녀들을 예궐하도록 명하였다. 이때 경기도 관찰사 홍귀달이 자신의 손녀딸이 몸이 아파 예궐할 수 없다며 몸을 뺀다. 연산군은 폭발한다.

'이건 이세좌를 너무 쉽게 풀어줘서 그렇다. 신하들이 날 만만하게 봐서 생긴 일이야!'

정말 어이없는 논리의 비약이었다. 이쯤 되면 신하들도 눈치를 채게 된다.

'연산군이 작심을 했구나.'

그리고 운명의 3월 20일 연산군은 마침내 미치게 된다.

항과 봉은 정씨(鄭氏)의 소생이다. 왕이, 모비(母妃) 윤씨(尹氏)가 폐위되고 죽은 것이 엄씨(嚴氏), 정씨의 참소 때문이라 하여, 밤에 엄씨·정씨를 대궐 뜰에 결박하여 놓고, 손수 마구 치고 짓밟다가, 항과 봉을 불러 엄씨와 정씨를 가리키며 '이 죄인을 치라' 하니 항은 어두워서 누군지 모르고 치고, 봉은 마음속에 어머니임을 알고 차마 장을 대지 못하니, 왕이 불쾌하게 여겨 사람을 시켜 마구 치되 갖은 참혹한 짓을 하여 마침내 죽였다.

왕이 손에 장검을 들고 자순왕대비(慈順王大妃) 침전 밖에 서서 큰소리로 연달아 외치되 '빨리 뜰 아래로 나오라' 하기를 매우 급박하게 하니, 시녀들이 모두 흩어져 달아났고, 대비는 나오지 않았다. 그런데, 왕비 신씨(愼氏)가 뒤쫓아가 힘껏 구원하여 위태롭지 않게 되었다. 왕이 항과 봉의 머리털을 움켜잡고 인수대비 침전으로 가 방문을 열고 욕하기를 '이것은 대비의 사랑하는 손자가 드리는 술잔이니 한번 맛보시오' 하며, 항을 독촉하여 잔을 드리게 하니, 대비가 부득이하여 허락하였다. 왕이 또 말하기를, '사랑하는 손자에게 하사하는 것이 없습니까?' 하니, 대비가 놀라 창졸간에 베 2필을 가져다주었다. 왕이 말하기를 '대비는 어찌하여 우리 어머니를 죽였습니까?' 하며, 불손한 말이 많았다.

-《조선왕조실록》연산군 10년(1504년) 3월 20일의 기록 중 발췌

연산군을 주인공으로 한 영화나 드라마에서 꼭 빠지지 않는 하이라이트 장면이다. 여기서 엄씨와 정씨는 둘 다 성종의 후궁이다. 연산군은 이들이 자신의 생모를 죽인 원흉이라고 선언하고 이들을 자식들의 손에 두들겨 맞게 만든다. 패륜의 극한을 보여준 것이다. 이도 모자랐는지, 연산군은 인수대비 침전으로 쳐 들어가 자신의 생모를 왜 죽였느냐며 공포 분위기를 조성한다. 이게 원인이었는지 인수대비는 한 달 뒤에 세상을 뜬다. 그리고 10일 뒤 연산군은 자신의 생각을 신하들에게 확실하게 보여준다.

"도승지가 의정부 · 춘추관 당상 및 예문관(藝文館) 관원과, 함께 다시 그때 옛일을 인용하여 일이 되게 한 자와, 폐위함이 불가하다고 간하다가 죄를 받은 자, 사약을 내릴 때 간하지 않고 명대로 가서 일 본 자를 유(類)대로 뽑아 아뢰라."

-《조선왕조실록》연산군 10년(1504년) 4월 1일의 기록 중 발췌

이 명령이 뭘 의미하는지 다들 미루어 짐작할 수 있을 것이다. 바

로 살생부 명단을 뽑자는 소리다. 폐비 윤씨 사건에 연루된 자들을 색출해 처단하겠다는 의지의 표명인 것이다. 거두절미하고, 연산군 10년 한 해 동안 65명이 죽고, 136명이 귀양을 가거나 노비가 된다. 비교적 가벼운 처벌인 곤장 형에 처해진 이들만도 152명이나 됐다. 이는 오로지 관리들의 처벌 숫자인데, 여기에 이들과 연계된 가족이나 친지들과 같은 일반인들의 숫자까지 더해지면 그 수가 얼마나 될지 짐작조차 어려운 지경에 이른다. 연산군은 집요했다. 폐비 논의 당시 찬성한 관원, 폐비에게 사약을 내린 관원 및 폐비 명령서를 읽은 관원들까지 색출해서 처단했다. 여기에 덤으로 연산군 집권 초기 폐비 추숭에 반대했던 대간들까지 추가된다.

이제 정국은 공포정치로 돌아서게 된 것이다. 연산군은 피의 수레바퀴를 돌리기 시작했고, 조정대신들은 연산군의 눈치를 보며 하루하루 살얼음판 위를 걷는 삶을 살았다. 이때부터 연산군의 기행이 시작된다. 기생들을 천 단위로 뽑아서 연회를 열고, 연회를 위해 서총대를 짓고, 후원에다 동물원을 만든 뒤 우리 안에 있는 호랑이를 사냥한 것이다. 연산군 초기였다면, 대간들이 벌 떼처럼 들고 일어났겠지만, 이때쯤 되면 자기 목 하나 간수하기 바빠서 예스맨으로서의 삶을 살아가게 된다.

여기서 우리는 연산군에 관한 하나의 의문을 갖게 된다. 연산군 10년 3월 20일의 사건이 우발적으로 일어난 사건인지, 아니면 계획적으로 이루어졌는지 하는 대목이다. 전자의 경우라면 연산군은 10년간 정상적인 국정 운영을 펼치다 갑자기 금치산자 판정을 받았다는 결론이 된다. 아무래도 설득력이 좀 떨어진다. 후자의 경우라면 연산군이 아버지와 어머니의 불행한 삶을 마음 깊숙이 간직하고 때를 기다렸다는 설명이 가능하다. 집권 초 비대해진 대간 세력들과 기 싸움을 벌이다가, 갑자사화로 주도권을 잡고, 왕권을 확실하게 틀어쥐었다고 판단한 재위 10년차가 되자 가슴속에 품어왔던 한을 쏟아냈다는 결론이 된다. 냉정과 분노, 인내와 결단이 어우러진 인고의 10년 세월을 견뎌냈던 것이다.

어머니 윤씨가 너무 성급하게 샴페인을 터트린 것과는 대비되게 아들은 10년 동안 인고의 세월을 거친 다음 복수를 마친 것이다. 그런데 혹시 이 복수는 연산군의 핑계가 아닐까? 10년간의 재위 기간을 살펴보면, 연산군이 단순히 미쳤다고 설명하기에는 그 정치력이 범상치 않았다. 의문은 또 있다. '왜 연산군은 계속 공포정치를 이어나갔는가?'라는 의문이다. 그 의문에 대한 해답은 의외로 간단한데, '공포정치를 접는 순간 연산군의 목숨은 보장할 수 없기 때문이다'라는 것이다. 동서고금을 막론하고 한번 시작된 피의 수레바퀴는 거의 대부분 수레바퀴를 최초로 굴린 자의 피로 마무리된다. 물론, 피의 수레바퀴의 방향을 틀어 훌륭한 지도자로 거듭나는 경우도 있다. 이런 경우를 역사에서는 명군이라고 기록하지만, 거의 대부분의 경우는 피의 수레바퀴가 멈추는 순간 자신의 정치 생명뿐만 아니라 물리적인 생명까지도 끝날 것이란 걸 예감하고, 계속 그 수레바퀴를 돌리다 결국 그 수레바퀴에 깔려 죽고 만다. 연산군도 이를 알고 있었을 것이다.

사실 연산군의 '기행'과 '피바람'은 윤씨 혼자만의 책임은 아니다. 대간에게 이리저리 채였던 아버지 성종의 우유부단한 모습과 어머니에 대한 복수, 여기에 자신의 '절대왕권'에 대한 집착 등이 복합적으로 얼버무려져 있는 것이다. 사치와 향락은 단지 부산물인지도 모른다. 복수를 핑계로 대신들을 죽였는데, 그 결과로 연산군은 절대왕권을 휘두르게 되었다. 조선 왕조 5백 년 동안 이처럼 확실하게 왕권을 휘두른 왕은 얼마 없었다. 그 힘으로 연산군은 조선시대 어떤 왕도 누리지 못한 사치와 향락을 경험하게 된다.

마지막 모습만 놓고 본다면, 폐비 윤씨의 모습이 연산군에게 투영되는 듯하다. 윤씨도 중전의 자리에 오르기 전까지 인내하며, 현모양처로서의 모습을 보였지만, 중전이 되고 나서 돌변했던 것처럼 연산군도 진정한 절대 권력을 얻기 전까지 조용히 칼을 갈다가 막상 절대 권력을 얻고 나니 이를 어떻게 활용할지 모르고 사치와 향락으로 끝을 냈다는 걸 보면, 어머니의 그것과 비슷하다 할 수 있다. 10년간 공을 들여 왕권을 획득했고, 이를 활용해 개인적인 복수까지 성공했다면 이제 획득한 왕권을 가지고 진정한 의미의 통치에 들어갔어야 했는데, 그 통치의 수순이 빠져 있었던 것이다. 비슷하게 피를 흘렸고, 집권 내내 피바람이 멈추지 않았던 태종 이방원의 경우는 권력을 획득한 다음 이를 가지고 조선의 기틀을 잡고, 자신의 통치 철학을 행동으로 옮겼다. 그렇기에 수많은 피를 흘렸지만, 후대에 긍정적인 평가를 받는 것이다. 반면, 연산군은 진정한 권력을 획득하는 10년 세월은 리더로서의 모습을 보여줬지만, 그 이후 조정 대신들과 백성들에게 리더로서의 비전을 제시하지 못했다. 그러다가 결국 오랜 세월을 공들여 얻은 권력을 개인의 유흥을 위해 사용하는 어처구니없는 짓을 저지르고 말았다.

이 대목에서 확실하게 말할 수 있는 건 연산군의 이상행동은 폐비 윤씨만의 잘못이 아니란 사실이다. 자식 교육은 아버지와 어머니 두 사람 모두의 책임이다. 성종이 제대로 된 왕으로서의 모습을 보여주고 윤씨가 중전의 자리를 차지하고 좀 더 건설적인 방향으로 행동했다면, 연산군의 비극은 없었을지도 모른다. 성종과 윤씨의 부부 싸움. 어떻게 보면 사소한 원인이 훗날의 비극을 만들어낸 것이다.

속을 알 수 없는 남자 중종

한 남자가 있다. 매사에 신중하고, 성실하며, 아내나 주변 사람들의 말에 귀 기울일 줄도 안다. 자신이 실수를 하면 즉각적으로 사과를 하고, 반성도 한다. 게다가 평소엔 늘 검소하며 근검절약이 습관이 됐지만, 자식이나 아내가 명품을 산다고 하면 아낌없이 돈을 쓸 줄도 안다. 한 번 믿은 사람에게 전폭적인 지지를 해주지만, 어느 순간 도를 넘어섰다는 판단이 서면 가차 없이 정을 끊어버리는 결단력도 있다. 이런 남자와 같이 살면 행복할까? "무슨 소리야? 이 정도면 훌륭한 남편이지. 네가 배가 불렀구나?" 이런 말이 나올 법하다.

　우리 기준으로 보자면, 이 정도면 꽤 훌륭한 남편이며, 좋은 아버지이며, 착실한 직장 동료라 할 수 있다. 그런데 이 훌륭한 남편이며, 좋은 아버지이며, 착실한 직장 동료와 같이 지내다보니 어딘지 불안한 마음이 들고, 마음 한편에 찜찜한 기분이 쌓여간다면 어쩔 텐가? 주변을 둘러보면, 남자 친구나 남편에 대해 이런 고민을 하는 여자들이 있다. 분명 하나씩 뜯어보면, 괜찮은 사람인데 이 모든 걸 합쳐놓으면 괴물이 되는 남자들, 겉으로 보여지는 모습은 정말 좋은 사람 같지만, 한 겹 벗겨 놓으면 도무지 그 속을 알 수 없는 남자들.

이럴 때 여자들은 답답하고, 힘들고, 두려워진다. 도무지 속을 알 수가 없는 것이다. 좋은 의미로 속을 알 수 없다면, 우직하고 진중하다는 느낌이 들겠지만, 보통 이런 경우 우직한 것보다는 다른 의미의 단어를 찾게 된다. 최대한 비슷한 느낌의 단어를 찾자면, 의뭉스럽다 정도가 될 것이다. 친절이 습관화되었고, '미안합니다'가 입에 붙어 있을 정도로 예의가 바르며, 상대방을 배려하는 것이 기본 예절로 정착되어 있지만 뒤돌아서 바라보면 어딘지 거리감이 느껴지고, 마음 한켠에서 왠지 모를 두려움을 느끼게 하는 남자. 이 남자의 정체는 도대체 무엇일까?

생존이 화두였던 남자

성종에게는 두 명의 적자(嫡子)가 있었다. 세 명의 중전을 뒀는데 이들 사이에서 나온 자식은 고작 세 명이었다. 첫 번째 부인이었던 공혜왕후 한씨는 자식 없이 열아홉 살 어린 나이에 요절을 했고, 두 번째 부인이었던 폐비 윤씨는 연산군을 낳았다. 마지막으로 들인 정현왕후 윤씨의 소생으로 진성대군(晋城大君)과 신숙공주(愼淑公主)가 있는데 신숙공주는 일찍 죽었고, 진성대군은 형 연산군을 몰아내고 조선의 11대 임금인 중종이 된다. 후궁 아홉 명을 두고 14남 11녀라는 어마어마한 다산을 보여준 성종이었지만, 정작 정실부인 사이에서는 고작 두 명의 아들만을 낳은 것이다.

이렇게 장황하게 성종의 가계도를 이야기한 것은 당시 진성대군의 성장 환경에 대한 이야기를 하기 위해서이다. 그의 친형(배다른 형제이지만, 친형처럼 같이 큰)인 연산군은 자신보다 열두 살이 많은 1476년생이다. 반면 진성대군은 1488년생이었다. 형제간의 정을 느끼기에는 나이 차가 조금 많긴 하다. 그렇지만, 친형제처럼 자랐기에 핏줄에 대한 일정 수준의 정은 있었을 것이다. 문제는 연산군이 폐비 윤씨의 일을 끄집어내면서부터였다.

앞에서 말했지만, 피의 수레바퀴는 결국 이 수레바퀴를 돌린 사람의 죽음으로 멈추는 경우가 대부분이다. 연산군도 마찬가지였는데, 여기서 걸리는 것이 바로 진성대군이었다. 보통 왕이 되지 못한 왕자들, 그것도 적자일 경우에는 일평생 숨소리 한 번 크게 내지 못하고 쥐 죽은 듯 사는 게 대부분이었다. 이들은 왕의 형제이기도 하면서도, 잠재적인 왕위 계승권자이기도 했기 때문이다. 좀 더 직설적으로 말하자면, 형을 몰아내고 왕위에 앉을 수도 있다는 의미가 된다. 피의 수레바퀴를 돌리던 연산군에게 진성대군이 껄끄러울 수밖에 없는 이유가 바로 여기에 있는 것이다. 때문에 진성대군은 조심또 조심을 하며, 연산군 재위 시절 내내 특히나 재위 10년 차 이후부터는 몸을 사릴 수밖에 없었다. 외줄타기 인생이었던 것이다. 떨어지는 순간 천 길 칼산 밑으로 떨어져 그 생명을 다해야 하는 상황이었기에 진성대군은 언제나 수동적이며, 자신의 본심을 내비치지 않는 방향으로 처신해야 했다.

이 부분을 기억해야 한다. 한참 예민한 사춘기 시절의 이러한 경험은 이후의 성격 형성에 큰 영향을 끼치게 된다. 그나마 다행이었다면, 그의 첫 번째 아내가 단경왕후(端敬王后) 신씨였다는 점이다. 신씨의 아버지는 신수근이었다. 그는 연산군의 처남이 되는데, 촌수를 따져보면 단경왕후 신씨가 연산군의 비의 질녀가 되는 셈이다. 기록상으로 보면, 신수근 집안은 2대에 걸쳐 국구의 집안이 되는 셈이었다. 최소한의 안전망이라고 해야 할까?

야사를 보면, 중종반정 직전 박원종이 신수근을 찾아간다. 그러곤 단도직입적으로 묻는다. "그대는 누이가 중요하오, 딸이 중요하오?" 이 말을 들은 신수근은 질문의 본뜻을 간파하고는, "임금이 비록 폭군이어도 신하가 몰아낼 수는 없는 법이오. 더구나 세자 저하가 총명하시니 기다리면 될 것이오"라며, 거절의 뜻을 밝히게 된다. 이것이 사실인지는 모르겠으나, 어쨌든 신수근은 거사 당일 그의 형제들과 함께 제거된다. 그렇게 운명의 1506년 9월 2일이 시작된다.

"지금 위에서 임금의 도리를 잃어 정령(政令)이 혼란하고, 민생은 도탄에서 고생하며, 종사(宗社)는 위태롭기가 철류(綴旒: 깃술)와 같으므로, 신 등은 자나 깨나 근심이 되어 어찌할 줄을 모르겠습니다. 진성대군은 대소 신민의 촉망을 받은 지 이미 오래이므로, 이제 추대하여 종사의 계책을 삼고자 감히 대비의 분부를 여쭙니다" 하니, 대비가 굳이 사양하기를, "변변치 못한 어린 자식이 어찌 능히 중책을 감당하겠소? 세자는 나이가 장성하고 또 어지니, 계사(繼嗣)할 만하오" 하였다. 영의정 유순 등이 다시 아뢰기를, "여러 신하들이 계책을 협의하여 대계(大計)가 정하여졌으니, 고칠 수 없습니다" 하고, 이어 유순정(柳順汀)·강혼(姜渾)을 보내어 여러 사람을 거느리고 진성대군을 사저에서 맞아오게 하였다. 대군이 재삼

174

군이 사양하였으나 중의(衆意)에 못 이겨 드디어 연(輦)을 타고 궁
궐로 나아가 사정전(思政殿)에 들었다.

- 《조선왕조실록》 중종 1년(1506년) 9월 2일의 기록 중 발췌

중종 인생에 새로운 장이 열린 날이다. 이제나저제나 목숨을 부
지하느라 전전긍긍하던 왕족의 신분에서, 이제 다른 이들의 생사여
탈권을 손에 쥔 왕이 된 것이다. 물론, '완전한 왕'은 아니었다. 이 기
록에서 우리가 주목해야 할 것이 영의정 유순의 발언이다.

"여러 신하들이 계책을 협의하여 대계(大計)가 정하여졌으니, 고
칠 수 없습니다."

대비는 연산군의 아들인 세자를 말하지만(대비 스스로도 말도 안 되는
소리란 걸 알고 있었겠지만), 유순은 자기들끼리 이미 정해놨다는 발언을
한 것이다. 별것 아닌 발언 같지만, 왕조 국가에서는 함부로 하기 힘
든 발언이다. 바로 택군(擇君: 신하들이 왕을 선택)이다. 왕위는 왕이 자신
의 후계자를 결정해서 넘겨주는 것이다. 정말 부득이한 상황이라면,
왕족 중 한 명이 들고 일어나 왕위를 쟁취하는 일도 간간이 나오지
만, 신하들이 들고 일어나 왕을 선택한다는 건 거의 있을 수 없는 일
이다. 이는 왕조 국가의 근간을 뒤흔드는 사건인 것이다. 만약 이런
택군이 일상적으로 일어난다면, 왕은 단순히 허수아비가 된다. 존립
근거 자체가 사라지는 위험한 발언인 것이다. 이렇게 조선이 개국된
지 100여 년만에 왕조 국가에서 가장 민감한 주제가 튀어나오게 되
었다. 여기서 한번 생각해봐야 할 것이 조선시대에 있었던 다섯 번
의 쿠데타와 각 쿠데타에서 보여준 왕(혹은 왕 후보들의) 역할 관계이

다. 이 부분은 한번 짚고 넘어가야 할 부분인데, 한 명씩 살펴보자.

첫 번째, 태조이다. 그는 고려 우왕 14년(1388년) 5만여 명의 병력을 이끌고 요동 정벌을 향해 달려갔다가 이 병력을 고스란히 들고 돌아오는 위화도 회군을 단행하게 된다. 이때 쿠데타의 실질적인 주역은 태조였다. 덕분에 고려 왕조를 무너뜨리고, 조선을 개국할 수 있는 힘을 얻을 수 있었다. 누가 밥을 떠먹인 게 아니라, 자신의 힘과 능력으로 쿠데타를 성공시킨 것이다.

두 번째, 태종이다. 태조 7년(1398년) 1차 왕자의 난을 일으켜(이후 2차 왕자의 난까지) 정권을 손에 잡는다. 이때도 태종이 직접 병력을 이끌고 쿠데타를 주도했다. 자신이 기획하고 실행한 쿠데타이기에 당연히 자신이 권력의 전면에 나설 수 있었다. 정당한 노력의 대가였던 셈이다.

세 번째, 세조다. 단종 1년(1453년)에 일어난 계유정난인데, 조선 왕조에서 일어난 다섯 번의 쿠데타 중에서 가장 드라마틱한 쿠데타이다. 수양대군 자신을 포함해 고작 다섯 명의 병력을 이끌고 직접 김종서의 집으로 들어가 김종서를 때려 죽이고 쿠데타에 성공한 것이다. 즉, 세조는 가장 위험한 곳에 직접 뛰어들어 핵심 포스트를 제거하고, 게다가 쿠데타 직전의 사전모의에서도 주도적인 역할을 했다. 당연히 세조가 주인공이었고, 가장 공이 큰 인물이라 할 수 있었다. 그렇기 때문에 이후 권력을 잡고 나서도 정국의 주도권을 쥐고 움직일 수 있었다.

네 번째, 중종이다. 연산군 12년(1506년)에 있었던 중종반정인데, 여기서부터 이야기가 꼬이기 시작한다. 앞서 세 번의 쿠데타에서는

'쿠데타 기획, 실행자=왕'이라는 공식이 성립됐다. 권력을 획득하기 위해 쿠데타를 모의한 주모자가 곧 왕이 됐다는 것이다. 때문에 정당하게 자신의 권력을 요구할 수 있었다. 그러나 중종반정부터는 성격이 이상해졌다. 이때 쿠데타를 기획하고 주도한 자는 박원종을 주축으로 한 반정 삼공신(반정 삼대장이라 불렸던 박원종, 성희안, 유순정)과 신하들이었다.

이제까지의 쿠데타와는 성격부터가 달랐다. 태조, 태종, 세조의 경우에는 스스로 권력에 대한 뜻이 있었고, 그 권력을 얻기 위해 능동적으로 움직였지만, 중종의 경우 얼떨결에 왕으로 '선택'됐다는 것이다. 왕조 국가에서 가장 예민한 주제로 분류되는 택군이란 주제가 전면으로 부상한 사건이었다. 절대왕권을 휘둘러야 할 왕이 신하들의 선택을 받아 그 자리에 올랐다면 그 이후 제대로 왕권을 휘두를 수 있을까? 신하들의 손에 의해 왕이 됐는데, 제대로 명이 설 수 있을까? 불가능하다. 중종은 중종반정이 일어나는 것도 몰랐고, 집에 있다가 얼떨결에(연산군이 자신을 죽이려 사람을 보냈다고 착각할 정도로) 보위에 오른 것이다. 조선시대 일어났던 다섯 번의 쿠데타 중에서 가장 이질적인 모습을 보여준 것이 중종반정이다. 그는 쿠데타에 아무런 힘도 보태지 않았다. 심하게 말하자면, 바지사장, 얼굴마담이라고 표현해도 영 틀린 말이 아니다.

다섯 번째, 인조이다. 광해군 15년(1623년)에 있었던 인조반정인데, 이 역시도 이제까지의 쿠데타와는 성격이 좀 다르다. 앞서 일어났던 중종반정처럼 아무런 힘도 보태지 않고, 얼떨결에 왕위에 오른 건 아니지만, 그렇다고 태종이나 세조처럼 주도적으로 활약을 한 것도 아니다. 물론, 쿠데타 계획에 참여했고, 거사 당일 활약을 한 것도 사실이지만, 태종이나 세조만큼의 활약을 보여준 건 아니다. 세조와 중종의 중간 정도의 모습을 보여줬다고 해야 할까? 무임승차를 한 것도 아니고, 돈을 낸 것도 아닌 어정쩡한 모습을 보여주고 있다.

쿠데타를 통한 비정상적인 권력 획득. 그마저도 권력 획득 과정에서 아무런 역할도 하지 못하고, 얼떨결에 왕위를 잇게 된 상황. 중종은 왕이면서도 왕이 아닌 어정쩡한 모습으로 왕으로서의 첫날을 보내야 했다.

사랑보다 중요한 그 '무엇'

반정하던 날 먼저 군사를 보내어 사제(私第: 중종이 있던 집)를 에워쌌는데, 대개 해칠 자가 있을까 염려해서였다. 임금이 놀라 자결하려고 하자 부인 신씨가 말하기를, "군사의 말 머리가 이 궁을 향해 있으면 우리 부부가 죽지 않고 무엇을 기다리겠습니까. 그러나 만일 말 꼬리가 궁을 향하고 말 머리가 밖을 향해 있으면 반드시 공자(公子)를 호위하려는 뜻이니, 알고 난 뒤에 죽어도 늦지 않습니다" 하고, 소매를 붙잡고 굳이 말리며 사람을 보내 살피게 하였더니 말 머리가 과연 밖을 향해 있었다.

– 《국조기사》 중에서 발췌

야사를 모아놓은 《국조기사(國朝記事)》에 나와 있는 내용이다. 반정세력들이 미래의 왕이 될 중종을 호위하기 위해 병사를 보냈는데, 이를 보고 놀란 중종이 자살을 결심했지만 이를 본 신씨가 중종을 뜯어말린 것이다. 위급한 상황에서 보여준 냉철하고 사려 깊은 행동이라 할 수 있다. 비록 야사이지만, 단경왕후 신씨의 성격을 보여주는 일화이다.

만약 사실이라면, 중종은 신씨에게 목숨을 빚진 것이라 할 수 있다. 열세 살 어린 나이에 시집 와(당시 진성대군은 12세, 신씨는 13세였다) 7년 동안 진성대군과 함께 했던 신씨. 실제로 이들 부부 사이는 좋았다고 한다. 우유부단하고, 내성적인 성격, 게다가 언제 돌변할지 모르는 형 때문에 매사 몸을 사렸던 진성대군에게 신씨는 유일한 도피처이며, 안식처였다. 그러나 운명은 이들 부부를 갈라놓겠다고 결심한다.

유순 · 김수동 · 유자광 · 박원종 · 유순정 · 성희안 · 김감 · 이손 · 권균 · 한사문 · 송일 · 박건 · 신준 · 정미수 및 육조 참판 등이 같은 말로 아뢰기를, "거사할 때 먼저 신수근을 제거한 것은 큰일을 성취하고자 해서였습니다. 지금 수근의 친딸이 대내(大內)에 있습니다. 만약 궁곤(宮壺: 중전)으로 삼는다면 인심이 불안해지고 인심이 불안해지면 종사에 관계됨이 있으니, 은정(恩情)을 끊어 밖으로 내치소서" 하니, 전교하기를, "아뢰는 바가 심히 마땅하지만, 그러나 조강지처(糟糠之妻)인데 어찌하랴?" 하였다. 모두 아뢰기를, "신등도 이미 요량하였지만, 종사의 대계로 볼 때 어찌겠습니까? 머뭇거리지 마시고 쾌히 결단하소서" 하니, 전교하기를, "종사가 지극히 중하니 어찌 사사로운 정을 생각하겠는가. 마땅히 여러 사람 의논을 좇아 밖으로 내치겠다" 하였다. 얼마 뒤에 전교하기를, "속히 하성위(河城尉) 정현조(鄭顯祖)의 집을 수리하고 소제하라. 오늘 저녁에 옮겨 나가게 하리라."

- 《조선왕조실록》중종 1년(1506년) 9월 9일의 기록 중 발췌

조선 왕조 역사상 희대의 기록이 나오는 순간이다. 신씨는 중전이 된 지 7일 만에 폐비되었던 것이다. 이는 조선 왕조 역사상 가장 짧게 중전으로 지낸 기간이다. 앞에서도 말했지만, 단경왕후는 신수근의 딸이다. 신수근은 연산군 시절에 핵심 실세로 활약했다. 때문에 반정이 일어난 날, 형제와 함께 살해당하고, 집안은 풍비박산이 나고 말았다. 이런 상황에서 반정 세력들은 신수근의 딸을 중전으로 받아들일 수 없었다.

"거사할 때 먼저 신수근을 제거한 것은 큰일을 성취하고자 해서였습니다. 지금 수근의 친딸이 대내(大內)에 있습니다. 만약 궁곤(宮壼 : 중전)으로 삼는다면 인심이 불안해지고 인심이 불안해지면 종사에 관계됨이 있으니……"

이 대목에서 나오는 "인심이 불안해지고"란 대목은 반정 세력들이 가지는 불안감을 의미하는 것이다. 자신의 아버지를 죽이고, 친정을 몰살시킨 사람들을 고운 시선으로 바라볼 수는 없는 노릇이다. 이들은 이미 한 하늘을 바라볼 수 없는 불구대천의 원수가 된 상황이었다. 반정 세력으로서는 당연한 요구였고, 중종 역시도 이 점을 인정하고 있었다. 그것은 다음과 같은 말에서도 잘 나타난다. "아뢰는 바

가 심히 마땅하지만, 그러나 조강지처(糟糠之妻)인데 어찌하랴?" 하고 그들의 불안을 인정하는 것이다. 그러면서 조강지처로 7년을 살아 온 정이 있는데, 함부로 내칠 수 있겠느냐란 제스처를 취한다. 일종의 푸념, 혹은 자신을 위한 최소한의 변명일 것이다. 이미 대세는 결정 났고, 신씨를 내쳐야 한다는 원칙에 있어서 중종이나 반정 세력들도 공감하고 있는 상황이다. 결국 중종은 조강지처를 위한 최소한의 배려를 한다. 신씨가 거처할 곳을 손 보고, 청소해놓으란 지시이다. 여기까지만 본다면 아내를 사랑하는, 그렇지만 운명 때문에 어쩔수 없이 아내를 내쳐야 하는 불행한 남편의 모습이다.

'아내를 사랑하지만, 운명이 우리 둘을 갈라 놓는구나. 부인, 미안하오. 못난 남편을 만나 이런 곤경까지 겪게 하다니…… 내가 할수 있는 건 이것밖에 없소.'

그 뒤의 야사를 보면, 이들 부부의 운명적 사랑은 전설이 된다. 바로 지금의 종로구 사직동에 있는 '치마바위'가 그것이다.

인왕산 아래 사직골 옛 거처로 쫓겨나 살게 되었다. 중종은 부인을 잊을 수 없어 경회루에 올라 인왕산 기슭을 바라보곤 하였으며, 신씨는 이 말을 전해 듣고 종을 시켜 자기가 입던 붉은 치마를 경회루가 보이는 이 바위에 걸쳐 놓음으로써 간절한 뜻을 보였다. 이 일로 인해 사람들은 이 바위를 치마바위라 불렀다.

- 《서울지명사전》 중 발췌

신씨를 잊지 못한 중종은 경회루에 올라 신씨를 그리워하고, 이 사실을 전해 들은 신씨는 자신의 붉은 치마를 바위에 널어놓음으로써 서로의 마음을 확인했다는 전설이다. 정말 아름답지 않은가? 하지만 미안하게도 여기서 이런 질문을 던질 수밖에 없다. 이게 사실일까? 정말 중종은 단경왕후를 이토록 절절하게 사랑했던 걸까? 이후 중종의 행보를 보면 이런 의문이 들 수밖에 없다. 중종은 사랑보다 더 중요한 그 '무엇'이 있는 남자처럼 보인다. 도무지 속을 알 수 없다고 해야 할까? 중종은 야사에서 보여주는 비극적 사랑의 주인공이 되기에는 너무나 현실적이었고, 자기중심적인 인물이었다.

중종의 특이한 성격

의존성 인격장애(dependent personality disorder)라는 질병이 있다. 인생을 살아감에 있어서 자신은 노력하지 않고, 타인의 도움과 보살핌만을 의지하고 살아가는 것으로 자기 확신과 자신감이 전혀 없고, 사소한 일도 자신이 결정하지 못하고 타인의 의견을 좇는 것을 말한다. 이런 사람은 부모나 중요한 사람에게 어떤 직업을 선택할지, 무엇을 구입하는 것이 좋은지 일일이 물어보고 행동한다. 자기주장이 전혀 없고 상대방의 주장을 따르기만 하는데, 이것은 자기를 도와주는 사람과의 관계가 깨지지 않을까 두려워하기 때문이다.

중종의 일생을 찬찬히 훑어보면 의존성 인격장애란 말이 슬그머니 머리 한구석에서 기어 올라온다. 아니면, 두 얼굴의 사나이랄까. 긍정적으로 바라보자면, 군신공치의 이념을 몸소 실천한 군주라고 볼 수도 있다. 그러나 이는 너무도 긍정적으로 평가한 이야기일 것이다. 그는 재위 기간 내내 신하들을 '일회용 자판기 커피' 정도로 대하고 있었다. 그의 진심은 어떻든 간에 말이다. 추운 겨울날 따뜻한 커피 한 잔이 생각날 때는 두 손을 모아가며 감사하게 커피를 마시지만, 반쯤 마시다가 커피가 식으면 가차 없이 남은 커피를 휴지통에 쏟아버리는 것이다. 그러고는 동전을 꺼내 새 커피를 뽑아 마신다.

'냉정하고, 철두철미한 철혈군주의 모습 아니야?'

이렇게 생각할 수도 있는데, 이건 또 아니다. 언제나 의지할 만한 신하들을 찾아헤맸고, 그 신하들이 사라지면(혹은 자신이 제거하면), 이를 대체할 다른 신하를 찾아서 의지했다. 버리고, 찾고, 의지하는 패턴의 반복이랄까? 38년 2개월의 재위 기간 내내 중종은 자판기 커피를 뽑아내듯 신하들을 쭉쭉 뽑아내고, 이를 채 반도 마시지 않고 쓰레기통에 버렸다. 이쯤에서 중종의 신하 편력을 정리해보자.

1기 – 박원종을 위시한 공신 세력

열아홉 살 어린 나이에 왕위에 오른 중종. 그것도 어떤 자발적 의지나, 정당한 명분에 의한 즉위가 아니라 신하들의 손에 떠밀려 얼떨결에 왕위에 올랐기에 왕권 행사는 고사하고, 제대로 된 의사표현도 하지 못했다. 신하들이 말을 붙이면, '그 말이 옳다'라며 신하들의 의견에 따르기 바빴다. 이에 더해 '바른 생활 왕'의 모습을 보여줘야 한다는 강박관념 때문인지(아니면, 부왕인 성종의 유전자 때문인지), 연회나 사냥, 주색잡기와는 거리를 뒀고, 신하들이 원하는 모든 걸 다 들어주는 모습을 보여준다. 경연에도 꼬박꼬박 참여했다. 솔직히 이때에는 누가 와도 그럴 수밖에 없었을 것이다. 신하들 덕에 왕이 됐고, 권력이 신하들 손에 들어가 있는 시기였기에 그 눈치를 볼 수밖에 없었다. 만약 신하들의 비위를 상하게 했다간 무슨 일이 벌어질지 몰랐다. 이미 한 번 왕을 몰아냈는데, 두 번이라고 못할까?

결국 중종은 술에 술 탄 듯, 물에 물 탄 듯 보이지 않고, 말하지 않는 형태의 통치를 했다. 신하들이 뭔가를 말하기 전에는 거의 입을 열지 않았고, 신하들의 의견을 내세우면, "대신과 대간이 한 목소리로 요구하니 따르겠노라"라면서 대신들의 의견을 좇았다. 연산군이라는 희대의 폭군 밑에서 생활해야 했고, 신하들의 손에 떠밀려 얼떨결에 왕이 된 결과라고 해야 할까? 중종은 좀체 나서지 않았고, 움직이지 않았다. 그저 믿을 만한 신하에게 권력을 넘기고, 이 신하가 알아서 자신의 뜻을 맞춰주고, 자신을 지켜주길 바랐던 것이다.

이런 습관을 확실히 고착화시킨 것이 박원종을 비롯한 공신 세력들, 그중에서도 반정삼대장이라 불렸던 박원종, 유순정, 성희안이었다. 이들 세 사람의 손에 조선이 지배됐다고 해도 과언이 아니었다. 중종도 이들에게 의지하는 바가 컸다. 그러나 이런 관계도 얼마 가지 못했다. 중종 5년이 되면, 박원종이, 중종 7년에는 유순정, 그 이듬해에는 성희안이 죽게 된 것이다. 만약 태종이나 세조와 같은 이라면, 공신들이 모두 죽은 이때가 권력을 돌려받을 기회다!'라면서 조정을 장악했을 것이다. 그러나 뼛속 깊이 남에게 의지하는 습관이 박혀 있던 중종은 이 절호의 기회를 다시 신하들에게 넘겨주게 된다.

2기 - 조광조를 비롯한 사림 세력

권력의 공백을 훌륭하게 메꿔준 사람이 등장했으니, 바로 조광조였다. 혜성처럼 나타난 조광조는 말 그대로 '반듯한 남자'였다.《소학(小學)》을 중시해 '소학동자'라 불릴 정도로 그 공부에 매진했으며, 언제나 정도만을 걷는 남자였다. 거듭된 사화로 공부보다는 줄을 잘 타야 한다는 생각이 만연해 있던 성균관에 들어가 학풍을 바로 세우고, 훈구대신들 앞에서도 바른말을 할 줄 아는 기개는 보는 이들의 가슴을 벅차오르게 만들었다.

중종은 첫눈에 조광조에 반해버린다. 그리고는 파격적인 승진 인사를 단행해 조광조에게 힘을 실어줬고, 조광조의 건의에 따라 현량과(賢良科)를 시행해 신진 사림 세력(조광조의 세력)을 키워낸다. 그러나 거기까지였다. 조광조에게 힘을 몰아주더니, 어느 순간 조광조에 대한 신임을 거두게 된다. 바로 소격서(昭格署: 조선시대 도교 의식을 위해 설치했다) 폐지 사건이 일어날 것이다. 조광조의 말이라면 뭐든지 들어줄 것 같았던 중종이지만, 소격서 폐지에 대해서만은 끝끝내 저항한다. 그러나 조광조는 앞장서서 소격서 폐지를 밀어붙였다. 결국 조광조의 논리에 밀려 중종은 소격서를 폐지하게 된다. 솔직히 말하자면, 조광조의 무리수였다. 소격서 따위가 당시 정세로 봤을 때 그렇게 시급한 문제였을까? 아무리 명분이 중요하다지만, 산적해 있는 다른 현안들을 다 무시하고, 이런 쓸모없는 논쟁거리를 들고 나와 중종의 체면을 구겨 놨다는 건 정치 역학상 너무도 손해 보는 장사였다. 조광조는 소격서와 자신의 정치 인생을 맞바꾼 것이다. 정치 신인의 한계이자, 정도만을 바라보고 살아온 우직함이 만들어낸 패착이었다. 결국 뒤이은 공신들의 삭훈 논쟁으로 이어져 기묘사화(己卯士禍)로 발전하게 된다. 조광조의 패배였다.

조광조의 신임과 중용, 뒤이은 제거의 수순을 보면 중종의 인사 원칙과 성격을 확인할 수 있는데, 자기를 지켜주고, 자신을 대신해 정치를 이끌어주겠다고 판단한 신하가 등장하면, 아낌없이 권력을 몰아준다. 그러다가 자신의 마음에 들지 않으면 미련 없이 그 신하를 버리는 것이다. 적당히 권력을 나눠주고, 견제 세력을 만들어 서로 견제하며 의견을 조율하고, 힘을 분산시키는 기초적인 정치 공학도 생각을 못 했던 것이다. 이 덕분에 중종 시절에는 유달리 사화가 많았다. 그로 인해 죽은 사람의 숫자를 보면, 형인 연산군 시절보다 더 많을 정도였다.

3기 – 남곤

조선판 살리에르라고 해야 할까? 그 스스로도 능력이 뛰어나고, 일정 수준 이상의 도덕성을 가지고 있었으며 문장이 뛰어나 외교 문서 작성도 그가 거의 다 도맡아 했다. 그러나 중종은 남곤 대신 조광조를 중용했다. 남곤도 꽤 개혁적인 성향이었지만, 조광조 앞에서는 그 빛이 바랄 뿐이었다. 이후 조광조를 죽이고 나서 남곤이 다시 등장하게 된다. 남곤은 사실 조광조의 죽음에 주도적으로 개입했다. 그는 조광조에게 쫓겨났던 예전 훈구대신들을 정치 파트너로 삼아서 꽤 무난하게 국정을 운영했다. 그리고 이 무난함이 중종의 마음을 안심시켰다. 중종으로서도 별 불만이 없는 듯했지만, 중종 22년 3월 56세의 나이로 죽게 된다. 중종으로서는 아쉬운 순간이었을 것이다.

4기 – 김안로

남곤이 생전에 가장 경계했던 인물이 바로 김안로였다. 조선판 공포정치를 실현했던 인물로 정적이었던 문정왕후의 폐위를 도모하다가 중종의 밀명을 받은 윤안임(尹安任)과 대사헌 양연(梁淵)에 의해 제거되기 전까지 조선의 권력이란 권력은 모두 손에 쥐게 된다. 중종의 '못된 버릇'이 또다시 나온 것이다. 동지경연사, 홍문관 대제학, 예문관 대제학, 춘추관사, 성균관사, 이조판서, 지의금부사, 도총부 도총관까지 이 모든 직책을 역임한 게 아니라, 겸직하게 했다. 언론, 외교, 교육, 인사, 국방의 모든 권한을 한 사람에게 몰아준 것이다. 인척이라는 사실을 너무 믿었던 걸까?(당시 장경왕후의 딸 효혜공주와 김안로의 아들이 혼인을 했다) 아니면, 원래 성격을 못 고친 걸까? 이런 식으로 권력을 잔뜩 몰아준 다음 수틀리면 잡아다 죽이는 패턴이 또다시 반복된 것이다.

앞에서도 말했지만, 권력은 서로 간에 견제를 통해 안정을 찾는 것이다. 그러나 중종은 이런 정치 공학적인 계산보다는 한 사람에게 올인하는 전략을 택했다. 귀찮아서였을까, 아니면 신하들에 대한 두려움을 극복하기 위해 자신의 정치적 보디가드를 선정했던 것일까?

보면 알겠지만, 중종의 신임을 받는다는 건 죽음에 한없이 가까워졌다는 걸 의미하는 일이었다. 물론, 스스로 몸가짐을 삼가고 조심했다면 남곤의 경우처럼 그 목숨을 보전할 수 있었을 것이다. 그러나 사람은 그렇게 딱딱 맞아떨어지는 존재가 아니다. 아무리 좋은 사람이라도 권력이 생기고, 왕의 신임이 두터워지면 나태해지고, 주변의 감언이설에 휘둘리게 마련이다. 그래서 이를 막기 위해 제도적으로 견제 장치도 만들고, 권력을 분산시키는 것이다. 하지만 중종은 이를 등한시한 것이다. 정말이지 중종은 특이한 성격, 속을 알 수 없는 왕이었다.

로맨스는 없다

앞에서 말했지만, 중전을 여럿 두면 정치적으로 큰 문제가 생기기 마련이다. 이는 중전이란 자리가 가지는 정치적 의미 때문이다. 조선시대 중전을 세 명, 혹은 그 이상을 들였던, 성종, 중종, 숙종의 경우를 보면 이를 확인할 수 있다. 성종의 경우는 그의 아들 연산군이 '거하게' 피바람을 일으켰고, 중종의 경우에는 이후 태어날 인종과 문정왕후 소생의 경원대군(훗날의 명종)과의 암투를 만들어낸다. 숙종의 경우에는 말할 필요도 없다. 대한민국 텔레비전, 영화를 통틀어 가장 많이 만들어진 사극 아이템이 바로 '장희빈-인현왕후' 스토리가 아닌가?

이 세 명의 왕이 가지는 공통점은 교과서를 접하기 이전에 영상 매체로 먼저 이들의 이름을 접한다는 점이다. 이야기의 재미로 말하자면, 이들처럼 재미난 소재가 없기 때문이다. 그러나 당사자들과 그 주변 사람들은 어땠을까?

중종하면 떠오르는 여인이 바로 문정왕후이다. 중종에게는 세 명의 중전이 있었다. 바로 단경왕후(端敬王后), 장경왕후(章敬王后), 문정황후(文定王后)이다. 단경왕후의 경우에는 앞에서 말한 '말 머리 에피소드'와 '치마바위 전설'로 어느 정도 설명이 될 듯한데, 중요한 건 중종이 정말 단경왕후를 사랑했느냐는 것이다.

물론, 연산군 시절이나 즉위 초기에는 애끓는 마음이 있었을지도 모른다. 그러나 이후의 행보를 보면, 조강지처를 내버린 왕의 모습은 아니었다. 그는 중전만큼이나 후궁도 많았다. 중전이 세 명이었다면, 후궁은 아홉 명이었다. 그 사이에 7남 6녀의 자식을 두었다. 이는 서자녀만 센 것이고 정비 소생의 적자녀는 2남 5녀였다. 모두 합해 9남 11녀의 꽤 다복한 가정을 이뤘는데, 이 정도면 단경왕후를 잊었다고 할 만하지 않겠는가? "반정공신들이 시퍼렇게 눈을 뜨고 있는데, 단경왕후를 쉽게 부를 수 있었겠어?"라는 질문을 할 수도 있는데, 중종에게 기회는 분명 있었다.

> 지금 내정(內政)의 주인이 비었으니, 마땅히 이때를 계기로 쾌히 결단하셔서 신씨(愼氏)를 곤후의 자리에 앉히시면, 천지의 마음이 흠향할 것이요 조종의 신령이 윤허할 것이고, 신민의 희망에 부응할 것입니다. 전하께서 장차 이 자리를 누구에게 부탁하고자 하십니까? 이미 떨어진 대의명분(大義名分)을 보존하고 어그러진 옛 은혜를 온전히 하시면, 이는 바로 대의와 정리에 합당한 것으로 환하여 의심할 것이 없습니다. 가사 어떤 사람이 이미 폐위한 것을 이유로 삼아 망령되이 이의를 낸다면, 이는 전일 폐위하자는 의논을 주장한 신하에게 아부하여 관망하다가 다시 전하의 가법(家法)을 어지럽히려는 것에 지나지 않습니다.

> — 《조선왕조실록》 중종 10년(1515년) 8월 8일의 기록 중 발췌

장경왕후가 인종을 낳고 얼마 뒤 죽게 되어 중전 자리가 비자 담양부사 박상과 순창 군수 김정이 상소를 올리게 된다. 그 상소의 내용이 바로 이것이다. 한마디로 이런 말이다. "빈 중전 자리에 예전에 쫓아냈던 폐비 신씨를 복위시켜 앉히는 게 좋겠습니다. 조강지처 버리고 성공한 사람 못 봤습니다. 그리고 그때 신씨를 쫓아낸 이유도 전하의 의중이 들어간 건 아니지 않습니까? 반정 세력들이 자기들 편하자고 쫓아낸 게 아닙니까? 이참에 확 복위시키시죠?"

어떤 의미에선 거침 없는 내용이다. 하지만 여기서 끝나지 않는다.

저 원종(元宗) 등이 비록 왕실에 큰 공이 있었다고 하나, 그때를 당하여 천명과 인심이 모두 전하에게 돌아갔으니, 비록 이 무리들이 아니더라도 신기(神器)가 장차 누구에게 돌아갔겠습니까? 마침 대인(大人: 덕이 높은 사람)이 일어나는 기회를 타고 그 힘을 바친 것뿐이었습니다. 그 공을 믿고 방사하게 꺼림없이 군부(君父)를 겁제하여 국모를 내쫓아 천하 고금의 큰 분수를 범하였으니, 이는 만세(萬世)의 죄라 공으로 이 죄를 가릴 수 없습니다.

－《조선왕조실록》 중종 10년(1515년) 8월 8일의 기록 중 발췌

폐비 복위뿐만이 아니라, 신씨를 쫓아낸 박원종에게도 죄를 물어야 한다는 주장이다. 비록 박원종과 반정 삼대장이 모두 죽었다곤 하지만, 정국공신(靖國功臣: 중종반정에 공을 세운 사람들에게 내린 칭호)들이 시퍼렇게 살아 있는 상황에서 무리수를 둔 것이다. 만약 이때 폐비 신씨를 복위시켰다간 조정에는 피바람이 불어닥칠지도 모르는 상황

이었다. 중종의 왕위 자체도 위태로워질 수 있었다. 이에 중종은 공신들 편을 들게 된다. 실제로 중종이 신씨를 어떻게 생각했는지 모르지만, 현실적으로 봤을 때 조정에 괜히 피바람을 일으킬 이유는 없었기 때문이다. 지극히 현실적이고 합리적인 판단이었다(중종의 성격을 고려한다면 더더욱 그랬을 것이다).

그러나 분명 중종에게는 힘이 있었던 시절이 있었고, 복위까진 아니어도 일정 수준의 배려를 할 수 있는 여유가 있었다. 신씨는 불과 7일이라는 짧은 중전 생활을 마치고 폐위가 됐지만, 이후 50여 년간(중종이 죽고, 인종이 죽고, 명종이 왕위에 오르고 나서 12년이나 지난 후에야 죽는다) 중종을 기다렸다. 그러나 그 누구도 단경왕후에 대한 이야기를 꺼내지 않았다. 그녀가 죽고 난 뒤 그녀는 시호 없이 단순히 신비(愼妃)라 불리다가 영조 대에 가서야 '단경'이란 시호를 받고, 겨우 왕비 대접을 받았던 것이다. 중종은 어째서 단경왕후를 외면했던 걸까? 살기 위해서일까, 아니면 성격 때문이었을까? 괜한 분란을 일으켜 귀찮아지기 싫어서? 아니, 다 떠나서 단경왕후를 사랑하는 마음이 있었을까? 즉위 초기에 억지로 왕비를 내보내야 했을 때는 애끊는 마음이 있었겠지만, 이후 시간이 차차 흐르면서 다른 여자들에게 마음을 빼앗긴 것인지도 모른다.

'괜히 불러들여서 분란을 일으키면 뭐가 좋겠어? 지금은 얼굴도 기억 안 나.' 이런 생각을 했을까? 아니면, '잊자. 잊을 수 있을 거야. 세월이 약이라잖아. 내가 어떻게 할 수 있는 문제가 아냐. 그녀도 이해해줄 거야. 그녀를 부르는 순간, 수많은 목숨이 사라지는데…… 이건…… 운명이야.' 이렇게 체념했을까? 어떤 게 정답인지는 모른다.

그러나 그 단서를 찾을 수 있는 기록은 하나 있다.

"입내(入內)하는 궁인(宮人)이 있어 통화문(通化門)을 시간이 지나도록 열어놓았기에 들어온 사람이 누구냐고 물었더니 모른다고 했는데, 들으니 상이 임종시에 폐비(廢妃) 신씨(慎氏)를 보고 싶어 했기 때문에 입내한 것이라고 했습니다."

사신은 논한다. 문을 열어놓고 신씨를 불러들였다는 이야기는 대개 헛소문이다. 자세히 물어보니 상의 옥체가 미령하기 때문에 요사스러운 여승들을 불러다 기도를 드리려고 한 것이었다고 했다.

- 《조선왕조실록》 중종 39년(1544년) 11월 15일의 기록 중 발췌

이때 부른 여자가 요사스러운 여승(무당)이었는지, 단경왕후였는지는 모른다. 후세 사람들의 얄팍한 감정을 자극하기 위해 만들어진 이야기일 수도 있다. 그러나 이때까지도 사람들의 마음속에는 중종이 신씨를 그리워하고 있지 않을까 하는 바람들이 있었다. 문제는 중종이 보여준 행동이다. 이 행동들만 보면, 중종과 신씨의 러브스토리는 단순히 주변 사람들의 희망 사항일 뿐이다. 이야기를 중종의 두 번째 여인이었던 장경왕후에게로 돌려보자.

중종반정이 일어나고, 단경왕후를 쫓아낸 반정 세력들은 저마다 자신의 딸을 후궁으로 밀어넣게 된다. 이들 중 대표적인 여인이 바로 장경왕후 윤씨이다. 윤씨는 요즘으로 치자면 이른바 명문 집안의 딸이었다. 아버지는 파원부원군 윤여필이고, 할아버지는 공조참판을 지낸 윤보였다. 증조할아버지는 예조판서를 지낸 성안공 윤사균이

다. 어머니 쪽을 봐도 만만치 않은데, 어머니는 순천 박씨 출신으로 병조판서를 지낸 양소공 박중선의 딸이다. 더 대단한 건 그녀의 외삼촌이다. 바로 중종반정의 일등공신이자, 반정삼대장 중의 한 명이며, 반정의 실질적인 기획자이며 실행자인 박원종이 그녀의 외삼촌이다. 이 정도면 당대 어디를 내놔도 빠지지 않을 최고의 배경이다. 아니, 어쩌면 중종보다 더 괜찮은 끗발이었을 것이다.

첫 시작은 미약했다. 반정으로 어수선한 상황에서 후궁 중 하나인 숙의로 봉해졌다. 그 뒤 궁에 들어갔다가 중종 2년이 되는 1507년이 돼서야 왕비로 책봉된다. 당시 장경왕후에 대한 주위 평가는 호의적이었다. 9년 동안 중전의 자리에 있으면서 그 흔한 인사 청탁 논란도 없었고, 내명부 또한 큰 잡음 없이 무난하게 다스렸다는 평가였다. 중종과의 관계도 원만했다.

단경왕후가 쫓겨난 이후 사실 궁궐은 두 명의 여인이 다스렸다고 해도 과언이 아니었다. 바로 장경왕후-경빈 박씨 콤비였다. 낮에는 궁궐의 안주인으로 장경왕후가 행세를 했고, 밤이 되면 경빈 박씨가 중종의 마음을 사로잡았다. 이 투톱 체제로 중종 초반기 내명부는 무난하게 굴러가게 됐다. 덕분에 단경왕후의 빈자리는 전혀 느껴지지 않았다. 당시의 기록을 잠깐 살펴보자.

박수림은 대대로 상주(尙州)에 살았다. 족계(族係)는 사족(士族)이지만 비길 데 없이 한미하고 군색했기 때문에 정병(正兵)에 예속되어 있었다. 연산군 을축년(1505년 연산군 11년)에 채홍(採紅)의 일 때문에 비로소 그 집에 아름다운 처녀가 있다는 것이 알려졌다. 그리하여 반정(反正)한 처음에 추천되어 궁중(宮中)에 들어왔는데 이 여인이 바로 경빈(敬嬪)이다. 경빈은 성품이 공손하지도 않고 만족할 줄도 몰라서 사랑을 얻으려는 술책만 힘썼다. 은총을 믿고 멋대로 방자하게 구는가 하면 분수에 넘친 마음을 품고 뇌물을 널리 긁어들였으므로 간청(干請)하는 사람이 구름처럼 몰려들었다.

- 《조선왕조실록》 중종 22년(1527년) 4월 26일의 기록 중 발췌

지금으로 치자면, 지방 도시에서 미모로 이름을 날리던 여자가 서울의 매니지먼트 회사 눈에 띈 것이다. 한마디로 서울에서도 인정해줄 만한 미모였다. 족보를 보자면 양반이긴 하지만, 따지고 들어가면 몰락 양반이라 할 수 있는 상황에서 경빈은 자신의 미모 하나로 집안을 일으켜 세운 것이다. 만약 1년만 더 빨리 궁에 들어갔다면, 연산군의 여자가 됐을지도 모른다. 어쨌든 빼어난 미모는 중종의 눈에도 띄었고, 그 결과 중종의 마음을 완전히 사로잡았다. 이런 총애 덕분인지 아들도 덜컥 낳게 되니, 중종의 서장자인 복성군이 바로 경빈의 소생이다(복성군을 낳은 덕분에 경빈으로 승격된다).

문제는 장경왕후가 너무 일찍 죽었다는 것이다. 만약, 장경왕후가 살았다면 이후에 벌어질 조정의 분란과 평지풍파는 없었을 것이다. 그러나 중종 10년(1515년) 2월 원자 호(훗날의 인종)를 낳은 게 화근이었다. 장경왕후는 원자를 낳고 산후병에 시달리다 엿새 만에 세상을 뜨게 된다. 이때가 중종 10년 3월 2일의 일이다. 이때 장경왕후의 나이는 고작 25세였다. 중전의 자리가 비자 중종의 마음은 심란하게 된다. 단경왕후를 앉히고 싶어서였을까? 아니다. 경빈을 중전 자

리에 앉히고 싶어서였다. 당시의 기록을 보면 경빈 박씨를 중전 자리에 앉히고 싶었으나, 정광필이 결사 반대하는 바람에 뜻을 이루지 못했다는 것을 알 수 있다.

> 이보다 앞서 곤위가 아직 결정되지 아니하였을 때에 숙의 박씨(朴氏)가 후궁 가운데에서 총애가 으뜸이었으므로, 장경(章敬)의 예를 따라 스스로 중위(中位)에 오르고자 하였었다. 상도 이것을 들으려 하였으나 (중략) 정광필만이 분연히 허락하지 않으며 아뢰기를 '정위(正位)는 마땅히 숙덕(淑德)이 있는 명문에서 다시 구해야 할 것이요, 미천한 출신을 올려서는 안 됩니다.'
>
> - 《조선왕조실록》 중종 12년(1517년) 7월 22일의 기록 중 발췌

당시 경빈의 출신 성분을 보면, 이런 말이 나올 법도 했다. 그럼에도 불구하고 중종이 경빈을 중전 자리에 앉히고 싶었던 것은 그만큼 경빈의 미모가 뛰어났다는 반증이다. 조강지처에 대한 그리움 같은 건 전혀 안중에도 없는 모습이다. 이후 중종은 빨리 중전을 맞이하는 게 어떻겠느냐며, 결혼을 서두르는 모습도 보였다. 물론 단경왕후를 염두에 둔 발언이 아니었다.

여기서 걸리는 것이 바로 원자 호에 대한 문제이다. 장경왕후 소생의 이 남자아이를 어떻게 대해야 하느냐는 것이다. 보기에는 별 문제 없을 것 같지만, 사실 이게 보통 문제가 아니다. 당장 새장가를 가야 하는데, 여기에 애까지 딸려 있는 것이다. 다른 후궁 소생들의 자식들이야 친엄마가 있고, 설사 아들이라 하더라도 왕위와는 거리

가 먼 존재들이다. 그렇지만 장경왕후의 자식은 달랐다. 법적으로 엄연히 중종의 적장자이다. 훗날 세자가 되고, 왕위에 오를 존재란 것이다('별탈'이 없다면 말이다). 자, 문제는 이제부터다. 중전이 가지는 정치적 존재가치 중 하나는 바로 '훗날의 왕'을 낳는다는 점이다. 아니, 중전의 존재가치 전부라 해도 과언이 아닐 것이다. 원자 호가 살아 있다는 전제 하에서 새로운 중전이 들어온다면, 이 중전은 자신의 존재가치 중 절반이나 그 이상, 아니, 전부를 포기하고 궁에 들어오는 셈이다. 자신이 아들을 낳는다고 해도 그 아들은 왕위에 오를 수가 없는 것이다.

'반쪽자리 중전'이란 말이 나올 법도 했다. 만약 정치적 야망이 있는 여자라면(아닐 여자가 어디 있겠는가? 자식과 연관된 문제가 아닌가?), 자신과 태어날 아기를 위해서 지금 존재하고 있는 원자를 제거하려는 마음을 가질 게 뻔했다. 독한 여자라고 손가락질해도 어쩔 수 없다. 그것이 인간의 본능이고, 모성애인 것이다. 중종의 세 번째 왕후는 바로 이런 조건 하에서 궁으로 들어와야 했다.

조선 최고의 악녀 등장

드디어 조선 역사상 최악의 여인 중 한 명으로 손꼽히는 여인이 등장하게 된다. 수렴청정이란 정치 행위에 대해서 부정적인 인식을 가져다주고 궁중 암투의 역사처럼 보이게 만든 여인, 바로 문정왕후이다. 그녀는 불교계로서는 은인 중의 은인이지만, 당시 유학자들과 선비들에게는 정사를 농단한 악녀 중의 악녀로 비쳐졌다. 덕분에 문정왕후는 역사 속에서는 정사를 농단한 최악의 궁중 여인으로 기록되게 된다. 과연 그녀는 악녀였을까?

이야기를 1517년, 그녀의 나이가 열일곱 살이었을 때로 되돌려 보자. 당시 조정 안은 권력 다툼으로 바람 잘 날이 없었던 시절이었는데 중종은 제대로 된 중재자 역할을 못했다. 이 시절 가장 큰 문제 중 하나가 바로 중전 간택이었다. 어느 세력에서 중전이 나오느냐에 따라 권력의 향배가 결정될 수 있었다. 여기에 더해 '미래의 권력'도 예측할 수 있게 된다. 이 자리에 누구를 앉힐지 조정의 관심이 집중되던 그때 정말 생뚱맞은 여자가 등장하게 된다. 바로 윤지임의 딸이었다.

그녀는 집안에 어떤 영향력이 있어서 중전이 된 게 아니었다. 넓게 보면, 집안의 힘이라고 할 수는 있다. 다만, 그 집안의 힘이 자신을 위한 힘인지에 대해서는 의문부호가 따라붙는다는 말이다. 문정왕후는 원자의 외삼촌이 되는 윤임 덕분에 중전의 자리에 앉을 수 있었던 것이다. 당시 윤임의 계산은 간단했다.

'아직 강보 속에 누워 있는 원자를 보호하려면, 같은 파평 윤씨 가문의 여식이면 좋겠어. 어차피 이번 중전은 중전이라기보다는 원자의 보모 역할이 더 중요하니까. 그러려면 집안의 힘이 약하면 약할수록 좋아. 그래야지 내 말이 먹힐 게 아냐?'

장경왕후 덕분에 조정에서 힘깨나 썼던 윤임으로서는 왕비가 죽은 이 상황에서 그가 할 수 있는 최선의 방법은 원자를 보호해 훗날을 도모하는 것이었다. 혈육의 정도 정이지만, 일단 조정 안에 발을 들이밀었다는 건 치열한 권력 다툼의 장에 뛰어들었다는 의미였다. 그렇다면, 이 권력을 얻기 위해 최단 루트를 개척해야 한다. 원자는 그에게 명분과 실리를 모두 안겨줄 복권이었던 것이다. 어린 원자를 보호하겠다고 두 팔을 걷어붙인 외삼촌이라는 이미지는 그 자체로도 충분히 명분을 얻을 수 있고, 이후 원자가 자라 세자가 되고, 보위에 오른다면 왕의 외삼촌으로서 영향력을 행사할 수도 있다. 누가 이런 기회를 마다하겠는가. 이런 전차로 문정왕후는 중종의 세 번째 중전이 된다.

그렇다면, 문정왕후의 궁궐 생활은 어떠했을까? 한마디로 표현하자면 신데렐라의 삶이었다. 하지만 고생하다가 왕자님을 만나 행복하게 잘산 것이 아니었다. 왕자님을 만나기 전까지의 신데렐라 삶이 펼쳐졌던 것이다. 당시 상황은 문정왕후에게 너무나도 불리했다. 하나씩 살펴보자.

첫째, 중종의 마음은 경빈 박씨를 포함한 후궁들에게 넘어간 상황이다. 열일곱 살 어린 나이에 궁에 들어갔지만, 자신보다 연상인 노련한 후궁들의 등쌀에 밀려 제대로 운신하기조차 힘들었다. 여자로서 교태를 부려볼까 해도 산전, 수전, 공중전까지 다 겪은 노련한 후궁들 앞에서는 번데기 앞에 주름 잡는 격이었기에 중종의 마음을 휘어잡기에는 무리였다.

둘째, 조정 안에서 자신을 도와줄 세력이 없었다. 윤임의 도움으로 중전 자리에 오르긴 했지만, 이건 어디까지나 한시적인 지원일 뿐이다. 만약 윤임의 눈 밖에 난다면, 언제든 중전 자리에서 쫓겨날 수 있었다. 문정왕후의 존재 이유는 왕의 아내가 아니라, 왕자의 보모로서 필요했던 것이기에 그 영향력은 제한될 수밖에 없었고, 실제로 그런 방향으로 흘러갔다.

셋째, 중전이 힘을 얻으려면 아들을 낳아야 한다. 미래의 권력을 낳았다는 이유 하나만으로 중전은 힘을 얻을 수 있고, 미래를 예비할 수 있다. 문정왕후도 이를 잘 알기에 많은 노력을 기울였고, 네 번이나 임신에 성공할 수 있었다. 그때마다 윤임을 비롯한 조정 대신들은 촉각을 곤두세울 수밖에 없었는데 만약 아들이 태어난다면 이야기가 복잡해지기 때문이다. 그러나 행인지 불행인지 문정왕후는 네 번 연속으로 딸만 출산하게 된다.

한마디로 문정왕후에게는 출구가 보이지 않는 터널이었다. 그러나 절망만이 주어진 건 아니었다. 그녀에게도 일발 역전을 위한 히든카드가 있었다. 바로 그녀 자신이었다. 그녀는 '배운 여자'였다. 당시 일반적인 여성 교육 수준은 언문 정도를 떼는 것이 고작이었지만, 문정왕후는 글을 배우고, 학문을 닦았다. 그녀의 아버지인 윤지임이 "아들들보다 딸이 훨씬 낫다. 저 녀석이 아들로 태어났다면, 한 번 세상에 나가 큰 뜻을 세울 수 있었을 텐데……"라며 안타까워할 정도였다. 문정왕후는 똑똑했고, 야망이 있었으며, 배울 만큼 배운 여자였다. 그녀는 곧 자신을 둘러싼 현실을 직시하게 됐고, 이 막막한 현실 앞에서 자신이 어떻게 살아가야 할지를 모색하게 된다.

'저, 멍청한 남편에게 의지했다간 내 목숨도 위태로워져. 대신들? 지금 당장 내 세력을 구축하기도 어렵고, 섣불리 움직였다간 세력을 구축하기도 전에 내 목이 달아날 거야. 후궁들과 경쟁한다? 산전수전 다 겪은 저 베테랑들하고? 어림도 없어. 아들을 낳아야 하지만, 확률은 반반이야. 언제 태어날지 모르는 아들에게 의지하는 건 위험해. 그렇다면 방법은…… 지금 내 옆에 있는 아들을 의지하는 수밖에 없어.'

장경왕후가 낳은 아들이자. 자신이 궁에 들어온 원칙적인 이유, 어쩌면 자신의 앞날과 미래의 아들에게 장애가 될 수 있는 존재, 바로 원자 호를 끼고 도는 수밖에 없다는 결론을 내린 것이다.

'나는 원자의 보호자이다! 나는 장경왕후의 유지를 받들어 원자를 보호해 이 나라의 대통을 이을 것이다!'

생존본능이 모성본능을 눌렀다고 해야 할까? 우선 살아남아야 했던 문정왕후는 원자의 보호자를 자처하며, 간신히 그 생명을 이어나가게 된다. 왕비이지만, 왕비가 아닌 세월의 시작이었다. 그리고 20년 가까운 세월이 흐르다가 삼십 대 중반의 나이로 덜컥 임신을 하게 된다. 지금으로 봐도 노산이라 할 수 있었다. 문정왕후는 일생일대의 도박에 들어가게 된다.

'이 아이가 아들이라면, 왕자라면…… 승부수를 던질 수 있어!'

문정왕후의 바람대로 아이는 아들이었다. 훗날 명종이 되는 경원대군(慶源大君) 환(緄)이 태어난 것이다. 20년 가까운 기다림이 현실로 이뤄지자 상황은 돌변하게 된다. 이제까지 자신을 지켜준 세자(인종)는 이제 자신과 아들의 최대 걸림돌이 된 것이다. 세자를 지키겠다며, 눈에 쌍심지를 켜고 자신의 존재 가치를 내보였던 문정왕후이지만, 친아들의 탄생 앞에서는 이 모든 게 한낱 꿈일 뿐이었다. 세자만 없다면, 자신의 아들이 왕이 될 수도 있었다. 어린 시절 궁에 들어와 후궁들에게 치이고, 대신들에게 밟혀가며 20년간 차곡차곡 쌓아온 한을 풀 수 있는 절호의 기회가 그녀 앞에 펼쳐졌는데, 이걸 마다

할 여자가 어디 있겠는가? 문정왕후는 자신의 본능에 충실하기로 결심한다.

무서운 어머니와 착한 아들

17년을 기다려 서른다섯에 기적같이 잉태한 아들에 대한 문정왕후의 기대는 대단했다. 그러나 기대가 클수록 의심의 눈초리도 커질 수밖에 없었다. 조정 안팎에서 문정왕후에 대한 의심의 눈초리를 보내게 된다. 그러나 문정왕후는 단호했다. 자신의 아들을 왕위에 올리겠다는 결심을 하고, 이를 실행에 옮기게 된다. 이때 등장하는 것이 문정왕후의 남동생들인 윤원로와 윤원형이다. 이들은 결국 인종의 외숙부가 되는 윤임과 세자 자리를 놓고 한바탕 혈전을 벌이게 되는데, 이 와중에 문정왕후는 당대의 권신인 김안로에 의해 폐위될 뻔한다. 세자 보호를 자처한 김안로에게 문정왕후는 눈에 가시 같은 존재였다. 여기서 우리가 주목해야 할 것이 바로 중종의 행동이다. 보통 이런 심상찮은 기운이 느껴지면, 상황을 파악하고 이를 수습할 방법을 강구해야 하는데, 중종은 손 놓고 앉아서는 수수방관하는 꼴이었다. 아니, 이런 상황을 일부러 조장하는 듯했다. 이 당시 중종은 경원대군에 대한 총애를 아끼지 않았다.

"이게 얼마만에 본 적자야? 중전 고생했소. 어이구야. 나를 닮아서 똘망똘망하게 생겼네. 참……."

이러면서 놀았던 것이다. 왕으로서도, 남편으로서도 실격인 모습

이다. 그사이 세자의 외삼촌인 윤임과 문정왕후의 동생인 윤원형이
조정 안에서 세력을 형성해 나가기 시작한다.

> 대윤(大尹)·소윤(小尹)이라는 말은 일어난 지 이미 오래고 점점 표
> 적이 되어, 어느 재상은 어느 윤(尹)의 당(黨)이라고 지칭하여 대소
> 두 길로 가르니, 어찌 이러한 일이 있습니까. 재상들 중에 그 당에
> 들지 않은 자일지라도 다 의구(疑懼)하고, 당이라고 지칭되는 자는
> 다 스스로 벗어나려고 꾀합니다. 사람이 혹 윤임(尹任)을 보러 가
> 면 대윤의 당이라 지칭하고 윤원형(尹元衡)을 보러 간 자는 소윤이
> 라 지칭하므로, 대소가 의심하여 서로 찾아가지 못하고, 집을 옮겨
> 살려는 자까지 있습니다.
> - 《조선왕조실록》 중종 39년(1544년) 9월 29일의 기록 중 발췌

세자의 외삼촌과 대군의 외삼촌이 각각 조정 안에 세력을 모으
고 당을 만들어서 서로 노려보고 있었던 것이다. 정상적인 왕조 국
가라면 정말 위험한 상황이었다. 세자의 외삼촌과 대군의 외삼촌이
노려본다는 전제는, 중종의 목숨과 관련된 문제였다. 둘 다 '차기'를
노려보는 것이기 때문이다. 중종의 사후 권력이 누구에게로 향하는
가가 쟁점이 되는 상황에서 필연적으로 두 가지 조건이 붙게 되는
데, 하나가 앞에서 언급한 중종의 목숨이고, 나머지 하나가 상대방
의 목숨이었다. 이 때문에 중종 말기의 정치는 산으로 가기 시작한
다. 이 대목에서 중요한 것이 바로 세자의 존재이다. 멍하니 손 놓고
앉아 있는 중종이 사태를 해결할 가능성은 이미 사라진 상황이었다.

그렇다면 남아 있는 건 명분과 실리, 모두를 쥐고 있는 세자가 어떻게 움직이느냐에 달려 있었다.

당시 세자는 문종 이후 최고의 세자라는 평가를 받고 있었다. 몸가짐이 바르고, 공부에 열성이었으며, 효자였다. 중종과 문정왕후에 대한 효심 하나만은 타의 추종을 불허했다. 형제간의 우애도 깊었다. 아들 뻘인 경원대군을 사랑했고, 작서의 변(경빈이 세자를 음해하기 위해 토막 낸 쥐를 나무에 매달았다는 혐의를 받고 사약을 받았다)에 연루돼 사약을 받은 복성군의 어린 딸과 여동생을 사면해달라는 상소를 올릴 정도였다. 한마디로 너무 착한 남자였다. 문정왕후는 세자의 이 착한 성격을 파고들었다.

승화당(承華堂)은 대내(大內)와 연결되었기 때문에 먼저 그 집을 철거하여 불길이 번지지 못하게 하니 화세가 차츰 꺾였다. 궁중의 사람들이 갑작스런 일에 차서를 잃어 미처 다 피하지 못하고, 혹은 빙 둘러서서 우는 자도 있었으며, 협사와 병장(屛障)이 어지러이 버려져 쌓여 있었다. 또한 한잡(閑雜)한 무리들이 그 틈을 타서 몰려들었으나 막을 수가 없었으니, 인심과 법령이 태만한 것이 이와 같았다.

영의정 윤은보 등이 정원에 묻기를, "세자가 어느 곳에 피했는지 정원은 살펴보았는가?" 하니, 승지 조사수(趙士秀)가 말하기를, "창졸간이라서 미처 자세히 살피지 못했습니다. 아마 피하여 대내로 들어갔을 것입니다" 하였다. 은보 등이 말하기를, "이게 무슨 말인가. 피하신 곳을 마땅히 먼저 살펴야 할 것이지, 어찌 억측으로만 헤아릴 수 있는가."

－《조선왕조실록》 중종 38년 (1543년) 1월 7일의 기록 중 발췌

그 유명한 동궁 전 화재 사건이 터져 나왔다. 역사적 기록을 보자
면, 그냥 단순한 화재였다. 그러나 당시 모든 사람들의 눈초리는 문
정왕후에게 향했다.

'이건 분명 문정왕후와 소윤 측에서 저지른 짓이다.'

심증은 있는데, 물증은 없는 상황이었다. 야사를 살펴보면, 당시
불은 문정왕후와 소윤이 지른 것으로 나와 있다. 꼬리에 화선을 단
여러 마리의 쥐를 동궁으로 들여보내 지른 것인데 화재 당시 세자는
세자빈을 깨워 먼저 나가라고 말한다. 그러나 세자의 태도가 어딘지
이상하다고 느낀 세자빈은 세자와 같이 나가겠다며 끌어당긴다. 이
때 세자의 입에서 놀라운 말이 나온다. "이는 어머니가 날 죽이기 위
해 지른 불이 아닌가? 자식 된 도리로 어머니가 내 죽음을 원한다면,
기꺼이 죽어주는 게 효도가 아닌가?" 세자빈은 기겁을 해 세자를 설
득하지만 요지부동이자 결국 자신도 같이 죽겠다며 털썩 주저앉게
된다. 이때 밖에서 애타게 세자를 부르는 중종의 목소리가 들린다.
이 목소리를 들은 세자는 탄식하게 된다. "어머니를 위해서는 죽는
것이 효행이지만, 부왕에겐 불효이자 불충이 아닌가······." 결국 세
자는 세자빈과 함께 동궁 전을 빠져나오게 된다. 실록의 기록보다
훨씬 현실성이 느껴지지 않는가? 사실이 어떻든 간에 세자가 죽음으
로써 가장 큰 이익을 얻는 쪽은 문정왕후와 소윤 측이었다. 당연히
의심이 갈 수밖에 없는 상황이었다.

아들을 죽음으로 내몬 여인

세자의 착한 성격을 활용한 문정왕후와 소윤 측의 압박이 계속
되던 어느 날 덜컥 중종이 죽게 된다. 원래 계획대로라면, 세자를 끌
어내리고 그 빈자리에 경원대군을 올리는 것이었지만, 그 기회 자체
가 사라져버린 것이다. 문정왕후 입장으로서는 중종은 정말 끝까지
도움이 안 되는 남자였다. 이제 남은 건 대윤의 득세와 소윤의 몰락,
경원대군의 제거만이 남은 상황이었다. 대부분의 역대 왕들이 당연
하게 처리해간 수순이었다. 그러나 세자, 아니 인종의 착한 성격이
발목을 잡았다.

> "…… 공조 참판 윤원형은 인물이 교만하고 망령되어, 전에 부경
> (赴京)할 때에 부상(富商)을 데리고 감으로써 중국에서 모욕을 받았
> 으니 매우 비루합니다. 정원(政院)에 있을 때에 이미 물론이 있었
> 는데 가선 대부의 중한 가자(加資)를 특별히 제수하였으므로 물정
> 이 놀랍고 괴이하게 여깁니다."
>
> - 《조선왕조실록》 인종 1년 (1545년) 3월 2일의 기록 중 발췌

자신을 죽이려고 안달이 났던 윤원형을 공조참판 자리에 올려
놓은 것이다. 이는 소윤에 대한 화해의 제스처이며, 문정왕후에 대
한 배려였다. 착해도 너무 착했던 것이다. 문정왕후는 이 틈새를 파
고들었다. 자신의 집안을 살려줄 것인지 대놓고 압박했으며, 말도 안
되는 억지를 부리곤 했다. 여기서 잠깐 질문을 던질까 한다. 조선시

대 왕들 중 그 재위 기간이 가장 짧았던 왕은 누굴 것 같은가? 삼촌
에게 쫓겨 난 단종일까? 아니면, 동생에게 왕위를 넘겨준 정종일까?
유감스럽게도 아니다. 정답은 바로 인종이었다. 인종은 왕위에 오른
지 불과 9개월 만에 죽게 된다. 이유는 오직 하나 인종의 효심이다.
인종의 재위 9개월 동안 재상들과 대신들이 제일 많이 했던 말은 한
가지였다.

"전하! 밥 좀 먹고, 약 좀 드세요!"

당시의 기록을 살펴보면 이해할 수 있다.

① 성인(聖人)도 병에 대해 신중을 기하거니와, 천한 사람일지라도
신중을 기하지 않을 수 없는 까닭은 부모가 남겨준 몸을 조금이라
도 감히 소홀히 할 수 없기 때문인데, 더구나 종사(宗社)와 백성이
매여 있는 임금의 한 몸이겠습니까? 위에서 바야흐로 상중에 계
시어 슬픔이 절박한 탓으로 자신의 병을 깨닫지 못하시는 것이지
만 위에서는 스스로 가볍게 여기려 하시더라도 종묘사직은 어찌
하시겠습니까.

- 《조선왕조실록》 인종 1년(1545년) 윤 1월 3일의 기록 중 발췌

② "전에 듣건대 전혀 찬선을 드시지 않는다 하므로 찬선을 드시
기를 청하였던 것인데 마땅히 생각하여 부응토록 하겠다고 전교
하였습니다. 그러나 이제까지도 찬선을 드시지 않는다 하니 다들
민망하게 생각합니다. 위에서 애통이 지나쳐 종사의 대계를 생각
하시지 않으시니 신들은 더욱 민망합니다. 세종대왕의 유교(遺敎)

는 정리와 예문을 참작하여 만든 권제(權制)이므로 대대로 모두 지켜 왔는데, 지금은 애통해하여 수척하신 것이 예도에 지나쳐 중도를 따르시지 않으므로 '수척하되 목숨을 잃게 하지 않고 수척하되 몸을 위태롭게 하지 않는다'는 말에 어긋납니다. 선왕의 제례(制禮)를 지킴으로써 종사의 대계를 생각하소서."

- 《조선왕조실록》인종 1년(1545년) 1월 21일의 기록 중 발췌

인종은 한사코 밥 먹기를 거부하고 겨우 미음으로 허기를 달랠 뿐이었고, 온 조정이 달려들어 그런 인종에게 식사를 부탁하는 지경이었다. 이러다 보니 인종의 몸은 하루가 다르게 수척해졌고, 결국 병석에 드러누울 수밖에 없었다. 효심이 지나쳐서 중종의 죽음 앞에 너무 과도하게 슬퍼했던 것이다.

문정왕후에게는 기회가 온 셈이었다. 야사에 의하면, 문정왕후가 내린 떡을 먹고 인종이 죽었다는 말이 있는데 영 신빙성이 없는 말은 아니다. 인종 1년 6월 18일에 날 주다례(晝茶禮)가 있었는데, 이때 인종은 문정왕후에게 문안을 올리게 된다. 이후 얼마 지나지 않아 인종은 몸져눕는다. 이후의 행보를 보더라도 문정왕후가 작심을 하고 인종을 괴롭히겠다는 모습이 보인다. 인종이 쓰러지고 나서 얼마 뒤 문정왕후는 궁 밖의 의혜공주 집으로 가겠다며 고집을 피웠다. 그 이전에는 산천에 제사를 지내겠다며, 소동을 일으켰다. 국가 원수이자 법적으로 자신의 아들이 쓰러져 있는 상황에서 근신은커녕 분란을 조장했던 것이다. 문정왕후의 이런 노력 덕분인지 인종은 왕위에 오른 지 채 1년도 안 된 1545년 7월 1일 세상을 뜨게 된다. 그

리고 그 후계는 열두 살 난 동생 경원대군에게로 넘어가게 된다(인종의 결정이었다). 이제 8년간 사관들과 유생들로부터 여주(女主)라고까지 불리게 된 문정왕후의 수렴청정이 시작된 것이다. 중종을 거쳐 간 세 명의 여인 중에서 결국 승자는 문정왕후였다.

악녀를 만든 무능한 군주

38년 2개월 동안 중종은 뭘 했던가? 얼떨결에 왕이 됐고, 왕이 된 이후에는 신하들에게 의지한 체 물에 물 탄 듯, 술에 술 탄 듯 살아야 했던 중종. 물론, 신하들의 손에 의해 왕이 됐다는 태생적 한계는 분명 인정해야 한다. 무수한 사람을 죽여나가는 형 아래에서 숨죽이며 살아야 했던 트라우마도 분명 있다. 그러나 자신이 권력을 쥘 수 있는 기회에서 이를 포기했고, 후계 구도 때문에 조정 내에서 살벌한 각축전이 벌어지는 상황에서 왜 뒷짐을 지고 물러나 있었던 것일까. 사태를 진정시킬 수 있고, 하다못해 중재자로 나설 수 있는 위치에서 방관자를 선택했다는 건 이해하기 어려운 일이다. 그 덕분에 죽어나가야 했던 수많은 목숨들은 어떻게 설명할 수 있을까?

자신의 형을 폭군이라 부르며, 왕이 된 동생이 형보다 더 많은 사람들을 죽였다는 이 아이러니한 상황. 형은 '주체'가 돼서 주도적으로 사람을 죽였던 반면, 중종은 한 발 물러나 방관자로서 이를 지켜보기만 했다. 마치, "내가 죽인 게 아냐. 그냥…… 자기들끼리 싸우다 죽은 거야"라면서 변명을 하는 느낌이다.

여기서 우리가 확인할 수 있는 건, 왕이라는 권력을 가진 이가 방관자로 돌아앉는 순간, 폭군 시절보다 더 큰 혼란과 분란, 피바람을 몰고 온다는 사실이다. 그 증거가 바로 중종이다. 나라를 다스릴 역량이 되지 못한다면, 하다못해 자신의 가정이라도 제대로 다스려야 하지 않았을까? 중종을 거쳐 간 수많은 여인들…… 그중에서 그의 옆을 지켰던 세 명의 중전만 보더라도 중종의 무능력함과 소심함을 확인할 수 있다. 정권 말기에 하다못해 대윤과 소윤의 분란을 진정시키고, 후계 구도를 명확히만 했어도 훗날의 비극은 없었을 것이다. 그러나 어찌겠는가? 중종은 그렇게 생겨 먹은걸. 속을 알 수 없는 그 두루뭉술함 덕분에 자신은 편하게 살았는지 모르지만 그를 둘러싼 주변 사람들, 특히나 신하들과 가족들은 칼날 위에 선 삶을 살아야 했다. 그는 그저 자신의 생존만을 생각했던 '소심한' 이기적인 남자였던 것이다. 차라리 태종처럼 아주 나쁜 사람으로 사는 게 오히려 나았을지도 모른다. 그랬다면, 적어도 애꿎은 죽음만은 피했을 것이다.

아들을 질투한 선조

조선시대에는 모두가 잘 아는 칠거지악(七去之惡), 다른 말로 칠출(七出)
이란 것이 있었다. 이것은 유교 사회의 이혼 근거가 되었는데 이 칠
거지악의 내용을 살펴보면 다음과 같다.

　① 시부모를 잘 섬기지 못하는 것

　② 아들을 낳지 못하는 것

　③ 부정한 행위(불륜)

　④ 질투

　⑤ 나병·간질 등의 유전병

　⑥ 말이 많은 것

　⑦ 훔치는 것

　지금의 기준으로 보면, 도저히 용납할 수 없는 내용들이다(마지
막 7번 항목을 제외한 내용은 기본적으로 여성 억압의 내용들이다). 여기서 우리
가 눈여겨봐야 할 것이 바로 2번 문항인 '아들을 낳지 못하는 것'이

다. 유교 사회에서 가계 계승을 못 하는 여자는 사람 대우를 받지 못
했다. 사대부 가문에서도 아들을 낳지 못하는 여자는 쫓겨나는 것이
상식이었다. 설령 쫓겨나지 않더라도 씨받이를 비롯한 각종 모욕을
꾹 참고 넘어가야 하는 것이 법도였다. 아들을 낳지 못한 죄인이기
때문이다. 쫓겨나지 않은 것만 해도 다행인 상황이었다. 그렇다면,
왕실은 어땠을까? 하다못해 사대부 가문의 대를 끊은 것만 해도 엄
청난 죄인 취급을 받는데, 왕실의 대를 끊는다면, 그 원망과 핍박은
상상조차 할 수 없다.

　이야기의 시작은 아들을 낳지 못했던, 아니 자식을 낳지 못했던
한 여인으로부터 시작된다.

선조, 얼떨결에 왕이 되다

　1567년 7월 선조는 16세의 나이로 조선의 제14대 임금 자리에
오르게 된다. 그의 즉위는 이제까지의 왕위 계승과는 조금 달랐다.
그는 조선 왕조 역사상 최초의 방계승통(傍系承統: 방계에서 왕위를 이어받
는 것을 말한다)의 주인공이었다. 이제까지는 아버지에서 아들로 혹은
형제에서 형제로 이어지던 왕위가 일순간 대가 끊기면서, 방계로 혈
통이 넘어간 것이다. 이러다 보니 선조로선 이 부분에 대해 일정 부
분 콤플렉스가 있었다. 이야기를 거슬러 올라가보자. 조선의 13대
임금인 명종은 후사가 없었다. 아들이 한 명 있었는데, 바로 순회세
자(順懷世子)였으나 13세에 요절하게 된다. 중전(인순왕후)이 한 명에다

후궁이 여섯 명이나 됐지만, 자식은 오직 순회세자 한 명뿐이었다. 상황이 이렇다 보니 당연히 후사 문제가 국정의 화두가 되었다. 이 때 후보로 나온 것이 중종의 7남이자 창빈 안씨 소생일 덕흥군이었다. 이 덕흥군의 자식들 중 한 명에게 눈길이 갔던 것이다.

어느 날 명종은 덕흥군의 아들 세 명을 불러들였다. 그런 다음 자신이 쓰고 있는 익선관(翼善冠: 임금이 쓰고 있는 관)을 벗어서 이들에게 써보라고 말했다. 앞의 두 형은 아무 생각 없이 이 관을 썼는데, 셋째인 하성군은 대뜸 이렇게 말했다.

"성상께오서 쓰시는 것을 신하된 자가 어찌 쓸 수 있겠습니까?"

순식간에 형 두 명을 바보로 만들어버린 것이다. 명종은 하성군에게 계속 묻는다.

"하성군은 임금과 아비 중 누가 중하다고 생각하느냐?"

"임금과 어버이는 비록 같지 않사오나 충효는 다르지 않다고 생각하옵니다."

하성군은 이렇게 해서 명종의 눈도장을 꽉 받게 된다. 이 사람이 훗날의 선조이다. 간단히 말해서 재벌총수가 자식이 없어서 재산을 물려주지 못하게 되자 사촌들(엄밀히 말하자면, 아버지의 첩이 낳은 자식이지만)의 자식을 물색한 것이다. 족보를 명확하게 정리해보면, "아버지의 첩이 낳은 배다른 동생의 자식, 즉 내게는 조카가 되는 애들 중에서 한 명을 후계자로 낙점한다"라고 선언한 것이다. 일견 복잡해 보이지만 족보를 따지고 들어가면 별것 아니다. 조카에게 왕위를 넘겨준 것이다. 왕위를 넘겨준 명종은 약간 아쉬운 마음이 들었겠지만, 그래도 최선의 선택을 했다는 생각을 했을 것이다. 그렇다면, 왕위를 넘겨받은 하성군의 마음은 어땠을까? 마냥 기뻐했을까. 물론, 그런 마음이 80퍼센트 정도 있었을 것이다. 그러나 나머지 20퍼센트의 마음속에는 복잡 미묘한 어떤 콤플렉스가 자리 잡았을 것이다.

'정상적으로 세자 수업을 받고 왕위에 오른 게 아니잖아. 혈통 하나만 믿고 이어받은 왕 자리인데, 그 혈통 자체가 희미하니…….'

선조는 자신의 콤플렉스를 극복하기 위해서 '희미한 혈통'을 조금이라도 보충하고픈 욕구가 있었다. 그러나 이런 그의 바람을 비웃듯 운명은 그에게 의인왕후(懿仁王后) 박씨를 선사하게 된다. 선조 자신으로서도 비극이었지만, 조선 왕조 5백 년 역사를 통틀어서도 손꼽을 만한 비극이었으며, 당대를 살아간(그 후 병자호란 때까지 살아야 할) 백성들에게는 지옥을 선사해준 일이었다. 한 여인이 아이를 못 낳은 것이 역사적으로 이만한 파장을 일으킨 사례가 또 있었을까?

비운의 여인 의인왕후 박씨

앞에서도 언급했지만, 선조는 방계로 혈통이 넘어온 것에 대한 부담감이 있었다. 이러다 보니 이 부분에 대해 일정 부분 콤플렉스가 있었던 것 같다. 이런 콤플렉스는 정실부인에게서 나온 대군에 대한 집착으로 이어지게 된다. 그러나 중전이었던 의인왕후 박씨는 석녀(石女)였다. 46세까지 후손 한 명 보지 못하다 죽음에 이른 것이다. 솔직히 선조로서는 억울한 측면이 없지 않았다. 그는 여섯 명의 후궁을 통해서 13남 10녀를 낳았던 것이다.

의인왕후가 선천적인 석녀인지 아닌지에 대해서는 논란의 여지가 있다. 의인왕후 박씨의 신체적인 문제 이전에 선조가 의인왕후 박씨와 정상적인 부부관계를 가졌느냐는 의문이다. 물론, 얼마간의 의무적인 관계는 이어갔을 것이다. 그러나 선조가 의인왕후 박씨에게 남편으로서의 노력을 다했냐는 질문에 대해서는 의문부호가 남을 수밖에 없었다. 빙빙 둘러서 말했는데, 한마디로 말해서 의인왕후 박씨는 아들을 못 낳는다는 의심을 받기 이전부터 선조의 눈 밖에 났다는 의미이다.

　보통 조선시대 세자들은 11세가 넘어가면 결혼 이야기가 나오고 혼인을 한다. 이런 관례를 생각한다면, 16세에 왕이 된 선조는 늦어도 한참 늦은 노총각이었다. 늦었으니 하루라도 빨리 중전을 맞아야 했지만 당시 상황은 그렇지 못했다. 왕이 되자마자 명종의 3년 상을 치러야 했고, 겹쳐서 자신의 생모 2년 상을 같이 치러야 했다. 조선이란 나라는 전통적으로 효에 의미를 두는 나라였다. 이런 나라에서 부모의 상중에 혼인을 한다는 건 예법에 어긋날 수밖에 없었다. 결국 선조는 19세가 돼서야 의인왕후 박씨를 맞아들이게 된다.

　우리가 주목해야 할 것은 바로 선조의 나이이다. 한참 이성에 대한 호기심이 왕성하게 표출되는 시기인 것이다. 이 시기에 홀로 독수공방을 했겠는가? 그것도 조선의 권력을 한 손에 틀어쥔 왕이 말이다. 눈만 돌리면 지천에 여자들이 넘쳐 나는 것이 또한 궁궐이었다. 이때 선조의 마음을 휘어잡은 이가 바로 광해군과 임해군의 어머니가 되는 공빈 김씨였다. 그녀를 제외한 나머지 후궁들은 공빈 김씨 때문에 선조에게 접근도 못 할 지경이란 푸념을 늘어놓을 정도였다. 그만큼 선조의 총애가 깊었다.

그러나 이 총애는 오래가지 못했다. 1572년 5월 1일 광해군을 낳은 산욕으로 공빈이 사망한 것이다. 이후 선조의 총애를 받은 여자는 바로 인빈(仁嬪) 김씨였다(인빈이 공빈을 저주했다는 말도 있었다). 의인왕후는 선조의 가시거리 밖에 있었던 것이었다. 어쩌면 애도 못 낳는 중전이란 꼬리표가 붙은 상태이니 당연한 일이었을지도 모른다. 그나마 다행인 것은 의인왕후가 자신의 존재 이유를 스스로 납득하고, 그에 합당한 처신을 했다는 것이다.

'내명부를 잘 다스려 분란이 없도록 조정해야겠다.'

중전의 가장 큰 책무는 아들을 낳아 왕실의 혈통을 유지시키고, 내명부를 잘 다스려 분란이 없도록 만드는 것이다. 그래서 의인왕후는 비록 아들을 낳진 못했지만 내명부만은 잘 간수해야겠다고 결심한 것이다. 그래야만 자신의 존재 이유를 확인시킬 수도 있었다. 애도 못 낳는데 집안에 분란까지 일으켰다면 바로 쫓겨났을 것이다. 그런 전차로 의인왕후는 생불(生佛)과 같은 처신을 보여준다. 공빈이 죽자, 공빈의 두 아이인 광해군과 임해군을 챙긴 것이 바로 의인왕후였다.

상식적으로 봤을 때 의인왕후는 상당히 위축된 궁궐 생활을 할 수밖에 없었다. 임금의 총애도 받지 못했고, 더구나 자식마저 없었다. 중전이 힘을 얻을 수 있는 이유는, '첫째, 왕의 아내라서 정치적 영향력을 발휘할 수 있다. 둘째, 차기 권력자인 세자의 어머니가 된다' 이 두 가지인데, 두 가지 모두 가까이 하기엔 너무 먼 당신이었던 것이다. 선조의 사랑도 얻지 못했고, 뱃속에는 도무지 아기가 들어설 기미가 보이지 않았다.

그럼에도 불구하고, 자연 수명이 다 될 때까지 의인왕후는 굳건히 중전의 자리를 지킬 수 있었다. 수많은 암투가 벌어지는 궁궐 안에서 그녀가 살아남을 수 있었던 이유는 바로 인빈 김씨의 존재 때문이었다. 공빈 김씨의 죽음 이후 선조의 총애를 많이 받았고, 또한 선조의 자식을 가장 많이 낳았던 이가 바로 인빈 김씨였다(4남 5녀를 낳았다). 만약 인빈 김씨가 일정 수준의 신분적 뒷받침만 있었다면, 무리를 해서라도 중전 자리를 노려볼 수 있었을 것이다. 그러나 그녀는 말 그대로 궁녀였다. 궁녀 출신의 낮은 신분을 가지고 있었던 게 인빈이었다.

이야기를 좀 더 해보자면, 원래 인빈 김씨는 인순왕후 심씨의 처소에서 일했던 궁녀 용녀로 그 이전에는 명종의 후궁이었던 숙의 이씨의 먼 친척이었다. 숙의 이씨가 궁중 생활이 적적해 먼 일가친척이었던 김한구의 딸을 데려와 길렀는데, 그것이 용녀였다. 문제는 명종이 후사 없이 죽으면서 벌어졌다. 자식이 있는 후궁이라면 다른 방도가 있었겠지만, 자식이 없는 후궁이었기에 자연스럽게 비구니가 되어 명종의 명복을 빌게 된다. 상황이 이렇게 되니 용녀는 끈 떨어진 연 신세가 되고 말았다. 이를 불쌍하게 여긴 인순왕후가 내전에 들여 심부름을 시켰는데 그러다가 선조의 눈에 든 것이다. 선조는 용녀를 보자마자 푹 빠져들었고, 그렇게 사랑하던 공빈을 멀리하기 시작했다. 그러다 덜컥 공빈이 죽자, 그 빈자리를 꿰 찬 것이다.

문제는 지금부터이다. 선조가 실질적으로 가장 사랑했던 여인은 인빈 김씨였다. 그녀와의 사이에서 낳은 자식 수만 봐도 알 수 있지 않은가. 그러나 인빈 김씨는 신분적 한계 때문에 중전을 바라볼 수는 없는 상황이었다. 그렇다면, 의인왕후는 어땠을까? 애를 낳을 수 없는 중전이라면 분명한 결격 사유가 있었다. 이미 궁궐 안의 권력은 인빈에게 넘어간 상황이었다.

만약 인빈이 마음만 먹었다면, 의인왕후는 '꽤' 위험한 상황에 몰렸을지도 모른다. 이 당시 인빈의 권력은 중전의 그것을 넘어섰다. 서로 치명적인 약점을 가지고 있었던 두 여인은 암묵적인 신사협정을 맺는다. 인빈의 입장은 다음과 같았다. '내가 지금 총애를 받고 있지만, 중전이 될 수는 없다. 태어나기를 이렇게 태어났는데, 어떻게 중전 자리를 노릴 수 있겠어? 그렇다면 지금 있는 의인왕후 박씨가 최적격이야. 까짓것 껍데기뿐인 중전 자리인데 줘 버리자고. 괜히 새 중전을 들였다가 덜컥 왕자라도 낳았다간 지금의 내 위치가 흔들릴 뿐이야. 현상 유지가 최고야! 그렇게 보면, 의인왕후 박씨가 오히려 고마울 정도야.'

반면 의인왕후 박씨의 입장도 비슷했다.

'자식을 못 낳는다는 건 여자로서 치명적인 약점이야. 더구나 난 조선의 국모잖아. 궁에서 쫓겨나도 골백번은 더 쫓겨날 입장이야. 그렇다면, 지금 이 상태로 지내는 게 최선이야. 인빈도 암묵적으로 내 존재를 이해하는 것 같으니, 현상 유지를 하자. 어차피 더 이상 상황을 개선할 방법도 없어. 지금 상태를 유지하자. 그래도 공식적으로는 내가 조선의 국모잖아?'

그렇게 아슬아슬한 평화가 유지되었던 것이다. 뜬금없는 소리지만, 한 가지 재미있는 사실을 말하자면 선조는 유달리 김씨 성을 가진 여성을 좋아했다. "김씨 성을 가진 여성을 좋아한 게 무슨 잘못이야? 이거 성차별이야?" 이렇게 말할 수도 있겠는데, 조선 초기부터 조선 왕실에서는 이(李)씨가 나무[木] 성질이 있기에 김(金)씨 성과 살면 해롭다고 생각했다. 주술적 의미가 강했는데, 선조는 이런 말을 무시하고 유달리 김씨 성을 가진 여성과 많이 관계를 가졌다. 후궁만 보더라도 공빈 김씨, 인빈 김씨, 순빈 김씨 세 명을 뒀고, 후에는 왕비가 되는 인목왕후까지도 김씨로 얻었다.

덕분에 사람들은 두 성이 잘 맞지 않는데 이러다가 나라에 큰일이 벌어질지도 모른다며 두려워하기도 했다. 실제로 선조 시절에 나라에 큰일들이(나라가 망할 뻔했으니) 많이 벌어졌으니 우연의 일치일까, 아니면 선조의 운명이었을까? 어쨌든 선조 시절에는 수많은 환난과 함께 정치적인 부침이 많았다. 그리고 이런 환난과 부침 덕분에 왕권을 생각할 수도 없는 이가 세자에 앉고, 왕위에까지 오르게 된다. 영웅은 역시 난세에 태어나는 것일까?

잘난 아들 광해

광해군의 가족 관계도를 보면 원래대로라면 절대로 세자 자리에 오를 수 없을 것처럼 보인다. 그는 공빈 김씨의 둘째 아들이었다. 선조의 아들 중에서는 적자와 서자 통틀어서 차남이라고 할 수 있었다. 14남 11녀 중에서 둘째라면, 나름 서열이 높았다고 할 수 있겠지만 장남은 아니었다. 차남이, 그것도 서자가 세자의 자리에 오른다는 건 평상시라면 꿈도 못 꿀 일이었다.

어떻게 광해군은 세자가 됐을까? 백 번 양보해서 서자에게 왕세자 자리를 건네줄 정도로 위급한 상황이었다 하더라고 장남에게 넘기는 게 옳지 않았을까? 광해군의 형은 그때 뭘 했던 걸까? 광해군이 세자 자리에 앉을 수 있었던 이유는 두 가지였다. 첫째, 임진왜란이 터졌다. 둘째, 그의 형이 개망나니였다. 이처럼 너무도 간단한 이유였던 것이다. 임진왜란이라는 조선 왕조 최대의 위기 앞에서 선조와 조정 대신들은 일단 황급히 후계 구도를 정리해야겠다는 생각을 하게 된다. 만약 선조에게 무슨 일이 생겼을 때를 대비해야 했다. 이때 대안으로 나온 것이 공빈 김씨 소생의 두 아들 임해군과 광해군이었다. 이 둘 중 하나를 고르라면, 답은 아주 간단했다. 광해군이었다. 이때 이미 임해군은 천하의 망나니였던 것이다. 당시의 기록을 잠깐 살펴보자.

상의 장자인 임해군(臨海君) 이진(李珒)은 성질이 거칠고 게을러 학문을 힘쓰지 않고 종들이 제 마음대로 하도록 놔두어 폐단을 더욱 심하게 일으켰다. 그러나 광해군은 행동을 조심하고 학문을 부지런히 하여 중외(中外) 백성들의 마음이 복속하였으므로 상이 가려서 세웠다. 이산해(李山海)는 당시 수상(首相)으로서 그러한 의논이 자기에게서 나오지 않았는데도 오히려 스스로 정책(定策)한 공로가 있다고 여겼으니, 나라를 어지럽힐 조짐이 여기서부터 시작되었다.

- 《조선왕조실록》 선조 25년(1592년) 4월 14일의 기록 중 발췌

임해군은 성질도 거칠거니와 무식했다. 툭 하면 백성들을 괴롭히고 재물을 빼앗았다. 이에 반해 광해군은 착실히 자신의 본분을 지켜 나가며 부왕인 선조와 대신들의 신임을 얻었던 것이다. 이런 상황에서 갑작스레 전쟁의 한가운데로 끌려가게 된 조선은 조정과 왕실을 전시 체제로 개편해야 했다. 당연히 세자도 필요했던 것이다(플랜 B를 가지고 있어야 하므로). 임진왜란의 발발로 얼떨결에 세자 자리에 오르게 된 광해군은 조선시대 세자들 중에서 가장 초라하게 세자 책봉을 받은 세자였다. 전란의 와중에 세자 책봉과 더불어 선조의 몽진 길을 따라나서야 했던 것이다. 시련의 시작이었다.

의주까지 도망쳐 간 선조가 한참 요동내부책(遼東內附策)이라며 명나라로 망명할 궁리를 할 그때 광해군은 열여덟 어린 나이로 분조(分朝: 조정을 반으로 쪼갠 것)를 이끌며 무너졌던 조선의 지휘 체계를 회복하기 위해 안간힘을 다했다. 그리고 이런 광해군의 노력은 점차 성과를 이끌어냈다. 그와 반대로 선조의 인기는 점점 떨어졌다. 떨어질 수밖에 없는 상황이었지만, 여기에 그는 기름까지 부었다.

중전이 함흥으로 가기 위하여 궁속(宮屬)들이 먼저 나가자, 평양 군민들이 난을 일으켜 몽둥이로 궁비(宮婢)를 쳐 말 아래로 떨어뜨렸으며, 호조판서 홍여순(洪汝淳)은 길에서 난병(亂兵)을 만나 맞아서 등을 다쳐 부축을 받고 돌아왔다. 거리마다 칼과 창이 삼엄하게 벌여 있고 고함소리가 땅을 진동하였는데 모두들 대가(大駕)가 성을 나가지 못하도록 하려 하였다.

－《조선왕조실록》선조 25년(1592년) 6월 10일의 기록 중 발췌

선조가 평양성을 버리고, 의주로 도망가려 할 때 백성들이 들고 일어난 것이다. 그 이전에 서울과 개성을 떠날 때도 이러했다. 겉으로는, "서울은(개성 혹은 평양은) 무슨 수를 써서라도 지키겠다! 내가 이 곳에서 너희들과 함께 하겠다!" 하고 외쳤지만, 뒤로는 도망갈 생각을 하고 있었던 것이다. 6·25 때 이승만 대통령이 서울 사수를 외치며 도망간 게 그냥 있었던 일이 아닌 셈이다. 다 역사와 전통이 있는 일이었던 것이다.

상황이 이렇다 보니 선조에 대한 민심은 극도로 나빠질 수밖에 없었다. 선조의 체면이 말이 아니게 됐고, 슬슬 압박도 가해지기 시작한다. 광해군이 분조를 이끌고 대활약하는 모습과 정반대로 선조는 의주까지 도망가서는 명나라로 망명할 생각만 하니 신하들이 보기에도 얼마나 한심해 보였을까? 솔직히 임진왜란 초기인 이때까지만 하더라도 선조의 판단은 일견 옳아 보였다.

'와, 저놈들 저거 장난 아닌데? 이대로 가다간 나라가 절딴 나는 게 아니라 내 목이 떨어지는 거 아냐? 일단 명나라로 도망가야 하나? 이것 참…… 일단 내가 살고 봐야지 안 그래?'

이런 판단이었을 것이다. 그러나 전황은 순식간에 바뀌었다. 왜군은 평양성까지 진군하고 나서는 더 이상 움직일 수가 없었다. 고니시 유키나가의 제1군이 평양성에 진군하고 나서 얼마 뒤 이순신 장군의 활약이 본격적으로 시작된 것이다.

'육로 수송으로 조선을 정복하는 건 어렵다! 무슨 놈의 나라가 죄 산과 물뿐이다! 이런 나라에서 육로 수송으로 보급을 할 수는 없다. 육군은 계속 진격해 적군을 쓸어 담고, 보급 물자와 보충병은 바

다로 보내는 것이다!'

이게 바로 왜군들의 기본 전략인 수륙병진(水陸竝進) 전략이었다. 이걸 이순신 장군이 바다에서 박살을 내버린 것이다. 남해를 지나 서해를 건너 곧장 평양성까지 달려가야 할 보급 물자와 보충병들이 죄 바다에 가라앉아버린 것이다. 왜군은 결국 육로 수송을 택해야 했다. 그러나 육로 수송도 그리 만만하지가 않았다. 전국 각지에서 일어난 의병들 때문에 보급로가 위협받았던 것이다. 결국 부산에서 서울로 올라가는 보급로는 기본이 8백 명의 대단위 병력이 아니면, 그 수송을 보장할 수 없는 상태가 되었다. 이렇게 보급에서 밀리게 되니 자연스레 전쟁에서도 밀리게 됐던 것이다. 초기 2~3개월 정도만 조선군이 밀렸다 뿐이지 그 이후부터는 조선군이 왜군을 압도하기 시작했다.

여기서 짚고 넘어갈 것이 있다. 임진왜란하면 조선군이 초반부터 계속 밀리다가 결국 명나라군이 참전하면서 역전한 전쟁이라고 생각하는데 그것은 잘못된 생각이다. 임진왜란 전 기간(임진왜란과 정유재란을 합쳐 7년간) 동안 105회의 전투가 있었는데, 관군 단독 또는 의병 참전 아래 관군 주도의 전투가 87회, 의병 단독 또는 관군 참전 아래 의병 주도의 전투가 18회였다. 명군의 전투(조선군과의 연합)는 불과 8회에 그쳤다. 이 8회의 전투 중 대부분은 평양성 탈환 작전과 정유재란 당시 최후의 공격전 외에는 거의 없었다. 105회의 전투를 다시 분석해보면 조선군 측 공격으로 벌어진 전투가 68회였다. 조선군이 훨씬 공세적이었던 셈이다. 총 전적에서 승패를 확인해보면 승리가 65회, 패배가 45회였다. 보면 알겠지만, 임진왜란은 초기 얼마간을 제외하고는 조선이 우세했던 전쟁이었다. 반면 명군은 거의 유명무실했다고 볼 수 있다.

하지만 초반의 기습에 의해 전열이 무너진 조선군을 보고 선조는 당황했던 것이다. 그러곤 체면이나 위신을 내팽개치고 자기 한 몸 살아보겠다며 명나라로 망명하겠다고 설레발을 친 것이다.

반면 광해군은 분조를 이끌곤 남하해서 백성들을 위무하고, 군사를 다독이고, 정부의 형태를 최대한 복원했다. 이러자 민심은 자연스럽게 광해군에게 쏠렸다. 상황이 이렇게 돌아가자 젊은 신하들은 왕위를 세자에게 넘기는 것이 어떻겠느냐는 상소까지 올리게 된다. 실제로 선조는 요동으로 넘어가겠다며, 왕위도 세자에게 넘겨줄 수 있다고 말했다. 선조로서는 정치적인 압박을 받을 수밖에 없었다. 결국 선조는 실제로 선위하겠다는 폭탄 선언을 한다. 당시의 기록을 잠깐 살펴보자.

> "군국의 기무(機務)를 동궁에게 모두 맡겨 조치하도록 하라는 뜻으로 상소를 하는 사람들이 많은데 나의 생각도 그러하다. 이곳은 또 너무도 멀리 떨어져 있으니 동궁이 책응(策應)하라는 뜻으로 회계토록 하라."
>
> ─《조선왕조실록》 선조 25년(1592년) 10월 20일의 기록 중 발췌

당시 상황을 잘 표현한 기록이다. 광해군의 활약을 보고 대신들 중 일부가 권력을 광해군에게 넘기라는 상소를 선조에게 보낸 것이다. 이에 대한 선조의 반응은 참으로 노회하다 할 수 있다.

"우매한 내가 전부터 외로운 회포로 간곡히 기원했으나 되지 않아 밤낮으로 조바심하면서 바늘방석 위에 앉아 있는 것 같았는데 지금에 와서는 조정에 괴이한 의논들이 좌우에 마구 나돌고 있으니 해괴하고 경악스럽다. 그러나 그 유행을 막을 수가 없으니 그저 결연히 퇴위(退位)하지 못한 것이 한스럽다. 경(卿)들에게 잡혀 마침내 차마 듣지 못할 말을 듣게 되었으니, 모두가 나의 죄이다. 전일 내가 말한 '내가 퇴위해야만 적이 물러간다'고 한 것은, 실로 그럴 만한 이유가 있어서 한 말이다. 나로 하여금 소회(所懷)를 다 쓰게 한다면 붓이 다 닳도록 쓴다 하더라도 다 쓰지 못할 것이다. 속히 퇴위하고 싶을 뿐이다."

- 《조선왕조실록》 선조 27년(1594년) 5월 27일의 기록 중 발췌

앞의 기록에서도 언뜻 보였지만, 당시 선조가 내놓은 카드가 바로 선위였다. 왕조 국가에서 선위 파동이 한번 일어날 때마다 조정의 모든 업무는 정지되기 마련이다. 이때 만약 까딱 잘못했다간 목이 떨어질 수도 있기 때문이다. 왕이 왕위를 내려놓겠단 소리가 정말로 왕위를 내려놓고 싶어서 하는 말이라고 믿는 사람은 없다. 그렇기에 신하들과 세자는 석고대죄를 하는 수밖에 없었다. 문제는 이런 선위 파동이 평시라면 어떻게 참고 넘어갈 수 있겠지만, 한시가 바쁜 전시 행정부에서 선조는 시시때때로 선위 파동을 일으켰던 것이다. 그만큼 아들인 광해가 부담스러웠던 것이다. 권력은 아들과도 나눌 수 없다는 금언이 들어맞는 순간이었다.

광해군 날아오르다

이제 광해군의 인기는 조선을 넘어 명나라에까지 퍼지게 된다.

총병(總兵) 유정(劉綎)이 이자(移咨)했는데, 그 대략은 다음과 같다.
"근래 경략병부(經略兵部)의 소고(疏稿)를 접수하였는데, 앞으로의
대책을 강구한 내용 중에는 세자 광해군 이혼(李琿)은 청년으로서
자질이 영발(英發)하여 온 나라의 신민(臣民)이 모두 경복하고 있으
므로 이미 국왕에게 이자하여 빨리 세자를 재촉해서 전라도와 경
상도로 내려가 머물면서 본진과 같이 협력하여 모든 일을 경리(經
理)하는 것이 곧 당금의 제일 중요한 것이라고 하였습니다…….
(중략) 귀국에서는 이 뜻을 잘 이해하고 속히 세자 광해군으로 하
여금 배신(陪臣)을 대동하고 밤낮으로 달려가서 본진의 명령에 따
라 군무를 숙련(熟練)하고 병법을 강습하여 국가를 보전할 계책을
세우게 하는 것이 사실상 본국이 장래에 태평을 누릴 수 있는 복
이 될 것입니다.

- 《조선왕조실록》 선조 26년(1593년) 9월 19일의 기록 중 발췌

명나라 장수가 광해군을 속히 보내달라는 부탁을 한 것이다. 이
미 명나라 장수들 사이에서는 광해군의 총명함과 재기발랄함, 업무
처리 능력에 대해서 소문이 자자했고, 본국 조정까지 광해군에 관
한 이야기가 퍼진 상태였다. 이제 선조는 뒷전이었다. 바다에서는 이
순신이 펄펄 날아다니고, 육지에서는 의병들이 들고 일어났다. 전시

행정부를 이끄는 건 거의 광해군이었기에 선조가 나설 틈이 없었다. 아니, 오히려 걸리적거리기만 했다.

'왕이라고 하나 있는 게 전쟁 나니까 저 혼자 살려고 도망갈 생각만 하고, 그나마 아들이라도 있어서 다행이지, 광해군마저 없었어 봐, 조선은 절딴 났을 거야.'

이런 분위기이다 보니 선조의 입지는 점점 좁아져만 갔다. 솔직히 말해 선조는 임진왜란 내내 한 게 없었다. 그의 존재 자체 때문에 전쟁이 더 길어지면 길어졌지, 하나도 도움이 안 되었던 것이다. 존재 자체가 '민폐'였다. 이런 그였지만 명목상으로, 또한 실질적으로 그는 조선의 왕이었다. 왕이 왕다울 때에는 당연히 그 대접을 받는 것이지만, 전혀 왕 같지 않은 왕도 대접을 받고 싶어 한다. 이때 걸리는 것이 바로 아들이자 세자인 광해군이었다.

'저놈 때문에 내 꼴이 우스워졌잖아. 저 녀석이 뭐 잘났다고 설쳐? 언제부터 세자였다고…….'

조선 왕조 최초로 왕인 아버지가 세자인 아들을 질투하고 견제하는 이상한 형국이 만들어진 것이다. 이제까지 왕실에서의 분란이란 형제들끼리의 싸움, 아니면 왕권을 놓고 종친들끼리 대립각을 세우면서 진행됐는데 선조는 그 대립각을 아들과 세운 것이다. '아들에 대한 질투.' 이것이 바로 선조의 속마음이었다. 자기는 임진왜란이 터지고 나서 주구장창 도망만 다니다가, 눈치 봐서 명나라로 망명할 생각만 하고 있었는데, 아들은 조선 팔도를 뛰어다니며 민심을 수습하고, 병서들을 정돈해 왜군과 싸웠다. 이 얼마나 상반된 아버지와 아들(父子)의 모습인가?

선조로서는 부끄럽고 수치스러운 일이었다. 그러나 현실적으로, 냉정하게 광해군을 바라봐야 하는 것이 또한 선조의 입장이었다. 우선 모든 백성들과 대신들의 마음이 광해군에게 쏠려 있었다. 덤으로 명나라 조정까지 광해군 편을 들었다. 게다가 임진왜란 초기에 아무리 경황이 없는 상황이었을지라도 신하들 사이에서 광해군에게 왕위를 넘겨주라는 말이 나올 지경이었다. 마지막으로 객관적인 실적만을 봤을 때도 선조는 광해군을 도저히 이길 수 없었다. 이 정도면 무슨 생각이 들까? 그렇다. 왕권에 대한 위협이었다. 이건 질투의 문제가 아니라 생존이 걸린 문제였다. 자칫 잘못했다간 왕위를 광해군에게 빼앗길지도 모른단 생각이 들었을 것이다. 한 것 없이 도망만 다녔던 왕이 보여주는 치졸함이라고 해야 할까? 아니면 끈질긴 생명력이라고 해야 할까? 선조는 그렇게 임진왜란 7년을 광해군에 대한 질투와 견제로 보내게 된다.

보이지 않는 또 다른 전쟁

① "세자가 책봉을 받지 못하였으니 이는 세자가 없는 것이다. 대사가 이보다 더 급한 것이 없는데, 조신(朝臣)들은 오직 투쟁하는 데에만 전력하고 다른 일에만 분주하면서 이 일을 생각하지 않는다."

- 《조선왕조실록》 선조 32년(1599년) 8월 9일의 기록 중 발췌

230

② "본시 주청을 하기는 해야 한다. 하지만 고천준(顧天埈)과 최정 건(崔廷健)의 행동을 보지 못하였는가. 고천준과 최정건이 한 번 나 오자 서방(西方)의 민력이 탕진되어 국가의 근본이 무너졌는데 어 떻게 겨우겨우 견디어 보내었다. 학사(學士)의 풍도가 이와 같으니 태감(太監)은 알 만한 일이다. (중략) 우선 몇 년을 기다려 백성들이 농사를 지어 조금이라도 쉴 수 있게 된 다음에 주청하는 것이 마 땅하다. 이 뜻으로 다시 의논하여 시행하라."

- 《조선왕조실록》 선조 35년(1602년) 4월 14일의 기록 중 발췌

이 두 발언은 모두 선조가 한 말이다. 불과 3년 전만 하더라도 이 세상 무엇보다도 급한 일이 세자를 책봉하는 일이라고 말했던 것이 선조였다. 그러나 3년이 흐르자 백성들을 생각해서 천천히 책봉해도 된다고 말하고 있다. 왜 이렇게 변한 걸까? 일단 두 가지를 생각해야 한다. 우선 명나라가 광해군의 세자 책봉을 차일피일 미뤘다는 대 목이다. 전쟁 중에는 입에 침이 마르도록 광해군을 칭찬했던 게 명 나라였다. 이어지는 의문은 왜 선조는 광해군의 책봉을 뒤로 미루기 시작했느냐는 부분이다. 하나씩 살펴보자.

첫째, 명나라가 광해군의 세자 책봉을 뒤로 미룬 대목이다. 이유 는 간단한데, 명나라의 사정이 조선과 비슷했기 때문이다. 당시 명나 라 황제는 만력제(萬曆帝)였는데, 선조와 마찬가지로 정실부인인 황 후가 자식을 낳지 못했다. 상황이 이러다 보니 후계 구도는 자연스 레 후궁들의 자식에게 쏠리게 됐다.

'정실이 있으면 적장자를 세우고, 정실이 없으면 장자를 세운다'

라는 종법(宗法)은 황위 계승의 원칙이었다. 이때 등장한 것이 만력 제와 여덟 명의 부인이다. 특별한 문제가 없다면, 당연히 자녕궁(慈寧宮)의 궁인 출신인 공비(恭妃) 왕씨 소생의 주상락(朱常洛: 만력제의 장자)을 황태자로 삼는 것이 정상이었다. 그러나 당시 만력제는 총애하던 황귀비(皇貴妃) 정씨(鄭氏) 소생 셋째 아들 주상순(朱常洵)을 그 자리에 앉히고 싶어 했다. 이렇게 되자 대신들이 장자인 주상락을 황태자로 삼아야 한다고 들고 일어났다. 이 문제로 명나라는 1586년부터 1601년까지 정쟁이 끊이지 않았는데, 이를 두고 국본지쟁(國本之爭) 혹은 쟁국본(爭國本), 쟁국본안(爭國本案)이라고 한다. 결국 주상락이 스무 살이 되자 만력제도 어쩔 수 없이 황태자로 책봉했는데, 그 뒤에 장귀비가 시주한 황태자 습격 사건이 터졌고, 천신만고 끝에 주상락이 황제 자리에 오르지만(이 사람이 '광종'이다) 한 달도 안 돼 이가작이란 관인이 바친 붉은 환약을 먹은 뒤 급사하게 된다. 이 역시 정귀비가 배후로 지목되고 있다.

이러한 16년간의 소모적인 정쟁 덕분에 명나라의 국력도 많이 소진돼버렸다. 문제는 이 유탄이 조선의 광해군에게까지 날아왔다는 것이다. 쟁국본 덕분에 앞에서 말한 '정실이 있으면 적장자를 세우고, 정실이 없으면 장자를 세운다'라는 종법이 더 강조되었고, 만약 광해군을 섣불리 왕세자로 인정하게 되면 명분 자체가 흐려지게 되었다. 광해군으로서는 아닌 밤중에 홍두깨 같은 상황이었다.

둘째, 선조가 세자 책봉을 뒤로 미룬 이유인데 이 역시도 간단하게 설명할 수 있다. 이제까지 광해군에게 가진 피해의식과 질투심이 한꺼번에 폭발한 것이다. 여기에 임진왜란을 겪으면서 급성장한 광해군에 대한 견제의 의미도 들어가 있었다. 당시 선조는 '명나라 황제의 책봉도 받지 못한 세자가 어떻게 세자냐?'라면서 광해군을 압박하며 은근히 이 상황을 즐기는 듯한 모습을 보여줬다. 이렇게 광해군을 코너로 몰아붙이던 선조가 난데없이 결혼을 하고 싶다는 말을 하게 된다. 광해군으로서는 대 위기였으며, 선조로서는 노망이라는 말과 주책이라는 말의 중간 어디쯤을 찾아야 하는 순간이었다.

여기까지의 이야기를 요약해보자. 첫째, 선조는 자신의 콤플렉스를 극복하기 위해 적통 왕자를 원했다. 둘째, 그러나 중전이었던 의인왕후 박씨는 석녀로서 아이를 낳지 못하는 몸이었다. 셋째, 이 상황에서 임진왜란이 터지고, 어쩔 수 없이 광해군을 세자의 자리에 앉혔다. 넷째, 임진왜란 7년 동안 광해군의 인기는 하늘을 치솟았고, 그와 반대로 선조의 인기는 바닥을 기었다. 한때는 왕위를 물려주라는 소리까지 듣게 된다. 다섯째, 선조는 너무도 자연스럽게 아들 광해군에 대한 적개심을 불태웠다. 이처럼 선조와 광해군의 불편한 동거가 계속되는 그때, 정국의 향방을 미묘하게 틀어버린 사건이 터지게 된다. 바로 의인왕후 박씨의 죽음이었다.

의인왕후의 퇴장, 인목왕후의 등장

임진왜란이 발발하자 선조는 총애하던 인빈 김씨와 함께 피난길에 오른다. 정처이자 중전이며 조선의 국모였던 의인왕후는 홀로 피난길에 올라야 했다. 이 난리 중에도 의인왕후는 찬밥 대접을 받은 것이다. 무정한 남자라고 해야 할 것이다. 선조에게 의인왕후는 안중에도 없어 보였다. 그 여파였을까? 선조의 박대를 받던 의인왕후는 전쟁이 끝난 선조 33년(1600년), 병에 걸리게 됐고 46세의 나이로 세상을 등지게 된다. 열여섯 살에 궁에 들어와 30년간 남편의 박대와 주변의 무시 속에서 마음고생만 하다 떠나게 된 것이다. 어쩌면 죽음이 그녀의 고통을 해결해줬는지도 모른다.

문제는 지금부터였다. 떠난 사람은 떠난 사람이고, 산 사람은 살아야지 않은가? 의인왕후 박씨가 자식을 낳지 못했기에 그녀는 정치적으로 영향력이 없었다. 때문에 그녀의 죽음이 가져올 정치적 파장도 없었다. 그러나 그 불씨는 남겨 놓게 된다. 바로 궐석이 된 '중전'이란 빈자리였다. 당시 분위기는 간단했다.

'새 중전? 그게 무슨 귀신 씨나락 까먹는 소리야? 전쟁 끝난 지 얼마나 됐다고……. 전하의 나이를 생각해야지. 낼 모레면 50인데, 지금 자식이 없는 것도 아니고……. 지금 장성한 세자가 있는데, 새 중전을 들여봐. 정치적으로 어떤 일이 벌어질지 몰라.'

솔직히 말해서 당시 새 중전에 대한 조정 대신들의 생각은 전무했다. 이 상황에 무슨 중전인가? 그냥 이렇게 살다가 선조가 죽으면, 광해군이 보위를 이어받으면 된다는 생각들을 하고 있었다. 만약 새 중전을 들였다가 왕자라도 태어난다면 골치 아파지기 때문이다. 때문에 의인왕후가 죽은 후에도 대신들은 중전 간택에 대한 이야기를 꺼내지 않았다. 상식이 있는 사람이라면, 중전이란 자리의 정치적 무게를 알고 있고, 지금 정국 상황에서 새로운 중전이 가져올 파장을 명확하게 인지하고 있었다. 때문에 대부분의 조정 대신들은 너무도 자연스럽게 이렇게 생각했다.

'설마, 전하가 새 중전을 세우겠어? 머리가 있고, 생각이 있는 사람이라면 그런 무리수를 두진 않을 거야. 당장 전후 복구하기에도 바빠 죽겠는데, 괜한 정치적 분란을 일으키진 않겠지.'

그러나 선조는 상식을 가지고 있는 왕이 아니었다. 그는 스스로 중전 간택에 대한 이야기를 꺼냈고, 새 장가를 가겠다는 의지를 천명했던 것이다. 대신들은 경악했지만, 어쩌겠는가? 왕이 하겠다는데……. 선조는 나이 쉰한 살에 새장가를 가게 된다. 이때 신부의 나이는 열일곱 살이었다. 딸뻘이 아니라 손녀뻘이라고 해야 할 나이 차다. 이 어린 신부가 훗날 서궁 유폐의 주인공이 되는 인목왕후 김씨였다. 당시 광해군의 나이가 스물여섯 살, 세자빈의 나이가 스물여덟 살인 걸 고려하면 인목왕후는 자신보다 열한 살이나 많은 며느리를 둔 것이 된다. 이 결혼은 시작부터가 잘못된 것이었다. 역사는 당시의 기록을 이렇게 전한다.

예조판서 유근(柳根)이 아뢰기를, "친영례를 물려서 거행하라고 전교하셨습니다. 여름에서 가을로 바뀔 때에는 흐리고 맑은 날씨가 변덕스러운데 비가 온다고 하여 사신에게 봉영의 명을 내리고서 정한 날짜를 물리는 것은 미안한 듯합니다. 시각이 지나지 않았고 정사와 부사도 지금 별궁에 머물고 있으니, 오늘 중에 그대로 예를 거행하는 것이 어떻겠습니까?"

– 《조선왕조실록》 선조 35년(1602년) 7월 13일의 기록 중 발췌

원래 결혼식 날 비가 오는 것은 좋지 않은 징조로 받아들인다. 선조는 비가 오자 신랑이 신부를 맞아서 데려오는 친영례를 그만두라는 명을 내린다. 이때 예조판서 유근이 반대의 뜻을 피력한 것이다. 결혼식 날부터 뭔가 조짐이 좋지 않았다.

문제는 이 어린 신부가 단순히 노망난 늙은이의 새 신부로 끝날 존재가 아니란 점이었다. 엄연히 조선의 국모요, 선조의 왕비가 되는 신분이었다. 만약 이 어린 신부가 아들이라도 낳는 상황이 벌어진다면 조선의 후계 구도는 완전히 꼬여버리게 된다. 선조가 꿈에 그리던 적자, 대군이 태어나는 것이다. 선조의 이런 개인적인 바람을 배제하더라도 종법을 생각한다면, 광해군으로서는 여간 부담이 아닐 수 없었다. 그리고 우려했던 일이 터져버린다. 영창대군(永昌大君)이 태어난 것이다. 영창대군이란 칭호부터가 광해군의 신경을 긁었는데, 중국 진시황의 전국 옥새에 새겨져 있던 기수영창(旣壽永昌: 그 수가 영원히 창성하리라)에서 따왔던 것이다. 해석하기에 따라서는 꽤 위험한 의미였다. 조금만 생각이 있는 사람이라면 그 의도를 의심하게 된다. 더 무서운 것은 이때부터 대신들의 움직임이 미묘하게 변했다는 것이다. 당시의 기록을 잠깐 보자.

좌부승지 최염(崔濂)이 예조의 말로 아뢰기를, "대군이 탄생한 뒤에 진하하는 것은 전례가 있기 때문에 전례에 따라 거행할 것을 품계하였습니다. 이른바 전례라는 것은 지난 세종대왕 때 광평대군(廣平大君)·평원대군(平原大君)·영응대군(永膺大君)이 처음 탄생하였을 적에 모두 진하를 거행한 예가 있었는데 이것이 전례로서

의심없이 명백한 것입니다. 그런데도 아직 윤허를 받들지 못하고 있으니 군정(群情)이 서운해할 뿐만 아니라 조종조에서 이미 시행한 규례를 폐하고 시행하지 않는다는 것이 너무도 미안스럽습니다. 대신의 뜻이 이와 같기에 황공하게 감히 여쭙니다" 하니, 전교하기를, "이처럼 아뢰니 마땅히 따르겠다."

- 《조선왕조실록》 선조 39년(1606년) 3월 6일의 기록 중 발췌

여기서 말하는 대신이란 당시 영의정 자리에 앉아 있던 유영경이었다. 상식적인 수준에서 보자면, '왕께서 아들을 낳았는데, 인사 한번 드리는 게 예의 아니겠어?'라고 생각할 수 있는데, 여기에 정치적 계산이 들어가면 복잡해진다. 유영경은 이미 어떤 '감'을 잡고 움직인 것이다. 엄연히 세자가 있는데, 대군의 탄생을 축하하겠다고 나섰다는 건 뭔가 의도를 의심할 수밖에 없다. 게다가 그 대군의 존재는 선조가 손꼽아 기다리는 적통 왕자가 아닌가?

당시 좌의정 허욱과 우의정 한응인은 유영경을 뜯어말렸다. 이들도 산전수전을 다 겪은 대신들이 아닌가? 영창대군에 대한 하례가 어떤 의미인지, 또 그 의미가 세자에게 어떻게 전달될지 알고 있던 것이다. 유영경이 거의 2백 년이 다 돼가는 세종대왕 시절의 예를 꺼내 들었다는 것 자체가 얼마나 명분이 없었는지를 스스로 증명한 꼴이었다. 문제는 선조의 행동이었다. 생각이 있는 왕이었다면, "그 마음은 충분히 알겠지만, 장성한 세자가 있고 정치적으로 잘못된 해석이 가능한 부분이니 그 마음만 받는 것으로 하겠다"라고 말했을 것이다. 하긴, 어떤 교감이 없었다면 유영경이 이렇게 나서지 않았을

것이다. 유영경은 이미 선조의 마음을 알고 있었다. 선조의 마음이 조금씩 영창대군에게 향하는 느낌이 들자 당연히 사람들은 영창대군에게 쏠리게 된다. 그리고 그 선봉에 선 유영경은 계산기를 두드렸다. 답은 간단했다.

'명분으로 보나, 종법으로 보나 적자가 왕위를 계승하는 게 맞지. 게다가 전하도 영창대군이 좋다고 하지 않는가? 광해군같이 산전수전 다 겪은 세자가 왕이 되면 아무래도 껄끄럽지. 게다가 만약 우리의 노력으로 세자가 교체되고, 영창대군이 보위에 오른다면, 우리는 공신의 반열에 오르는 것이 아닌가?'

이리 되자 유영경을 따르는 세력들이 자연스럽게 모이게 됐다. 세자로서는 절체절명의 위기였다. 솔직히 광해군은 정말 하늘이 내린 세자였는지도 모른다. 세자가 될 수 없는 후궁의 둘째 아들로 태어나 임진왜란이라는 기회 덕분에 세자가 되었고, 이후 임진왜란 7년 동안 분조를 이끌고 조선 팔도를 뛰어다녔다. 풍찬노숙(風餐露宿)을 하며 조선 곳곳 안 돌아다닌 곳이 없었고, 이 세월 동안 얻은 경험은 조선시대를 거쳐 간 그 어떤 세자보다 깊이가 있었다. 그리고 16년간 세자 자리에 앉아 있으면서 얻은 실무 능력은 또 어떠한 가? 준비된 세자라 할 수 있었을 것이다.

그러나 이 16년의 시간이 광해군에게 행복했을 리 없다. 말을 타고 전국을 돌아다녀야 했던 임진왜란 7년 세월이 과연 행복했을까? 명나라가 세자 책봉을 미루는 그 시간들, 임진왜란이 끝난 후 겪어야 했던 수모들은 또 어떠한가. 그야말로 인고의 세월이었을 것이다. 이런 그에게 일생일대의 위기가 닥쳐온 것이다.

하루가 다르게 커가는 영창대군을 보면서 광해군의 속은 시커멓게 타들어가고 있었을 것이다. 시간은 광해군 편이 아니었다. 그렇다고 선조와 인목왕후의 편도 아니었다. 당시의 상황을 한 번 객관적으로 정리해보자. 첫째, 선조의 경우는 광해군을 교체하고픈 생각이 분명 존재했다. 둘째, 인목왕후의 경우는 자의든 타의든 선조의 편에 설 수밖에 없는 상황이었다. 영창대군이 태어난 순간부터 그녀는 광해군의 적이 된 것이다. 그녀의 의도와는 상관없이 대권 레이스에 뛰어든 형국이었다. 셋째, 신하들 입장에서도 광해군보다는 나이 어린 영창대군에게 더 호감이 갔다. 장성한 광해군보다는 세상물정 모르는 어린 왕이 더 편했기 때문이다. 넷째, 하이 리스크 하이 리턴(high risk high return)이라고, 광해군에게 붙는 쪽보다 영창대군에게 붙는 쪽이 더 많은 이득을 가져갈 것 같았다. 아울러 권력의 행방을 결정지을 선조가 영창대군의 손을 들어주고 있는 상황이었다. 대세는 영창대군이었다. 다섯째, 명분을 우선시하는 조선 사회에서 광해군은 치명적인 결격 사유가 있었다. 바로 명나라의 승인을 받지 못했다는 점이다. 명분상으로도 충분히 승산이 있는 싸움이었다.

그렇다. '충분히 승산이 있는 싸움'이었다. 다만, 몇 가지 불안 요소도 있었다. 첫째, 광해군이 지난 7년간 보여줬던 능력이었다. 실질적으로 나라를 이끌면서 얻은 인심과 명분을 뛰어넘어야 했다. 아울러 이때 구축된 광해군의 친위 세력(북인 계열)도 같이 제거해야 했다. 둘째, 아무리 명나라의 승인을 받지 못했다지만, 그래도 세자였다. 정당한 법적 절차를 밟을 수 있는 명분이 필요했다. 코에 걸면 코걸이 귀에 걸면 귀걸이라지만, 최소한의 근거가 필요한 것이 명분이다. 이 사실을 잘 알고 있는 노회한 광해군은 바짝 몸을 엎드리고 사태를 관망하고 있었다. 셋째, 결정적으로 필요한 것이 시간이었다. 광해군을 제거하고, 영창대군을 세자로 책봉하려면 시간이 필요했다. 납작 엎드린 채 정국을 관망하고 있는 광해군 앞에서 섣불리 세자 교체 카드를 꺼내 들 수는 없었다. 세자를 교체하는 순간 광해군은 사형 선고를 받는 것이다. 임진왜란 7년 동안 전쟁터를 뛰어다녔고, 그 후 살얼음 같은 정치판에서 그 생명을 이어온 광해군이었다. 이런 광해군이 그 목숨을 위협받고 있는 것이다. 자신이 가지고 있는 모든 정치 본능을 끄집어내서 상황을 예의 주시하고 있었다. 짧은 시간 안에 결판이 날 사안이 아니었다.

이런 상황에서 일이 터져버린다. 바로 선조의 죽음이다.

기다림이 결실을 맺다

전 공조 참판 정인홍(鄭仁弘)이 상소하기를, "신이 삼가 소문을 듣건대 지난 10월 13일 상께서 세자에게 전위하거나 섭정하게 하라는 분부를 내리셨는데, 영의정 유영경이 마음속으로 원임 대신들을 꺼린 나머지 물리쳐서 모두 내보내고 참간(參看)하지 못하도록 했는가 하면, 여러 번 방계(防啓)를 올리면서 유독 시임(時任)과 더불어 함께 처리하였으며 심지어는 중전께서 언서(諺書)로 전지(傳旨)를 내렸을 때에도 바로 회계(回啓)하기를 '금일의 전교는 실로 군정(群情)에서 벗어난 것이니 감히 명을 받들지 못하겠다'고까지

하였고, 대간에게는 이 사실을 알리지 못하게 경계하고 정원과 사관에게도 그대로 성지(聖旨)를 비밀에 부쳐 전파되지 못하게 하였다 합니다……."

- 《조선왕조실록》 선조 41년(1608년) 1월 1일의 기록 중 발췌

정인홍. '칼 찬 선비'라 불리었던 남명(南冥) 조식(曺植)의 수제자이며, 광해군 즉위의 일등공신이자 북인의 핵심인 사나이였다. 이 강직한 사나이가 직구를 던져버린 것이다. 당시의 상황은 이렇다. 선조 40년 10월에 선조가 갑자기 쓰러졌다.

상황이 이렇게 돌아가자 선조는 냉철한 현실 판단을 하게 된다. "아무래도 세자가 섭정을 해야겠다. 안 되면 전위라도 해야겠다. 내가 보기에도 이 몸으로 나라를 다스리는 건 힘들 것 같다." 이렇게 말을 한 것이다. 상황이 이러하자 가장 다급한 건 그동안 영창대군을 밀었던 유영경과 영창대군의 생모인 인목왕후였다. 유영경은 선조에게 달려가서 전위는 절대 안 된다며 선조를 뜯어말렸다. 이건 생각보다 심각한 문제였다. 광해군의 입장으로서는 역모라 봐도 무방할 행동이었다. 광해군 입장을 떠나서도 문제인 것이 왕의 결정을 뒤엎은 것이었다. 정상적인 의사 결정을 중간에서 틀어막은 행위인 것이다. 다행히 죽을 것 같았던 선조가 기력을 찾으면서 유야무야 넘어갈 듯했는데, 정인홍이 상소를 올리면서 이야기가 커져버린 것이다.

사건은 이제 광해군을 지지하는 대북과 영창대군을 지지하는 소북의 진검 승부로 확대될 듯이 보였다. 선조의 결단만이 남은 상황

에서 우리를 실망시키지 않는 선조는 다음과 같은 전교를 내린다.

"정인홍이 세자로 하여금 속히 전위받도록 하고 싶어하는데, 스스로는 세자에게 충성을 다했다고 할지 모르나 실은 너무도 불충한 짓을 한 것이다. 제후의 세자는 반드시 천자(天子)의 명을 받은 연후에야 세자라고 이를 수 있는데, 지금 세자는 책명(冊命)을 받지 못했으니 이는 천자가 불허한 것으로서 천하가 알지 못하는 것이다. 그런데 하루아침에 갑자기 전위를 받게 되어, 중국 조정에서 '그대 나라의 이른바 세자에 대해 천조에서 아직 책봉을 허락하지 않았는데, 그대 국왕이 사사로이 전위하였으니 그대 국왕의 직위도 또한 천자의 직위로구나……'

–《조선왕조실록》 선조 41년(1608년) 1월 1일의 기록 중 발췌

광해군이 책봉을 받지 못한 걸 다시 트집 잡으며, 정인홍에게 불충한 마음이 있다고 공격한 것이다. 여기까지만 보면 대세는 영창대군이었다. 이 상태로 조금만 더 가면 광해군은 폐세자가 될 것이고, 광해군을 지지했던 대북 세력들은 산산조각 날 상황이었다. 그러나 하늘은 광해군 편이었다. 선조 41년(1608년) 2월 1일 찹쌀밥을 먹은 선조는 갑자기 위독해지더니 그날 죽게 된다.

이때 선조가 내린 유서의 내용은 이러했다. "형제 사랑하기를 내가 있을 때처럼 하고 참소하는 자가 있어도 삼가 듣지 말라. 이로써 너에게 부탁하니 모름지기 내 뜻을 본받아라." 죽는 순간까지 영창대군이 걱정됐던 것이다. 그렇게 걱정됐으면, 그같이 행동해서는 안

되었다. 어쨌든 선조는 죽었고, 광해군은 기나긴 16년간의 기다림 끝에 마침내 왕위에 오르게 된다. 인내의 승리였다.

골육상잔(骨肉相殘)

인조반정이 일어나 광해군을 왕위에서 쫓아낼 때 반정군이 내세운 명분 중 가장 핵심적인 것이 두 가지였다. 하나는 폐모살제(廢母殺弟)였고, 나머지 하나는 명나라의 재조지은(再造之恩)을 갚겠다는 것이다. 이중에서 폐모살제에 집중해보자. 폐모살제를 말 그대로 해석하자면, '어머니인 인목대비를 서궁에 유폐하고 동생인 영창대군을 살해했다'는 이야기다.

하지만 조선시대 왕들 중에서 형제를 죽인 경우는 비일비재했다. 태종만 보더라도 두 동생을 때려 죽이고, 친형을 쫓아냈다. 세조는 조카를 죽였고, 영조는 아들을 죽였다. 하물며 이복동생, 그것도 자신의 왕권을 명백하게 위협하는 동생을 죽인 것은 어찌 보면 약과인 셈이다. 당시의 상식이 아니라 지금의 상식으로 생각해봤을 때도 자신보다 아홉 살이나 어린 어머니가 자연적으로 존재 가능할까? 그 자체가 비정상적이다. 거기까진 이해한다고 쳐도 그 아홉 살 어린 어머니가 끊임없이 자신의 왕권을 위협한다면 어떻게 하겠는가? 그렇다면 당시의 상식으로 폐모살제는 어떻게 받아들여졌을까? 우선 살제(殺弟)이다.

대군이 죽을 때의 나이가 9세였다. 정항이 강화부사로 도임한 뒤에 대군에게 양식을 주지 않았고, 주는 밥에는 모래와 흙을 섞어 주어서 목에 넘어갈 수 없도록 하였다. 읍 안의 한 작은 관리로서 영창대군의 위리(圍籬)를 수직한 자가 있었는데 불쌍히 여겨 몰래 밥을 품고 가서 먹였는데 정항이 그것을 알고는 곤장을 쳐서 내쫓았다. 그러므로 대군이 이때부터 밥을 얻어먹지 못하여 기력이 다하여 죽었다. (어떤 사람이 말하기를) "정항은 그가 빨리 죽지 않을까 걱정하여 그 온돌에 불을 때서 아주 뜨겁게 해서 태워 죽였다. 대군이 종일 문지방을 붙잡고 서 있다가 힘이 다하여 떨어지니 옆구리의 뼈가 다 탔다"고 하였다.

- 《조선왕조실록》 광해군 6년(1614년) 1월 13일의 기록 중 발췌

이이첨 등의 무고로 외할아버지 김제남이 역모에 연루되는 순간 영창대군의 운명은 어느 정도 예측된 상황이었다. 결국 영창대군을 추대하려 한다는 무고를 받아서 김제남 자신은 서소문 밖에서 사약을 받았고, 세 아들과 사위는 모두 곤장을 맞아 죽었다. 부인은 다행히 목숨을 건졌지만 역시 제주도로 유배를 떠나게 된다. 이처럼 왕위를 위협하는 사람들의 마지막은 거의 대부분 죽음이다.

'나이가 좀 걸리긴 하지. 아홉 살짜리가 뭘 알겠어? 그렇지만, 어쩌겠어? 왕위를 노렸는데, 존재 자체가 위협인 애인데…… 죽을 만하지.'

납득하긴 어렵지만, 이해하려고 노력하면 못할 것도 없는 죽음이었다. 그렇지만, 폐모(廢母)에 대한 이야기는 다르다. 폐모에 대한 이야

기가 나오자마자 조선 팔도는 끓어올랐다. 예로부터 충(忠)보다는 효(孝)를 더 중시했던 조선의 사상이 폐모론을 본능적으로 거부한 것이다. 이이첨이 폐모론을 슬그머니 꺼내들자마자 유생들부터 시작해서 한다 하는 사람들이 모두 덤벼들어 폐모론을 반대하기 시작했다.

> 무릇 폐모에 관계된 논의는 절대로 조보(오늘날의 관보)에 내지 않고 다 비밀로 출납했던 까닭에 그때 일기에 남아 있는 것이 아니면 상고하여 기록할 것이 없다. 다만 '비밀'이라고 썼으니 뒤에도 이와 같다. 영건하는 일, 보장에 관한 일, 징병에 관한 일, 오랑캐와 내통하는 등의 일과 (서궁을 폐하기를 계청하는 소는) 또한 다 비밀로 출납하였다.
>
> ─《조선왕조실록》광해군 10년(1618년) 7월 16일의 기록 중 발췌

광해군과 집권 세력들로서도 부담스러운 것이 폐모론이었다. 효를 버리는 임금을 임금이라고 할 수 있을까? 조선시대에 효를 포기한 임금은 임금으로서의 권위 자체를 잃어버릴 수밖에 없었다. 그럼에도 불구하고 광해군은 서궁 유폐를 강행한다.

들러리 중전

선조의 두 중전을 대상으로 두 가지 가정을 해보자.

첫째, 의인왕후 박씨가 석녀가 아니었다면? 둘째, 인목왕후 김

씨가 석녀였다면? 두 여인의 임신 가능 여부가 조선의 역사를 뒤바꿔놓은 것이다. 만약 의인왕후 박씨가 석녀가 아니었다면 이야기는 정말 쉽게 풀려나갔을 것이다. 의인왕후 소생의 왕자가 세자 책봉을 받았을 것이고, 임진왜란이 터지기 전에 이미 명나라의 책봉을 받았을 것이다. 그리고 전쟁이 터지면, 선조를 대신해 분조를 이끌고 전쟁을 이끌었을 것이다. 광해군과 같은 능력을 보였을지는 미지수이지만. 물론, 선조의 용렬한 마음 때문에 광해군과 같은 핍박을 받았을 수도 있다. 그러나 명분만 놓고 보자면 선조가 함부로 무시할 수는 없었을 것이다.

인목왕후가 석녀였다면? 약간의 잡음은 있었겠지만, 광해군이 서궁 유폐라는 무리수를 두지는 않았을 것이다. 그 하나만으로도 광해군은 왕권에 대한 집착과 부담감에서 상당 부분 해방됐을 게 분명하다. 선조가 자연인으로 가장 사랑했던 여인은 인빈 김씨였다. 한때 열렬히 사랑했던 공빈 김씨가 있었지만, 그녀는 너무 일찍 죽었다. 최후의 승자는 인빈이었고, 그녀가 낳은 자식 수만 봐도 이를 확인할 수 있다. 선조의 인생을 봤을 때 그의 마음을 놓고 싸운 건 공빈과 인빈이었다. 이 두 명의 후궁에게 밀린 것이 바로 의인왕후와 인목왕후였다. 의인왕후와 인목왕후는 어쩌면 '들러리'였을지도 모른다. 다음의 기록을 보자.

빈은 의안군(義安君)·신성군(信城君)·원종대왕(元宗大王)·의창군(義昌君) 등 네 군과 다섯 옹주(翁主)를 낳았는데, 술수가 있어 미봉을 잘하였다. 그 아우인 김공량(金公諒)이 천한 관리로서 이산해(李

246

山海) 부자와 서로 결탁하였는데, 이산해가 드디어 유언비어로서 궁궐과 내통하여 대신을 참소해 떠나게 하였다. 이때부터 빈이 정사에 간여한다는 비난을 받았고 이산해도 역시 사론(士論)에 버림을 받았다. 왕의 어머니인 공빈이 본래 인빈과 틈이 있었는데, 공빈이 산병으로 죽자 인빈이 그 대신이 되었다. 왕의 형제에 대한 총애는 드디어 줄어들었고 산해가 대신을 참소한 것은 이 기회를 틈탄 것이었다. 왕의 형제가 이 때문에 인빈을 매우 원망했으며, 인빈의 집안사람들도 역시 인빈을 위해 그를 위태롭게 여겼다. 왕이 동궁에 있을 때 자주 선조의 뜻을 잃자, 대비 이하 여러 후궁들이 동궁을 대할 때 불경한 경우가 많았다. 그러나 빈만은 유독 동궁을 후하게 섬겨서 바라는 바를 모두 은밀히 상에게 아뢰어 이루어주었다. 유영경이 정인홍을 공격할 때 선조가 한창 동궁에게 노여움을 가졌으나, 빈이 변명을 하여 풀어졌다. 왕이 즉위한 뒤 임해군의 옥사가 일어나자 빈이 궁중에서 힘을 썼기 때문에, 원종대왕과 의창군이 모두 정사공신(定社功臣)에 참여할 수 있었다. 왕이 일찍이 말하기를 "내가 서모(庶母)의 은혜를 받아서 오늘이 있게 된 것이니, 그 의리를 감히 잊지 못한다" 하였다. 이 때문에 빈이 죽을 때까지 원종대왕 형제들이 모두 탈이 없었다.

- 《조선왕조실록》 광해군 5년(1613년) 10월 29일의 기록 중 발췌

인빈의 졸기이다. 이 기록에서 말하는 왕은 광해군이며, 원종대왕은 인조의 아버지인 정원군이다. 이 졸기를 그대로 살펴보기 바란다.

① 왕의 어머니인 공빈이 본래 인빈과 틈이 있었는데, 공빈이 산
병으로 죽자 인빈이 그 대신이 되었다.

② 왕의 형제에 대한 총애는 드디어 줄어들었고 산해가 대신을
참소한 것은 이 기회를 틈탄 것이었다. 왕의 형제가 이 때문에
인빈을 매우 원망했으며, 인빈의 집안사람들도 역시 인빈을
위해 그를 위태롭게 여겼다.

③ 왕이 일찍이 말하기를 "내가 서모(庶母)의 은혜를 받아서 오늘
이 있게 된 것이니, 그 의리를 감히 잊지 못한다" 하였다.

원래 인빈과 공빈은 라이벌이었다. 역사 기록상으로도 그렇게 나
와 있다. 공빈과 인빈 사이에는 틈이 있었고, 공빈이 죽자 인빈이 그
자리를 대신했던 것이다. 공빈의 죽음은 임해군과 광해군에게는 재
앙이었다. 몸이 멀어지면, 마음도 멀어진다고 하지 않았던가? 이미
죽은 공빈의 치맛자락을 계속 붙잡고 있을 선조가 아니었다. 선조는
인빈에게 마음을 쏟았고, 그 결과 임해군과 광해군은 갖은 핍박을
다 받아야 했다. 이때까지만 하더라도 인빈은 중전은 아니더라도 자
신의 아들이 왕이 될 수 있을지도 모른단 생각을 했었다. 만약 신성
군이 죽지 않았다면, 우리는 광해군 대신 신성군이 왕이 되는 걸 봤
을지도 모른다. 그러나 신성군이 임진왜란 중 죽고, 광해군이 그 출
중한 능력을 발휘하는 걸 보면서 인빈은 생각을 고쳐먹게 된다.

'광해군에게 붙는 것이 살아남을 수 있는 유일한 방도이다.'

코흘리개 시절부터 궁에서 살아온 인빈의 냉철한 계산이었다. 일
찌감치 중전이라는 명분 대신 선조의 총애라는 실리를 택한 정치 감

각을 떠올려보라. 인목왕후가 궁으로 들어오고, 영창대군이 태어나는 걸 모두 봤음에도 불구하고 인빈은 광해군에 대한 지원을 아끼지 않았다. 오죽하면 광해군이 "내가 서모의 은혜를 받아서 오늘이 있게 된 것이다"란 말을 했을까? 그 덕분에 인빈 김씨 소생의 자식들은 그 살얼음판 같았던 광해군 시절에도 목숨을 부지할 수 있었고, 훗날 능양군이 왕위에 오를 수 있었던 단초를 제공해줬다.

살아서는 중전이 부럽지 않을 총애를 받았고, 왕이 죽고 난 뒤에는 연적의 아들로부터 우대를 받았고, 자신이 죽은 뒤에는 손자가 왕이 되는 걸 봤다면 진정한 승리자라고 말해도 되지 않을까?

선조의 인생에서 두 중전은 주연이 아니고 조연이었다. 아이러니하다고 해야 할까? 정작 선조의 두 중전이었던 의인왕후와 인목왕후의 자식들은 왕이 되지 못했고, 선조의 후궁이었던 공빈과 인빈의 후손들이 왕이 된 것이다. 어쩌면, 선조의 가정사는 두 명의 첩이 두 명의 처를 농락한 '굴욕의 역사'일지도 모른다. 달리 보면 선조의 무책임한 성격이 원인일 수도 있겠지만, 그만큼 두 명의 중전이 순진했던가, 능력이 없었다고 볼 수도 있을 것이다.

권력 앞에 냉정한 숙종

우리나라의 역사적 인물들 중에서 텔레비전이나 영화의 주인공으로 가장 많이 등장하는 인물은 누구일까? 바로 장희빈(張禧嬪)이다.

1961년 영화 〈장희빈〉으로 첫 스타트를 끊었고, 이때 1대 장희빈으로 김지미 씨가 출연했다. 뒤이어 1968년 임권택 감독이 연출한 〈요화 장희빈〉이 다시 한 번 스크린으로 상영된다(2대 장희빈은 남정임 씨였다). 그 뒤 스크린에서 브라운관으로 활동 영역을 옮긴 장희빈은 1971년 7월 일일연속극 〈장희빈〉으로 무려 154회나 방영된다. 이때 장희빈 역이 요즘 왕성한 활동력을 자랑하는 윤여정 씨였다.

그 후 10년이 지난 1981년 MBC는 〈여인열전〉으로 다시 장희빈을 꺼내든다. 이때 장희빈 역으로 이미숙 씨가 캐스팅된다. 이렇게 장희빈으로 쏠쏠한 재미를 본 MBC는 한국인의 기본 승부 정신인 삼세번을 관철시키겠다는 의지로 1988년 다시 한 번 장희빈 카드를 꺼내드는데, 조선왕조 5백 년 시리즈의 제8화 〈인현왕후〉였다. 이때 장희빈으로 캐스팅된 것이 그 유명한 전인화 씨였다.

1988년 이후 한동안 뜸했던 장희빈은 1995년 방송사를 SBS로 옮겨 다시 브라운관으로 복귀하게 된다. 이때 제6대 장희빈 역으로 낙점을 받은 인물이 정선경 씨였다. SBS까지 장희빈 카드를 꺼내들자 홀로 남은 KBS는 2002년 공중파 3사 가운데 가장 늦게 장희빈을 주인공으로 드라마를 찍게 된다. 이때 7대 장희빈 역으로 캐스팅된 인물이 바로 김혜수 씨다.

그럼 여기서 끝일까? 아니다. 2010년 MBC에서 〈동이〉란 드라마를 내놓게 된다. 이번에는 주인공이 무수리 출신으로 숙종의 마음을 뒤흔든 숙빈 최씨를 주인공으로 했지만, 장희빈이 빠질 수는 없었다. 이 정도면 가히 추종을 불허할 정도로 많이 만들어졌다고 볼 수 있는데, 아직도 부족했는지 2013년에는 김태희를 장희빈 역으로 케스팅해 〈장옥정〉이라는 드라마를 만들어낸다.

궁금하지 않은가? 이렇게나 많이 장희빈 이야기를 해왔음에도 아직 할 말이 더 남아 있는 것일까. 대한민국 사람들은 왜 이렇게 장희빈에게 열광하는 것일까? 간단하다. 사람이라면 좋아할 만한 모든 요소들이 인현왕후-장희빈-숙종의 관계에 다 담겨져 있기 때문이다.

사실, 우리가 흔히 말하는 예술이라는 장르에서 불륜은 빼놓을 수는 없는 소재이다. 한때 성경 다음으로 많이 읽혔다는 단테의 《신곡》은 어떤가. 파올로와 프란체스카 커플은 또 어떤가. 형수와 시동생의 불륜이다. 《주홍 글씨》 역시 마찬가지다. 인류가 만들어낸 수많은 예술들 중 상당수는 불륜과 관계된 것들이 많다. 우리가 불륜의 대명사처럼 말하고, 막장 드라마의 대부처럼 말하는 〈부부클리닉 사랑과 전쟁〉 같은 프로그램을 우리는 욕하면서도 본다. 그리고 즐긴다.

인현왕후-장희빈-숙종의 스토리는 바로 이 막장 드라마가 갖춰야 할 모든 걸 다 갖추고 있다. 첫째, 한 남자를 두고 두 여인이 싸운다(나중엔 옵저버로 한 명이 더 추가된다). 그것도 결혼한 상태에서 아이 문제로 다툼을 벌인다. 둘째, 극적인 드라마가 전개된다. 만백성의 어머니로 올라갔다가 졸지에 죄인이 되고, 다시 극적으로 회생한다(인현왕후). 그 반대도 있다. 바닥에서 치고 올라가 국모의 자리를 빼앗았는데, 다시 나락으로 떨어진다(장희빈). 재밌지 않은가? 셋째, 한국인의 정서에 딱 들어맞는 사필귀정(事必歸正), 해피엔드로 끝을 맺는다. 인현왕후에게 감정이입을 해서 본다면, 정말 이런 해피엔드가 없다. 넷째, 한 집안에서 벌어진 일이라도 재미있는데, 이건 국가 단위로 벌어진 일이다. 권력의 최상층에서 이런 막장드라마를 찍은 것이다. 덕분에 연관된 사람들도 늘어나고, 이야기도 풍성해진다. 나중에는 오늘날의 프로파간다, 즉 여론 조작이라 할 수 있는 《사씨남정기》 같은 소설까지 등장하는 등 이야기가 흥미진진하게 돌아간다. 다섯째, 정말 중요한 요소인데, 이 모든 게 실제 역사로 기록된 '실화'란 사실이다. 이처럼 사람들이 장희빈에 열광하는 것에는 다 이유가 있다.

이 대목에서 우리가 염두에 둬야 할 것이 하나 있다. 바로 이 모든 일의 시초가 되는 숙종에 관한 이야기다. 우리 머릿속에 각인돼 있는 숙종이란 다음 정도로 기억되고 있다. '여자 치마폭에 휩싸여서 정치를 농단한 인물.' '줏대 없이 여자에게 휘둘려 애꿎은 사람만 죽인 인물.' '무능한 왕.'

이는 조선의 역사를 여인들의 궁중 암투 프레임으로만 접근해서 생긴 결과이다. 결론부터 말하자면 숙종은 바보나 허깨비가 아니다. 숙종은 한마디로 무서운 남자이고 뼛속까지 나쁜 남자이다. 사실 숙종은 인현왕후와 장희빈을 이용했다. 그녀들을 장기판 위의 장기 말로 보고, 이리저리 돌린 것이지 그녀들에게 휘둘린 게 아니었다. 더 무서운 것은 아내들을 활용해 자신의 권력을 지키고, 확장시켰다는 것이다. 신하들에게는 무서운 군왕이었고, 아내들에게는 언제, 어떻게 변심할지 모르는 불안한 남편, 그것이 바로 숙종이었다.

카리스마 소년 군주

중정반정 이후 왕권은 쇠퇴하게 된다. 하긴 신하들 손에 왕이 쫓겨나고, 새로운 왕이 옥좌에 올랐으니 왕의 위신이 어떠했겠는가. 덕분에 조선은 더더욱 군약신강의 나라, 즉 왕은 약하고, 신하의 힘이 강한 나라가 된다. 이런 조선에서 가장 강력한 왕권을 휘둘렀던 왕들 중 한 명이 바로 제19대 임금인 숙종이었다. 붕당정치가 한참 절정을 향해 달려가던 조선 후기에, 그것도 열네 살이란 어린 나이로 왕위에 올랐던 점을 고려한다면 숙종은 조선시대를 거쳐 간 스물일곱 명의 왕 중에서 왕권 확보에 가장 성공한 왕이라 할 수 있다.

숙종은 열네 살의 어린 나이로 왕위에 올랐지만, 수렴청정을 하지 않고 바로 친정에 들어간다. 그러나 열네 살이란 어린 나이가 믿기지 않을 정도로 노회한 정치력을 보여준다. 물론 여기에는 외척인 김석주의 활약이 있었기에 가능한 부분도 있지만, 최종 결정권자인 숙종의 '판단'이 없었다면 정권 초반기의 불안정성을 극복하기에는 어려웠을 것이다. 김석주는 공작 정치의 달인이라 할 만했다. 모든 정보를 한 손에 틀어쥐고 조정을 농단했던 것이다. 김석주 덕에 숙종은 무난하게 재위 초반을 넘길 수 있었다. 천운도 따랐는데, 숙종이 어느 정도 감을 익혔을 때쯤 김석주가 쓰러진 것이다. 아무리 공작 정치의 달인이라지만, 수명 앞에서는 용쓰는 재주가 없었던 것이다. 숙종으로서도 그리고 김석주로서도 다행스러운 일이었다. 만약 김석주가 계속 살아 있었다면 아마 숙종의 손에 피를 묻혀야 했을 것이다. 어쨌든 당시 숙종은 나이답지 않은 노련한 모습을 보여줬는데, 이때부터 싹수가 보인 것이다.

숙종이 왕위에 오른 뒤 제일 먼저 한 일은 송시열의 제거였다. 부왕인 현종의 행장(行狀: 죽은 뒤에 그의 행적을 적은 글) 작성을 빌미로 서인의 거두였던 송시열이 제거된다. 이후 정권 장악에 들어갔을 때에도 노련한 솜씨를 보인다. '우선은 아버지가 키워놨던 사람들을 믿고 쓰자.' 그렇게 결심한 숙종은 영의정 허적을 중심으로 한 정계 개편에 들어간다. 그리고 점점 힘을 키워나간 다음에는 조정 대신들을 가지고 놀게 되는데, 바로 환국 정치의 시작이다.

숙종의 무기 환국 정치의 시작

숙종 시대의 정치를 한마디로 정의내리자면, 환국 정치라고 말할 수 있다. 환국(換局)을 사전적 의미 그대로 풀이해보자면 '판을 뒤바꿔버린다'라고 말할 수 있는데, 말 그대로 정치 세력을 뒤바꿔 버리는 것이다. 예를 들면 이런 식이다. '남인 놈들 하는 꼬라지 보니까,

서인 놈들이랑 다를 게 없잖아? 이참에 분위기 쇄신 차원에서 확 엎어버릴까?' 그러다가 또 뒤집는다. '어쭈, 서인 놈들도 정신 못 차렸네. 천년만년 자기들이 정권 잡을 줄 알고 있어. 이것들도 좀 굴러봐야 정신 차리겠네. 이번에도 엎어버리자.'

숙종은 즉위 기간 동안 세 번의 환국을 일으킨다. 여당이었던 남인을 몰아내고, 서인에게 정권을 건네줬던 경신환국(庚申換局: 숙종6년 1680년), 장옥정이 낳았던 왕자 균의 원자정호(元子定號) 문제를 계기로 다시 서인을 몰아내고 남인에게 정권을 넘긴 기사환국(己巳換局: 숙종 15년 1689년), 인현왕후 복위 운동을 계기로 터진 갑술환국(甲戌換局: 숙종 20년 1694년)이 그것이다. 이 세 번의 환국을 통해 숙종은 언제나 국정의 주도권을 꽉 틀어쥘 수 있게 되었다. 군약신강의 나라 조선에서 숙종은 카리스마 그 자체였던 것이다. 이러다 보니 서인이든 남인이든 전전긍긍 숙종의 얼굴만 바라보게 되었다.

'저 양반 저거, 수틀리면 또 엎어버릴지도 몰라. 눈 밖에 나지 않도록 최대한 몸을 사려야 해!'

신하들의 충성 경쟁이 시작된 것이다. 물론, 이런 환국 정치 때문에 붕당 정치가 '너 죽고 나 살자' 식으로 변해버려 일단 정권을 잡으면 반대파에 대한 가혹한 정치 보복으로 이어지는 폐단이 생겼지만, 위에서 이를 내려다보는 숙종으로서는 전혀 나쁠 게 없었다. 그렇다면 장희빈과 인현왕후는 어떻게 된 걸까? 숙종에게 장희빈은 남인 세력의 대표 선수였고, 인현왕후는 서인 세력의 대표 선수였다. 왕권을 유지하기 위해서 신하들을 압박하고, 자신에게 충성 경쟁을 유도해야 했던 숙종은 두 명의 여자를 취하고, 버리는 방법으로 권력을 조정했던 것이다. 장희빈과 인현왕후가 숙종을 가지고 논 게 아니라, 사실 숙종이 이 두 여자와 신하들을 손바닥 위에 올려놓고 가지고 논 것이다.

두 여인에 대한 착각들

이야기를 본격적으로 시작하기 전에 잠깐 두 여인, 그러니까 인현왕후와 장희빈에 대한 이야기해보자. 이야기의 주제는 간단하다. 바로 고정관념 파괴이다. 숙종에 대한 잘못된 상식을 깼으니, 이제는 인현왕후와 장희빈에 대한 고정관념을 바꿀 차례다. 하나씩 살펴보자. 우선 인현왕후다. 드라마 상에서 나오는 인현왕후를 보면, 전형적인 현모양처의 모습이다. 그러나 역사적 사실들을 살펴보면 인현왕후도 나름 여자였고, 사람이었다는 사실을 확인할 수 있다. 당시의 기록을 잠깐 살펴보자.

① 장씨의 교만하고 방자함은 더욱 심해져서 어느 날 임금이 그녀를 희롱하려 하자 장씨가 피해 달아나 내전의 앞에 뛰어 들어와, "제발 나를 살려주십시오"라고 하였으니, 대개 내전의 기색을 살피고자 함이었다. 내전이 낯빛을 가다듬고 조용히, "너는 마땅히 전교를 잘 받들어야만 하는데, 어찌 감히 이와 같이 할 수가 있는가?" 하였다. 이후로 내전이 시키는 모든 일에 대해 교만한 태도를 지으며 공손하지 않았으며, 심지어는 불러도 순응하지 않는 일

까지 있었다. 어느 날 내전이 명하여 종아리를 때리게 하니 더욱 원한과 독을 품었다.

－《조선왕조실록》숙종 12년(1686년) 12월 10일

② "숙원(淑媛)은 전생에 짐승의 몸이었는데, 주상께서 쏘아 죽이 셨으므로, 묵은 원한을 갚고자 하여 이 세상에 태어났습니다. 그 래서 경신년 역옥(逆獄) 후에 불령(不逞)한 무리와 서로 결탁하였던 것이며, 화(禍)는 장차 헤아리지 못할 것입니다. 또 팔자에 본디 아 들이 없으니, 주상이 노고(勞苦)하셔도 공이 없을 것이며, 내전에는 자손이 많을 것이니, 장차 선묘(宣廟) 때와 다름이 없을 것입니다" 라고 하였으니……

－《조선왕조실록》숙종 15년(1689년) 5월 2일의 기록 중 발췌

장옥정이 숙종의 승은을 입고 한참 끗발을 올리며 숙원이 된 그 때 인현왕후가 견제구를 던지는 모습이다. 장옥정을 잡아다 종아리 를 때리기도 하고, 숙종에게 장희빈은 석녀이니 관계를 맺어도 자식 이 없을 것이라는 발언도 하게 된다. 드라마 속 인현왕후와는 거리 가 있는 모습이다. 전생에 숙종이 쏘아 죽인 짐승이라는 대목에서는 인현왕후도 어쩔 수 없는 여자라는 걸 확인할 수 있다. 하긴 어느 여 자가 자기 남자의 사랑을 빼앗아가는 여자를 좋게 보겠는가? 인현왕 후도 여자로서 장희빈을 견제하였고, 자신의 자리를 지키기 위해 노 력을 다했다.

그러나 그녀에게는 한 가지 치명적인 약점이 있었다. '너무 곱게

컸다'라는 것이다. 인현왕후는 당시 서인 세력의 핵심 실세였던 호조판서 민유중의 딸로 태어나 어려운 것을 모르고 자라났다. 아버지 덕분에 낙하산이나 다름없을 정도로 쉽게 중전 자리에 올랐기에 인현왕후는 험한 세상을 겪어보지 못했다. 덕분에 장옥정이라는 라이벌이 등장한 상황에서도 그 대처가 미흡했던 것이다. 눈앞의 여자에게 홀딱 빠져 있는 남자에게 전생 운운하며 자식을 낳지 못할 거란 저주에 가까운 말을 한다면 듣는 남자의 기분이 어떻겠는가? 인현왕후는 너무 순진했던 것이다.

장희빈에 대한 이야기도 좀 해보자.

'인현왕후는 역시 명문가 자식이라 그런지 똑똑하고, 예의 바른데 장희빈은 없는 집 자식이라 그런지 애가 표독스러워……'

이것이 우리가 흔히 가지고 있는 장희빈의 이미지이다. 과연 그럴까? 장희빈은 없는 집 자식일까? 일단 장희빈의 출생을 더듬어 가보자. 장희빈의 아버지 장형(張炯)은 인동 장씨 집안이다. 인동 장씨, 지금으로 치면 삼성과 현대 같은 재벌 가문으로 중인 신분이긴 하지만, 대대로 역관을 배출한 명문가였다. 조선시대 이십여 명의 역관을 배출했으며, 이들 중 일곱 명은 역과 수석을 차지하기도 했다. 조선 중기 이후로 두각을 보인 인동 장씨 집안은 이후 웬만한 양반 가문이 넘볼 수 없는 재력과 영향력을 가지게 된다. 사실 인동 장씨 외에도 조선 후기가 되면, 역관들의 영향력은 평범한 양반가들을 압도하게 된다. 이유는 바로 그들의 경제력과 외교력 때문이다. 당시 역관들은 출장비 대신에 인삼 80근이나 은 2천 냥 한도 내에서 사무역을 하게 되는데, 이들은 이 허가권 덕분에 떼돈을 만질 수 있었다. 조선에서 중국으로 출발할 때 인삼을 들고 가 팔고, 이 돈으로 중국에서 비단이나 책 등을 수입해서 이걸 다시 조선이나 일본에 팔면 몇 곱절의 이익을 낼 수 있었다.《허생전》에 나오는 변승업도 이렇게 해서 떼돈을 번 것이다. 여기에 더해 역관들의 외교력도 그들의 신분을 상승시키는 하나의 요인이 되었다. 당시 청나라와의 미묘한 외교 관계를 해결하기 위해서는 역관들의 힘이 절대적이었다. 외국어는 부차적인 문제였다. 수많은 중국 사행길을 통해 얻은 국제 감각과 탁월한 정세 파악 능력은 타의 추종을 불허했다. 이러다 보니 역관들의 위상은 조선 후기로 갈수록 양반들을 위협하게 된다. 중인이었던 장옥정이 중전의 자리에 오른 것이 단적인 증거라 할 수 있다.

이야기를 다시 장희빈과 인동 장씨 가문에 집중해보자. 장희빈의 아버지 장형은 천민 신분인 윤씨와의 사이에서 장희빈을 낳게 된다. 장형 역시 역관이라(사역원 부봉사였다. 후에 장희빈이 경종을 낳자 영의정으로 추존된다) 나름 윤택한 생활을 했을 법한데, 불행하게도 일찍 죽게 된다. 그리고 이들 장희빈 일가의 생계를 책임지게 되는 것이 장희빈의 오촌 당숙이 되는 장현(張炫)이었다. 장현, 이 사람은 인동 장씨 가문의 대들보이자 남인 세력의 물주였었다. 병자호란 직후 소현세자와 봉림대군이 심양으로 끌려갔을 적에 이들을 수행한 것이 장현이었다. 장현은 6년 동안 이들을 수행하면서 친분을 유지했고, 이런 친분은 봉림대군이 효종으로 즉위하면서 장현에게 큰 이득으로 돌아오게 된다. 효종이 장현에게 무역권을 준 것이다. 이후 북벌 계획이 진행되자 장현은 군수물자까지 맡게 된다(당시 장현은 군수물자를 밀무역한다).

이처럼 끗발 하나는 죽여줬지만 문제는 장현의 정치적 성향이었다. 그는 남인 세력과 긴밀한 관계를 유지하고 있었다. 이들과 함께 정사를 논의하기도 할 정도였으니 어느 정도의 친밀도인지 알 수 있을 것이다. 숙종 초까지 남인과 장현은 신이 났다. 정권은 남인 수중에 있었고, 장현은 여전히 돈을 많이 벌었다. 그러나 숙종 6년(1680년)에 터진 경신환국으로 이들의 끗발 날리던 생활은 종지부를 찍고 장현 역시 유배를 가게 된다. 물주가 이렇게 되니 장희빈 집안도 온전할 리 없었다. 여기서 장희빈과 남인의 '숙종 유혹' 작전이 들어간 것이다. 때마침 중전이었던 인경왕후(仁敬王后)가 죽은 뒤였기에 남인들은 장희빈을 구원투수로 남인 세력을 부활시키려 했다.

인간적으로 봤을 때 인현왕후보다는 장희빈에게 더 점수를 줄 수밖에 없는 것이 장희빈은 숙종을 유혹해야 된다는 절대 명제 앞에서 궁녀부터 차근차근 밟아 올라가 중전의 자리에까지 올라간 노력파였다는 점이다. 반면, 인현왕후는 집안이 좋다는 이유 하나만으로 형식적인 간택 절차를 밟아 중전이 됐다. 그러나 이 두 여자의 싸움은 한 남자를 사이에 둔 단순한 처첩 갈등이 아니었다. 정권이 걸려 있었던 정쟁의 최첨단에 섰던 것이다.

뒤틀려버린 운명

인조반정으로 집권을 하게 된 서인 세력들은 장기 집권 프로젝트 하나를 내세우게 된다. 바로 국혼물실(國婚勿失), 숭용산림(崇用山林)

이었다. 절대로 중전 자리나 세자빈 자리를 놓치지 말아야 한다는 것이다. 그리고 재야에 있는 선비들을 대우하기로 했다. 이들을 가만히 내버려두면 말이 많아진다. 그러니까 있을 때 챙겨줘야 한다는 것이다. 한마디로 재야의 명망 있는 선비들을 관리해 우호적인 여론을 조성하자는 계획이다. 조선 후기, 서인 세력이 장기 집권을 할 수 있었던 이면에는 바로 이런 집권 프로젝트가 있었기 때문이다. 숙종 6년(1680년) 4월의 경신환국으로 재집권에 성공한 서인들은 앞에서 말한 원칙들을 지켜나가게 된다. 여기서 인현왕후와 장희빈의 운명이 갈리는 사건이 터진다. 1680년 4월 '삼복의 변'(복창군·복선군·복평군, 이 삼형제가 역모를 꾸민다고 고변하면서 발생한 사건. '허견의 옥사'라고도 한다)으로 남인들이 정권에서 물러나게 된다.

그리고 6개월 뒤인 1680년 10월 26일 인경왕후 김씨가 스무 살의 꽃다운 나이로 죽게 된다. 발병 8일 만에 급작스럽게 세상을 뜬 것이다. 그리고 그다음 해인 숙종 7년(1681년) 3월 26일에 인현왕후 민씨가 왕비로 최종 간택된다. 여기서 주목해야 할 것이 경신환국이 6개월만 늦게 터졌다면, 인현왕후는 왕후의 자리에 올라가지 못했을 수도 있다는 것이다. 남인 정권이 유지되는 와중에 서인 출신 여자가 왕비 자리에 오르기는 상식적으로 힘들다. 6개월 차이로 인현왕후는 왕비의 자리에 오를 수 있었다. 그렇다고 인현왕후가 타이밍을 잘 잡은 것이라고 할 수만은 없는 게, 인경왕후가 죽고, 인현왕후가 왕비로 최종 간택되는 6개월간의 시간차, 이 6개월의 공백 덕분에 인현왕후는 궁에서 쫓겨나게 된다.

인경왕후가 죽고 인현왕후가 아직 궁으로 들어오지 않은 이 6개월 동안 궁궐 안은 무주공산이었다. 남인들은 이 타이밍을 놓치지 않고, 숙종 옆에 장옥정을 붙여 맨투맨 마크를 시킨다. 장옥정은 이 기간 동안 숙종의 마음을 휘어잡게 된다. 6개월 늦게 인경왕후가 죽어서 인현왕후는 왕비 자리에 오를 수 있었지만 그만큼 늦게 궁에 들어간 덕분에 왕비 자리에서 쫓겨나게 된 것이다.

계산기를 두들겨보자. 1680년 남인이 실각할 당시 장옥정의 나이는 스물두 살이었다. 이때 장옥정의 오촌 당숙이 되는 장현은 함경도로 유배를 간 상태다. 이 당시에는 늦어도 17세 이전에 궁궐에 들어가야만 궁녀가 될 수 있었는데, 옥정은 늦어도 한참 늦은 상태였다. 그러나 이 나이가 장옥정의 매력 포인트였다. 숙종은 자신보다 두 살 많은 장옥정에게서 성숙한 여인의 모습을 보게 된다. 장옥정에게 푹 빠져버린 것이다. 그러나 문제는 숙종의 어머니인 명성왕후(明聖王后) 김씨였다.

보통 왕의 승은을 입은 궁녀라면 보호해주고 잘 보살펴줘야 한다. 하다못해 승은상궁(承恩尚宮) 자리라도 만들어줘서 왕의 자손을 관리하는 것이 관례였다. 그러나 명성왕후 김씨는 생각이 좀 달랐다. 아니, 피가 달랐다. 명성왕후는 서인이었다. 그녀의 친정이 서인이었던 것이다. 그녀는 날 때부터 서인의 자식으로 길러졌기 때문에 체질적으로 남인을 싫어했다. 그런 그녀의 눈에 장옥정은 재앙이었다. 게다가 이렇게 생각할 법했다. '장옥정? 바로 장현의 종질녀잖아? 저러다 덜컥 주상의 애라도 낳게 된다면, 언제 남인들이 치고 올라올지 몰라. 화근은 미리부터 잘라내야 해!' 명성왕후의 예리한 '감'이었을까? 그러나 세상 물정 모르고 자란 인현왕후는 생각이 좀 달랐다. 당시의 상황을 기록에서 살펴보자.

장씨는 곧 장현의 종질녀(從姪女)이다. 나인(內人)으로 뽑혀 궁중에 들어왔는데 자못 얼굴이 아름다왔다. 경신년 인경왕후가 승하한 후 비로소 은총을 받았다. 명성왕후가 곧 명을 내려 그 집으로 쫓아내었는데, 숭선군(崇善君) 이징의 아내 신씨(申氏)가 기화(奇貨: 좋은 기회)로 여겨 자주 그 집에 불러들여 보살펴주었다. 신유년(숙종 7년, 1681년)에 내전(內殿: 인현왕후)이 중전의 위에 오르자 그 일을 듣고서 조용히 명성왕후에 아뢰기를, "임금의 은총을 입은 궁인이 오랫동안 민간에 머물러 있는 것은 사체(事體)가 지극히 미안하니 다시 불러들이는 것이 마땅할 듯합니다" 하니, 명성왕후가 말하기를, "내전(內殿)이 그 사람을 아직 보지 못하였기 때문이오. 그 사람이 매우 간사하고 악독하고, 주상이 평일에도 희로(喜怒)의 감정이 느닷없이 일어나시는데, 만약 쥠을 받게 되면 국가의 화가 됨은 말로 다할 수 없을 것이니, 내전은 후일에도 마땅히 나의 말을 생각해야 할 것이오" 하였다. 내전이 말하기를, "어찌 아직 일어나지도 않은 일을 미리 헤아려 국가의 사체를 돌아보지 않으십니까?" 하였으나, 명성왕후는 끝내 허락하지 않았다. 명성왕후가 승하한 후에 내전이 다시 임금을 위해 그 일을 말하였고, 자의전(慈懿殿: 자의대비)도 또한 힘써 그 일을 권하니, 임금이 곧 불러들이라고 명하여 총애하였다.

- 《조선왕조실록》숙종 12년(1686년) 12월 10일의 기록 중 발췌

이 기록은 우리에게 시사하는 바가 크다. 꼼꼼히 음미해서 하나씩 살펴보자. 우선 다음과 같은 기록을 볼 수 있다. "나인(內人)으로 뽑혀 궁중에 들어왔는데 자못 얼굴이 아름다웠다."《조선왕조실록》에서 여인을 평할 때 '아름답다'란 표현을 쓴 경우는 거의 없다. 실록에서 이 정도 표현을 썼다는 건 정말 예뻤다는 것이다. 숙종의 마음을 녹여버린 게 결코 우연한 사건은 아니었던 셈이다. 다음의 기록을 보자. "숭선군(崇善君) 이징의 아내 신씨(申氏)가 기화(奇貨: 좋은 기회)로 여겨 자주 그 집에 불러들여 보살펴주었다."

여기서 신씨는 인조의 후궁이었던 소용 조씨의 아들 숭선군의 아내가 된다. 족보가 좀 복잡해지는데, 당시 왕실의 큰어른인 자의대비 조씨와는 인척간이었다. 이 당시 신씨는 조정에 불만이 있었는데 이유는 간단했다. 효종 시절 숭선군이 역모 사건에 연루된 적이 있었기 때문이다. 이런 신씨에게 장옥정은 나름 기회였다. 그녀는 장옥정의 가치를 확인하고, 미리 투자에 들어간 것이다. "임금의 은총을 입은 궁인(宮人)이 오랫동안 민간에 머물러 있는 것은 사체(事體)가 지극히 미안하니 다시 불러들이는 것이 마땅할 듯합니다." 이것은 인현왕후의 순진함이 드러나는 대목이다. 숙종보다 연하이고, 장옥정보다 한참 어린 나이였기에 세상 무서운 걸 몰랐던 것이다. 아니면, 너무 곱게 커서 착한 여자 콤플렉스에 빠져 있었던 건지도 모른다. 하긴, 현모양처로서 가장 중요한 덕목이 투기하지 않고, 남편을 잘 섬기는 것이지 않는가. 정말 교과서적이고 모범적인 발언이라 할 수 있다.

이에 대해 명성왕후의 말을 보자. "내전이 그 사람을 아직 보지 못하였기 때문이오. 그 사람이 매우 간사하고 악독하고, 주상이 평일에도 희로(喜怒)의 감정이 느닷없이 일어나시는데, 만약 꾐을 받게 되면 국가의 화가 됨은 말로 다할 수 없을 것이니, 내전은 후일에도 마땅히 나의 말을 생각해야 할 것이오." 역시 어머니다. 자신의 배로 낳은 자식이 어떤 성격인지 확실히 알고 있는 모습이다. "희로(喜怒)의 감정이 느닷없이 일어나시는데"라는 대목에서 숙종의 성격을 대번에 확인할 수 있다. 툭하면 환국을 일으켜 신하들을 쫓아내는 모습을 보면, 어느 정도 짐작은 할 수 있을 것이다.

걸으로 보면 극단적인 성격이라 할 수 있지만, 자신의 감정에 충실하고, 이 감정을 적절하게 현실에 대입해 분출하는 모습을 확인할 수 있다. 감정적이지만, 그 감정의 이면에는 고도의 '계산'이 깔려 있는 것이다. 이런 숙종에게 장옥정이 붙었다간 언제 무슨 일이 터질지 모른다는 게 명성왕후의 예언이었다. 이 예언은 맞아떨어졌다. 다음을 보자. "명성왕후는 끝내 허락하지 않았다. 명성왕후가 승하한 후에 내전이 다시 임금을 위해 그 일을 말하였고, 자의전(慈懿殿: 자의대비)도 또한 힘써 그 일을 권하니……." 이 부분이 중요하다. 자의대비가 누구일까? 바로 인조의 계비(繼妃)이다. 당시 왕실의 큰어른이었지만, 집권 서인 세력에 대해서 불만을 가지고 있었다. 자의대비도 서인 세력 출신이지만, 자신의 집안 출신들은 제대로 대접을 받지 못했고, 출세를 하지 못했던 것이다.

그렇다면, 이런 자의대비와 장옥정 사이에는 어떤 인연의 끈이 있었을까? 장옥정의 어머니 윤씨는 자의대비 조씨의 재종재(再從弟)인 조사석 처가의 여종이었다. 윤씨는 남편 장형이 죽고 난 뒤 수시로 조사석의 집을 들락거렸는데, 이 사실 때문에 윤씨와 조사석은 내연관계라는 의심을 받게 된다. 심지어는 조사석이 젊었을 때부터 정을 통했고, 장형에게 시집간 후에도 수시로 만나 정을 통했다는 소문까지 있었다. 보면 알겠지만, 나름 연결 고리가 있었던 것이다. 이 때문인지 자의대비는 기꺼이 장옥정의 백그라운드가 돼줬고, 궁에 들어온 장옥정은 자의대비 옆에 착 달라붙어 그녀의 비위를 맞춰주며, 궁궐 안에 자기 세력을 만들기 시작했다. 결국 판도라의 상자는 열리게 되었다. 조선 왕조 역사상 최대의 막장 드라마라 할 수 있는 인현왕후-장희빈 스토리가 시작된 것이다.

인현왕후의 궁여지책, 영빈 김씨

스무 살 불같은 나이에 자신보다 두 살이 많은 성숙한 여인 장옥정과 관계를 맺은 숙종은 성숙한 여인에게 완전히 매료된다. 그러나 이 사랑이 채 완성되기도 전에 그의 어머니, 명성왕후에 의해 이 둘은 헤어져야만 했다. 로미오와 줄리엣 효과(Romeo&Juliet effect)라고 해야 할까? 사람은 하지 말라면, 더 하고 싶어지는 동물이다. 더구나 본능과도 관계된 걸 하지 말라고 하면, 사람은 더 애가 탈 수밖에 없다. 이런 상황에서 대역이라 할 수 있는 인현왕후가 등장하게 된다. 과연 숙종의 눈에 인현왕후가 들어왔을까?

숙종과 인현왕후가 결혼할 당시 숙종의 나이는 21세, 인현왕후의 나이는 고작 15세였다. 이미 성숙한 여인과의 사랑을 경험했던 숙종이었다. 그런데 아무것도 모르는 열다섯 살 어린 신부와 마주했을 때의 느낌은 어떠했을까? 게다가 숙종은 아직 장옥정을 사랑하고 있었다. 인현왕후에게는 치명적인 약점도 있었다. 바로 너무 귀하게 자랐다는 것이다. 당대 명문가의 여식으로 예의와 범절을 익히고, 국모로서의 소양 교육을 충실히 익힌 인현왕후는 국모로서의 역할은 충분히 수행할 수 있었지만, 한 남자의 여자로서의 역할에는 부족한 것이 많았다. 게다가 몸도 많이 약해서 장옥정에 비해 발육도 늦은 편이었다.

장옥정이 다시 궁에 돌아오자마자 숙종은 장옥정과 함께 오랜 시간을 보내게 된다. 임금의 총애가 곧 권력으로 수렴하던 시대였다. 장옥정의 위세는 하늘 높은지 모르고 올라가게 된다. 그러나 이때까지만 하더라도 장옥정은 그저 '잘나가는 후궁' 정도였을 뿐이다. 나라의 국모는 엄연히 인현왕후였고, 인현왕후의 뒤에는 집권 여당인 서인 세력들이 든든히 받쳐주고 있었다. 이때부터 장옥정은 자신의 오빠인 장희재(張希載)를 동원해 남인 세력들을 규합하기 시작했다. 장옥정의 이런 움직임을 포착한 서인 세력들은 긴장하게 된다. 그리고 가볍게 견제를 해본다.

① "……그러나 궁내에 들어온 지 반년이 채 못 되어 벌써 과람한 조짐이 많이 보이고 있으니, 이는 작은 걱정이 아닙니다. 또 외간에 전해진 말을 들으니, 궁인으로서 은총을 받고 있는 자가 많은데, 그중의 한 사람이 역관 장현의 근족(近族)이라고 합니다. 만일 외간의 말이 다 거짓이라면 다행이겠습니다만은 만약 비슷한 것

이 있다면, 신은 종묘사직의 존망이 여기에 매어 있지 않으리라고 기필하지 못하겠습니다. (중략) 예로부터 국가의 화란이 다 여총(女寵)으로 말미암고, 여총의 화근은 대개 이러한 사람에게서 나왔습니다. 전하의 명성으로 어찌 알지 못할 바가 있겠습니까만은, 신은 바라건대, 성상께서 장녀(張女)를 내쫓아서 맑고 밝은 정치에 누를 끼치지 말게 하소서."

– 《조선왕조실록》 숙종 12년(1686년) 7월 6일의 기록 중 발췌

② "후궁 장씨의 어미가 평소에 조사석의 집과 친밀했었습니다. 대배(大拜)가 이 길에 연줄을 댄 것이라고 온 나라 사람들이 모두 말하고 있습니다만은, 유독 전하께서만 듣지 못하신 것입니다. 임금과 신하의 사이는 마땅히 환하게 트이어 조금도 간격이 없어야 하는 것인 데다가 전하께서 물으시는데 신이 어찌 감히 숨기겠습니까?"

– 《조선왕조실록》 숙종 13년(1687년) 9월 11일의 기록 중 발췌

이징명과 김만중이 견제구를 날렸지만, 숙종은 꿈쩍도 하지 않았다. 이징명과 김만중은 오히려 숙종의 반격에 쫓겨났고, 서인 세력은 흔들리게 된다. 이때 등장한 것이 인현왕후였다. 여자로 생긴 문제를 여자로 해결하기로 하고 인현왕후와 서인들이 움직이기 시작한 것이다. 한 남자의 아내로서 또 다른 여자를 들여 남편의 마음을 잡겠다고 결심한 것이다. 정말 보통 결심이 아니다. 시앗 다툼은 돌부처도 돌아앉게 만든다는데, 장옥정에 대한 분노와 경계의 마음이 얼마

나 컸으면 이런 생각까지 했을까.

당시 인현왕후의 생각은 이랬을 것이다. '이미 내 몸으로 아이를 낳는다는 건 어렵다는 결론이 났다. 그렇다면, 나 대신 다른 누군가의 아이가 필요한데, 이 아이가 만약 장옥정의 배에서 나온다면 이건 최악의 경우가 될 것이다. 이런 최악의 사태가 벌어지기 전에 나에게 우호적인, 그러니까 같은 서인 세력의 여자에게서 아이를 낳아야 한다. 그것만이 유일한 방법이다.' 이런 전차로 등장한 인물이 바로 김창국(金昌國)의 딸 김씨였다(영의정 김수항의 조카이기도 했다). 훗날 영빈 김씨로 불리는 여인이다. 어떻게 됐을까?

> 내전이 다스리기 어려운 것을 근심하여, 임금에게 권하여 따로 후궁을 선발하게 하니, 김창국의 딸이 뽑혀 궁으로 들어왔으나 또한 총애를 받지 못하였다. 얼마 있지 않아서 마침내 장씨를 책봉하여 숙원으로 삼았다.
>
> - 《조선왕조실록》 숙종 12년(1686년) 12월 10일의 기록 중 발췌

인현왕후와 마찬가지로 찬밥 신세가 된 것이다. 숙종은 여전히 장옥정을 총애했다. 이제 장옥정은 숙원의 자리에까지 오르게 된 것이다. 인현왕후와 서인 세력에게는 불안한 징조가 하나 둘 보이기 시작했다. 그리고 이 불안한 징조는 거대한 쓰나미로 돌아왔다.

왕자의 탄생과 피바람의 시작

숙종 14년(1688년) 10월 27일 《조선왕조실록》에는 짧은 기록 하나가 올라온다.

왕자가 탄생하였으니 소의(昭儀) 장씨(張氏)가 낳았다.

숙종의 나이 스물여덟 살에 얻은 첫아들이었다. 왕실이 그토록 기다렸던 아들이 태어난 것이다. 이 아이가 바로 훗날의 경종이 된다. 이것은 비극의 시작이었다. 앞으로 이어질 수십여 년간의 피의 향연이 마침내 일어난 것이다. 첫 죽음은 과실치사였다.

임금이 사헌부 금리(司憲府禁吏)와 조례를 체포하여 내수사(內需司)의 감옥에 내려 장살(杖殺)하라고 명하였다. 이때에 장 소의(張昭儀)가 왕자를 낳자 그 어머니가 입궐하여 산모(産母)를 구호하였는데, 참람하게 옥교(屋轎)를 탄 일이 있었으므로 지평(持平) 이익수(李益壽)가 금리(禁吏)를 보내어 그 종을 잡아다가 죄를 다스리고, 인하여 상소하기를, "신이 듣건대 '장 소의 모친이 8인이 메는 옥교를 타고 궐중(闕中)에 왕래한다'고 합니다. 그런데 장 소의의 어미는 한 천인(賤人)일 뿐인데, 어찌 감히 옥교를 타고 대궐에 드나들기를 이와 같이 무엄하게 할 수가 있습니까? 옛날 선조(宣祖) 초년(初年)에 유모가 옥교를 타고 입궐하니, 선조께서 매우 준엄하게 꾸짖으시며 즉시 명하여 내쳐 물리치고는 걸어서 돌아가게 하였으니,

화란의 조짐을 막는 뜻이 이 또한 지극했던 것입니다. 대저 명분이 혹 문란하게 되면 법도에 지나친 습관이 불어나고, 궁위가 엄중하지 않으면 외인의 출입을 막는 법도가 해이해질 것입니다. 전하께서는 잇달아 지금부터 마땅히 액정(掖庭)을 경칙(警勅)하여 등급의 한계를 정돈하고 안과 밖을 엄숙 화목하게 하여 위와 아래의 구분이 확실해지게 하소서" 하니, 임금이 답하기를, "해산할 때를 당하여 들어와 보도록 허락한 것은 스스로 옛 규례(規例)이며, 교자를 타는 것도 또 이미 행하던 전례가 있다. 그러므로 이번에 이에 의하여 행하게 한 것이고 그 자신이 제멋대로 처음 행한 것은 아니다" 하였다. 얼마 안 되어 임금이 사헌부 금리와 조례를 잡아와서 죄를 다스리게 했는데 환관으로 하여금 하룻밤 사이에 여러번 가혹한 형벌을 하라고 명하고,

-《조선왕조실록》 숙종 14년(1688년) 11월 12일의 기록 중 발췌

시작은 미약했다. 장옥정의 모친이 되는 윤씨가 옥교를 타고 궁으로 들어온 것이다. 이를 본 사헌부 지평 이익수가 사헌부 금리들을 시켜 옥교를 메고 온 종들을 잡아들인 다음 상소를 올린 것이다. 잔칫집에 똥물을 뿌렸다고나 할까? 왕자가 태어나 한참 기분 좋은 숙종은 심사가 뒤틀렸다. 결국 이때 종들을 다스린 사헌부 금리들을 내수사로 끌고 와 혹독한 형벌을 가하게 된다. 결국 이 두 명은 형벌을 이기지 못하고 죽고 만다. 경종과 연관된 첫 죽음이었다. 그러나 이건 시작에 불과했다. 얼마 뒤 서인 세력들은 거대한 쓰나미에 휩쓸려 흔적도 없이 사라지게 된다. 바로 기사환국이 터진 것이다.

이야기는 간단했다. 태어난 지 석 달도 안 된 왕자에게 원자의 명호를 내리겠다고 한 것이다. 원자가 무엇인가? 바로 세자로 낙점한다는 소리가 아닌가. 만약 인현왕후가 왕자를 낳는다면, 그때는 어떻게 하겠는가? 하지만 이미 숙종의 마음은 기운 상태였다. 서인 세력은 긴장할 수밖에 없었다. 만약, 원자가 세자가 되고, 세자가 왕이 된다면 서인 세력은 위태로워질 것이 뻔했기 때문이다. 그러나 어쩔 도리가 없었다. 숙종의 성격을 아는 신하들은 그러려니 하고 고개를 숙였다. 괜히 숙종의 심기를 건드렸다간 또 무슨 사단이 일어날지 몰랐기 때문이다. 그러나 기어코 사건은 터지게 된다. 서인 세력의 거두 송시열이 원자를 정한 것에 반기를 들고 치고 올라온 것이다. 송시열의 상소를 본 숙종은 이를 빌미로 조정을 장악했던 서인 세력들을 쫓아내고, 그 빈자리에 남인들을 앉히게 된다.

피를 부르는 시소 게임

이것저것 붙이지 말고 한번 사건의 본질만 바라보자. 숙종 15년에 있었던 기사환국과 숙종 20년에 있었던 갑술환국의 핵심 목표는 무엇이었을까? 아니, 좀 더 적나라하게 말해서 숙종의 본심은 어떤 것이었을까? 결과를 보면 이를 알 수 있을 것이다.

기사환국으로 조정을 장악하고 있던 서인 세력을 몰아내고, 남인들로 조정을 채운 숙종은 인현왕후의 폐비를 추진하게 된다. 그러나 바보가 아닌 이상 아무리 남인들이라 해도 폐비론에 쉽사리 동조할 수는 없었다. 그러나 한다면 하는 숙종은 시범 케이스로 연명으로 반대 상소를 올린 오두인과 박태보를 죽인 다음, 인현왕후를 쫓아내게 된다.

그리고 5년이 지난 1694년이 되면 다시 인현왕후를 왕비의 자리에 앉힌다. 그사이 변한 건 아무것도 없었다. 서인은 서인대로, 남인은 남인대로 자신의 자리에서 권력을 잡기 위해 최선을 다했다. 그렇다면 인현왕후와 장희빈이 변한 것일까? 이들도 변한 건 없었다. 현모양처의 이미지로 살았던 인현왕후는 끝까지 현모양처의 이미지를 유지했고, 성숙한 여인의 향기를 내뿜었던 장희빈은 계속해서 자신의 매력을 자랑하며 숙종을 자기 품 안에서 헤어 나오지 못하게 만들었다. 상황은 변한 게 없었다. 다만 변한 게 있다면 숙종의 마음이었다. 5년 사이에 숙종의 마음은 어떻게 뒤바뀐 것일까?

임금이 또 비망기(備忘記)를 내리기를, "폐비 윤씨는 단지 투기에만 관계되었으며, 또 저사(儲嗣)가 있었으나, 성묘(成廟)께서 단연코 폐(廢)해 쫓으시고, 조금도 용서하지 아니하셨다. 그리고 뭇 신하가 힘써 간쟁한 바도 또한 국본이 난처한 까닭에 지나지 않았을 뿐이었다. 어찌 일찍이 박태보(朴泰輔)의 무리와 같이 무상(無狀)한 자가 있었겠는가? 아! 예로부터 후비(后妃)가 투기로 인하여 원망하고 분노하는 경우가 진실로 혹 있었으나, 지금의 일은 그런 것이 아니다. 투기하는 것 외에도 별도로 간특한 계획을 꾸며, 스스로 선왕(先王)·선후(先后)의 하교를 지어내어서 공공연히 나에게 큰소리로 떠들기를, '숙원은 전생에 짐승의 몸이었는데, 주상께서 쏘아 죽이셨으므로, 묵은 원한을 갚고자 하여 이 세상에 태어났습니다. 그래서 경신년(숙종 6년, 경신환국을 의미) 역옥(逆獄) 후에 불령(不逞)한 무리와 서로 결탁하였던 것이며, 화(禍)는 장차 헤아리지 못할 것입니다. 또 팔자에 본디 아들이 없으니, 주상이 노고(勞苦)하셔도 공이 없을 것이며, 내전(內殿)에는 자손이 많을 것이니, 장차 선묘(宣廟) 때와 다름이 없을 것입니다'라고 하였으니, 이는 비록 삼척동자(三尺童子)라도 반드시 듣고 믿지 아니할 것이다.

더욱이 이제 조종(祖宗)이 묵묵히 도우심으로 원량(元良: 세자)이 탄강(誕降)하자, 흉한 꾀가 더욱 드러났으니, 그 누구를 속이겠는가? 아! 국모로 한 나라에 임하여 신민이 우러러 받드는데, 이런 간특한 정상(情狀)이 있음은 천고에 듣지 못한 바이다. 이것을 참는다면 무엇을 참지 못하겠는가? 이미 윤씨에게도 없는 죄인데, 박태보 등이 죽음으로써 절개를 세운다고 하면서 군상(君上)을 무함(誣陷)한 것은 또한 성묘조(成廟朝)에도 있지 않았던 바이다. 성묘께서 폐비할 때 하교하시기를, '만약 후궁의 참소를 듣고 잘못으로 이 일을 하였다면, 천지와 조종이 위에서 밝게 질정(質正)할 것이다'라고 하였으니, 지극하다. 왕의 말씀이여! 경 등은 시험 삼아 생각해보라. 아침저녁으로 말하고 행하는 것이 투기와 원노(怨怒)가 아님이 없는데, 이것도 부족하여 구고(舅姑: 시부모)의 말씀을 지어내어 과인의 몸을 업신여겼으며, 총애를 독차지하려고 난(亂)을 얽고 겸하여 화를 조정에 전가시켰으니, 그 이른바, '서로 핍박하고 서로 알력(軋轢: 반복)한다'고 하는 것과 과연 방불하다. 천지 귀신이 위에 임해 있고, 곁에서 질정할 수 있으니, 결단코 속일 수 없음이 이와 같은데, 안으로 장심(將心: 거역하는 마음)을 품고 임금에의 도리를 잊은 흉역(凶逆)한 무리에게는 악을 징계하는 법이 없을 수 없다. 박태보(朴泰輔) · 오두인(吳斗寅) · 이세화(李世華) 등의 아들 · 사위 · 동생 및 숙질(叔姪)을 아울러 영구히 삭탈(削奪) · 금고(禁錮)하라."

– 《조선왕조실록》 숙종 15년(1689년) 5월 2일의 기록 중 발췌

숙종의 분노에 찬 목소리가 들린다. 〈부부클리닉 사랑과 전쟁〉에 출연해 조정 위원회 위원들에게 자신의 부부생활을 낱낱이 고백하고, 아내의 불성실한 행동을 고발하는 느낌이다. 물론, 그 대상이 조정 위원들이 아니라 신하란 것이 모양새가 빠지지만, 어쨌든 잘 읽어보면 숙종이 참 속이 좁다는 느낌이 든다. 이게 사실이라는 전제하에서 본다면, 인현왕후의 행동에 문제가 있다는 걸 부정할 수는 없다. 그러나 이런 문제는 부부 사이에 해결할 수 있는 '사소한' 문제들이다. 물론, 이런 막장 드라마를 찍는 사람들의 신분이 왕과 왕비라는 점을 고려하면 분명 이해할 수 있는 구석이 있지만, 그래도 좀 심했다고 볼 수 있다.

일단 중요 포인트를 하나씩 짚어보자. 우선 숙종의 다음 말이다. "아! 예로부터 후비(后妃)가 투기로 인하여 원망하고 분노하는 경우가 진실로 혹 있었으나, 지금의 일은 그런 것이 아니다. 투기하는 것 외에도 별도로 간특한 계획을 꾸며, 스스로 선왕(先王) · 선후(先后)의 하교를 지어내어서 공공연히 나에게 큰소리로 떠들기를……." 한마디로 말해서 첩들이 질투를 하면 이해하겠지만, 정처인 중전이 어떻

278

게 투기를 하느냐는 말이다. 여기서 숙종이 말하는 '간특한 계획'이란 바로 다음 구절에 나오는 인현왕후의 꿈 이야기다.

"스스로 선왕(先王)·선후(先后)의 하교를 지어내어서 공공연히 나에게 큰소리로 떠들기를, '숙원은 전생에 짐승의 몸이었는데, 주상께서 쏘아 죽이셨으므로, 묵은 원한을 갚고자 하여 이 세상에 태어났습니다. 그래서 경신년(숙종 6년, 경신환국을 의미) 역옥(逆獄) 후에 불령(不逞)한 무리와 서로 결탁하였던 것이며, 화(禍)는 장차 헤아리지 못할 것입니다. 또 팔자에 본디 아들이 없으니, 주상이 하셔도 노고(勞苦) 공이 없을 것이며, 내전(內殿)에는 자손이 많을 것이니, 장차 선묘(宣廟) 때와 다름이 없을 것입니다'라고 하였으니, 이는 비록 삼척동자(三尺童子)라도 반드시 듣고 믿지 아니할 것이다."

조선 왕조가 이어지면서 구중궁궐 안에서 벌어진 규방암투(閨房暗鬪)의 수준을 생각해보자. 독살설은 기본이고, 정치적인 모략과 온갖 부적, 심지어는 방화까지 횡행했던 것이 궁궐 안에서 벌어진 일들이다. 그렇다면, 인현왕후는 이런 암투를 능가할 정도의 죄를 지었다는 걸까? 숙종이 말한 '간특한 계획'이란 걸 보자면 다음과 같은 내용이었다.

"간밤에 꿈을 꿨는데, 선왕과 선후가 나타나서 제게 말해줬어요. 원래 장옥정은 전생에 전하가 쏴 죽인 짐승이었다는 거예요. 그래서 그 원한을 풀려고 이 세상에 나타난 거고요. 그 사람은 팔자가 사나워서 원래 아들이 없는 애거든요. 전하가 아무리 힘써도 아들을 낳을 수 없대요."

인현왕후가 참 순진했다는 생각이 든다. 돌아가신 선왕과 선후가 꿈에 나왔다는 시작부터가 그렇다. 숙종의 말처럼 이 말을 누가 믿을까? 그래서 이 말이 사실이란 생각이 든다. 꼬투리를 잡을 게 없어서 이런 사소한 것까지 걸고 넘어졌다는 느낌이다. 인현왕후가 정말 음모를 꾸몄다면, 이런 식은 아니었을 것이다. 그래서 신빙성이 가는 것이다. 이건 음모가 아니다. 잘해봐야 질투 정도로 해석할 이야기이건만, 숙종은 방방 뛰면서 인현왕후의 발언을 '간특한 계획'이라고 몰고 갔다. 다음의 말을 보자.

"더욱이 이제 조종(祖宗)이 묵묵히 도우심으로 원량(元良: 세자)이 탄강(誕降)하자, 흉한 꾀가 더욱 드러났으니, 그 누구를 속이겠는가? 아! 국모로 한 나라에 임하여 신민이 우러러 받드는데, 이런 간특한 정상(情狀)이 있음은 천고에 듣지 못한 바이다. 이것을 참는다면 무엇을 참지 못하겠는가?"

이제부터 이야기 산으로 가기 시작한다. 인현왕후의 주장대로라면, 장옥정은 아들을 낳을 수 없고, 자신은 낳을 수 있다고 주장했는데, 그 주장이 깨져버린 것이다. 장옥정은 덜컥 아들을 낳았는데, 인현왕후는 아직 소식이 없는 상태. 누가 봐도 인정할 만한 명백한 거짓말이다. 그러나 이건 어디까지나 감정에서 나온 일종의 '견제구'와 같은 발언들이다. 숙종도 이를 인정했을 것이다. 그럼에도 숙종은 이를 '간특함'이라며 인현왕후를 몰아붙이고 있다. 만약 이 정도로 중전을 폐비해야 한다면, 왕실에서 쫓겨날 여자는 천 단위를 넘어섰을지도 모른다. 이미 숙종은 결심을 한 것이다.

어쨌든 기사환국이 일어나고, 숙종은 중전을 교체하기로 결심한 것을 실행에 옮긴다. 이 와중에 얼떨결에 귀인 김씨도 쫓겨나게 된다. 인현왕후에 대한 압박이었다. 그리고 운명의 숙종 15년 5월 2일, 인현왕후는 폐비돼 궁에서 쫓겨나게 된다. 기사환국의 목적이 달성된 것이다.

여기서 우리가 주목해야 할 것이 바로 숙종과 숙종의 여인, 그리고 숙종의 신하들이 보인 반응이다. 우리가 드라마상에서 본 숙종이란 인물은 '여자의 치마폭에 휩싸여서 정치를 말아먹은 바보 왕'이라는 이미지다. 과연 그럴까? 한 번 진지하게 생각해보자. 두 번의 환국(경신환국, 기사환국)을 통해서 숙종은 무엇을 얻었을까? 간단하다. "모든 걸 다 얻었다."《조선왕조실록》의 기록을 보면, 당시 조선의 정치 행태에 대한 숙종의 상황 인식이 그대로 나와 있는 대목이 보인다.

"너희들의 방자함이 이와 같기 때문에 북인(北人: 청나라)이 군주는 약하고 신하가 강하다는 말을 한다."

이징명이 장옥정에 대한 사랑이 너무 지나치다며 상소를 올렸을 때 나온 숙종의 발언이다. 예로부터 군약신강, 군신공치의 나라가 조선이었다. 신하들은 경연을 통해, 실록을 통해, 간관(諫官)들을 통해 왕을 견제했다. 물론, 이를 거부할 수도 있다. 그러나 왕들은 왕이 되기 전부터 교육을 통해 성군이 되기 위해서는 신하들의 의견을 경청하고, 그들의 뜻을 좇아야 한다는 주입식 교육을 받았다. 아울러 유교가 나라의 기본 상식 체계가 된 나라이기에 유교의 기본 덕목을 어기는 행위에 대한 부담감도 같이 주입받았다. 이런 식이다 보니 왕은 제대로 힘을 쓰지 못했다. 그러자 숙종은 비상한 방식을 개발해낸다.

'그냥 내 맘대로 하면 되잖아? 눈 감고, 귀 닫고, 그냥 내 마음대로 하면 되잖아?'

그렇다면 폭군이랑 무엇이 다를까? 연산군 시절처럼 신하들을 도륙 내는 것과 다른 점은 무엇이었을까. 그러나 숙종은 확실히 달랐다. 숙종은 자기 손에 피를 묻히지 않고, 신하들을 제어할 수 있는 방법을 알아낸 것이다. 그 방법은 간단했다. 신하들끼리 싸우게 만드는 것이었다. 서인과 남인이 있다고 치자. 두 세력은 붕당 정치를 한다. 서로 세력을 나눈 상태에서 티격태격하는 상황이다. 서로 대등한 세력을 이룬 상태에서 '왕'이란 무게추가 어느 한쪽에 힘을 실어주면 어떻게 될까? '서인? 이제 지겹지 않냐? 이번에는 남인들을 밀어줘볼까?' 이런 식으로 한쪽으로 확 몰아주기를 한 것이다. 찔끔찔끔 세력을 교체하는 게 아니라 한꺼번에 확 몰아주기를 하니까, 이들은 반대파와 공동 정부나 연립 정권 같은 건 생각도 하지 않고, 모두 얻거나 모두 잃는 극한의 정치를 생각하게 된다. 자연스럽게 정국의 주도권은 왕에게 쏠릴 수밖에 없다. 여기서 주목할 건 정권을 잡은 이들의 생각들이다.

'언제 우리도 교체될지 몰라. 정권을 잡았을 때 우선 정치 보복을 해서 저놈들을 재기 불능 상태로 만들어야 해!'

'왕한테 잘 보여야 해. 언제 또 우리를 내칠지 몰라.'

이런 생각들로 머리가 꽉 차게 되니 자연스럽게 왕의 눈치를 보게 되는 것이다. 일종의 친위 쿠데타인 셈이다. 이처럼 숙종은 입맛대로 신하들을 교체하면서 자연스럽게 왕권을 강화시켰다. 조선 후기 왕들 중에서 아니, 조선시대를 통틀어서 이만한 권력을 쥐고 흔든 왕이 몇이나 될까? 숙종은 환국을 통해 권력을 획득하고, 남용했다.

그렇다면, 숙종의 여인들은 어땠을까? 간단하다. 왕의 비위를 맞추기 위해 정신이 없었다. 왕실 여인들은 단순히 왕의 배우자나 여자가 아니다. 이들은 그 자체로 움직이는 정치인이었으며, 정권의 아이콘이었다. 그녀들이 낳는 자식은 미래의 권력이었고, 그녀들의 친정은 현존하는 정치 세력들의 집합체 혹은 정치 세력화를 꿈꾸는 예비 정치인들이다. 현존하는 최강 권력의 최측근에 있는 것이 그녀들이었기 때문이다. 하다못해 궁녀로 있다가 왕의 승은을 입은 여인들도 주변의 사람들을 끌어 모으고, 적당히 자신의 이해와 부합되는 정치 세력과 결합해 자신을 지켜내야 했다. 왕의 총애를 계속 이어나가야 하며, 언제 어떻게 변할지 모르는 궁궐 내의 권력 변화 속에서 자신을 지키려면 세력이 필요할 수밖에 없었다. 이러다 보니 자연스럽게 왕의 행동 하나하나에 민감하게 반응할 수밖에 없었고, 왕의 비위를 맞추느라 정신이 없었던 것이다.

이런 상황에서 숙종은 그야말로 언제 터질지 모르는 폭탄과도 같은 존재였다. 조금만 틀어져도 바로 반응을 보이고, 수틀리면 모든 걸 엎어버렸기 때문이다. 이러다 보니 여인들도 자신의 자리를 지키기 위해 전전긍긍할 수밖에 없었다. 중전의 자리도 교체해버릴 정도의 힘을 과시한 게 숙종이 아닌가? 중전이란 자리는 내명부 권력의 핵심이며, 조정 내에서 차지하는 정치적 위상으로 따지자면, 왕 다음의 존재였다. 정권의 합의 하에 나오는 것이 중전의 자리였다. 이 합의가 종잇장처럼 구겨진 것이다. 이제 숙종은 거칠 것이 없었고, 누구든 숙종의 비위를 거스르게 행동하면 그걸로 끝이었다.

마지막으로 신하들을 보자. 숙종의 이런 전횡을 보면, 신하들도 욱하는 마음이 생길 수도 있었을 것이다. 이 욱하는 마음들이 모이면, 그게 바로 반정(反正)이다. 그러나 숙종은 노련했다. 숙종 특유의 몰아주기는 신하들의 마음에 한 가닥 희망을 던져줬다.

'저 양반 말만 잘 들어주고, 비위만 맞춰주면…… 정권은 우리 거 잖아? 괜히 위험한 다리 건너지 말고, 저 사람 말만 잘 들어주자. 그리고 쫓겨난 애들…… 이것들만 확실히 제거해주면, 나중에 우리가 정권을 빼앗길 이유도 없잖아?'

이러다 보니 환국으로 정권을 잡은 이들은 너나 할 것 없이 숙종의 비위를 맞춰주느라 정신이 없었다. 땅에 바짝 엎드려 숙종의 눈치만 보는 형국이었다. 기사환국으로 정권을 잡은 남인들은(이것이 남인이 정권을 잡은 마지막 시기였다. 이후 남인은 몰락하게 된다) 철저히 숙종의 눈치만 보며, 숙종의 비위를 맞춰주느라 정신이 없었다. 그야말로 숙종에, 숙종에 의한, 숙종을 위한 정치가 시작된 것이다.

모든 것은 이 남자 마음대로

인현왕후가 궁에서 쫓겨난 지 5년째 되던 해 마지막 환국이 터진다. 바로 갑술환국이었다. 숙종 20년(1694년)에 있었던 갑술환국의 본질은 앞에서도 언급했지만, 인현왕후의 복위와 연관된 환국이었다. 이 뒤의 이야기는 드라마를 통해 잘 알고 있을 것이다. 궁인 최씨가 숙종 19년에 숙원이 된다. 야사에서는 최무수리가 인현왕후에 대한 의리를 지키는 모습에 반해서 승은을 입은 것으로 나와 있다. 워낙 유명한 이야기이니 넘어가기로 하자. 문제는 당시의 상황이었다. 크게 두 가지로 생각해볼 수 있다. 첫째, 숙종이 더 이상 장희빈을 총애하지 않게 된 것일까 하는 질문이다. 둘째, 남인 정권이 숙종의 마음에 들지 않았는가 하는 정치적인 접근이다. 첫 번째 질문에 대해서는 그렇다고 볼 수 있다. 남자란 역시 새로운 여자를 찾게 되는 존재이다. 아무리 미녀라도 3년만 같이 살면, 이미 미녀로 보이지 않는 것이 남자들의 습성이다. 두 번째 질문에는 물음표를 던질 수밖에 없다. 왜? 간단하다. 집권 5년간 남인은 숙종의 비위를 거스른 일이 거의 없었다. 그냥 납작 엎드려 왕이 하자는 대로 살았던 세월이었다.

한마디로 말해서 숙종의 마음이 변했던 것이다. 사랑이 어떻게 변하느냐는 절규 앞에서, 사랑이 변하는 걸 몸소 보여준 것이다. 불과 5년 전에는 인현왕후를 사람 취급도 안 했던 숙종이지만, 5년이 흐른 뒤에는 완전히 딴사람이 돼 있었다. 당시의 기록을 보면, 정말 같은 사람인가 하는 생각이 들 정도이다. 거두절미하고, 당시 숙종과 인현왕후 사이에 오갔던 편지의 내용을 살펴보자.

"처음에 권간(權奸)에게 조롱당하여 잘못 처분하였으나, 곧 깨달아서 그 심사를 환히 알고 그 억울한 정상을 깊이 알았다. 그립고 답답한 마음이 세월이 갈수록 깊어져, 때때로 꿈에 만나면 그대가 내 옷을 잡고 비 오듯이 눈물을 흘리니, 깨어서 그 일을 생각하면 하루가 다하도록 안정하지 못하거니와, 이때의 정경(情境)을 그대가 어찌 알겠는가? (중략) 비로소 뭇 흉악한 자를 내치고 구신(舊臣)을 거두어 쓰고, 이어서 별궁에 이처하는 일이 있게 되었으니, 이 뒤에 어찌 다시 만날 기약이 없겠는가?"

- 《조선왕조실록》숙종 20년(1694년) 4월 12일의 기록 중 발췌

숙종이 인현왕후에게 이렇게 편지를 보낸 것이다. 자기 잘못이 아니라, 신하들의 꼬임에 넘어가 인현왕후를 쫓아냈다며(끝까지 자기 잘못이 아니란 소리다. 전부 자기 잘못이면서), 이제 별궁으로 들어오면 다시 중전으로 삼을 뜻을 넌지시 표한다. 이미 숙종의 마음은 인현왕후에게 돌아선 상태이다.

"첩의 죄는 죽어도 남는 책망이 있는데 오히려 목숨을 보전한 것은 또한 성은에서 나왔습니다. 스스로 반성할 때마다 오히려 이 죄명을 지고도 곧 죽지 않고 사람 사는 세상에서 낯을 들고 사는 것이 한스러울 뿐입니다. 오직 엄주(嚴誅)가 빨리 가하여져서 마음 편히 죽기를 기다릴 뿐인데, 천만 뜻밖에 옥찰(玉札)이 내려지고 이어진 사의(辭意)는 모두가 감히 감당할 수 없는 것이므로, 받들어 보고 감격하여 눈물만 흘릴 뿐이니, 다시 무슨 말을 하겠습니까? 사제(私第)에서 편히 사는 것도 이미 스스로 분수에 지나치거니와, 별궁에 이처하라는 명은 더욱이 천신(賤臣)이 받들 수 있는 것이 아니니, 천은(天恩)에 감축하며 아뢸 바를 모르겠습니다."

- 《조선왕조실록》숙종 20년(1694년) 4월 12일의 기록 중 발췌

인현왕후의 답장이다. 이른바 밀고 당기기가 시작된 것이다. 편지만으로도 감동했다. 그러나 자기 상황을 봤을 때 별궁으로 옮기란 것은 자신의 분수에 맞지 않다며 겸양의 내용을 알린 것이다. 원래 착한 건지, 아니면 연애에 대해 잘 알게 된 건지 여하튼 이 편지에 숙종은 감동한다.

> 임금이 또 상궁 두 사람과 시녀 세 사람을 시켜 의대를 가지고 가게 하였는데, 비(妃)가 또 사양하고 이어서 말하기를, "그중의 한 옷은 참람한 데에 가까우니, 더욱이 감히 입을 수 없다" 하였다. 상궁이 이 뜻을 임금에게 여쭈니, 또 수찰(手札)을 내려, "어제 답찰(答札)을 보니 만나서 이야기하는 것과 다름없어, 기쁘고 위로되는 것이 후련하여 열 번이나 펴 보고 절로 눈물이 흐르는 것을 막지 못하였다. 경복당에 들어가 살고 공상을 상례대로 하는 것은 내 회한이 그지없어 특별히 지극한 뜻을 나타내는 것이며, 조정의 공론도 다 이와 같으니, 행여 지나치게 사양하지 말고 오늘 보낸 의대도 안심하고 입고서 옥교를 타고 들어가라. 내일 다시 서로 만날 것이므로 우선 말을 다하지 않겠으나, 내 뜻을 알아서 보낸 물건을 죄다 받고 또 몇 글자로 회답하기 바란다."
>
> ─《조선왕조실록》숙종 20년(1694년) 4월 12일의 기록 중 발췌

숙종의 본격적인 선물 공세이다. 남자는 마음 가는 곳에 돈도 따라간다고 했던가? 숙종의 선물 공세 속에서 인현왕후는 다시 밀고 당기기를 시작한다. 인현왕후의 노련한 행동 앞에서 숙종은 무너지

기 시작했다. 선물로 보낸 옷을 거절하지 말고, 안심하고 입으란 말을 던진 것이다. 마지막으로 "몇 글자로 회답하기 바란다"란 말을 보면, 숙종이 얼마나 간절한지 잘 보여주고 있다. 편지 한두 장에 이토록 무너질 거라면, 애초에 왜 쫓아냈을까?

비가 답서(答書)를 올려, "하루 안에 공상하는 물건을 내리고 나서 또 상궁을 보내어 감히 감당할 수 없는 옷을 내리셨으므로 황공하고 조심스러워 나갈 바를 모르는데, 옥찰이 또 내려와 사지(辭旨)가 간절하시니, 천은이 망극하여 땅에 엎드려 느껴 웁니다. 성교(聖敎)가 이렇게 돈면(敦勉)하신데도 감히 당돌하게 사양하면, 성의(聖意)를 어겨서 그 죄가 더욱 커지는 줄 본디 압니다마는, 옥교·의복의 의장절목(儀章節目)을 생각하옵건대, 다 분수에 넘쳐 감히 감당할 수 없는 것이므로 끝내 받기 어려우니, 성상께서 실정을 굽어살펴 모두 도로 거두시면, 죄를 지은 천신이 하늘과 같은 성덕을 입어 조금이라도 사심(私心)을 편하게 할 수 있겠습니다."

- 《조선왕조실록》 숙종 20년(1694년) 4월 12일의 기록 중 발췌

인현왕후는 본능적으로 알고 있었다. 여자의 감이라고 해야 할까? 대세가 기울어졌고, 숙종의 마음이 자신에게 향했다는 걸 알고 마지막으로 거절을 한 것이다. 그럼에도 불구하고 최대한 공손했다. 튕기더라도 여지를 남겼고, 예의를 지켰다.

임금이 또 수찰을 내려, "수자(手字)를 잇달아 보고 덕용(德容)을 대한 듯하니, 어찌 기쁘고 후련함을 견디겠는가? 경고(更鼓)가 이미 깊었는데 이렇게 다시 번거롭히는구나. 반드시 지나치게 사양하지 말고 이 길진(吉辰)에 좋게 들어와야 한다. 또 몇 글자로 회답하기 바란다."

- 《조선왕조실록》 숙종 20년(1694년) 4월 12일의 기록 중 발췌

숙종이 은근히 짜증을 내는 듯하면서도 권하고 있다. 애가 탄 모습이다. 마지막에 "또 몇 글자로 회답하기 바란다"란 구절을 보면, 편지 받는 것을 은근히 즐기는 모습이다.

비가 답서를 올려, "오늘 안에 거듭 옥찰을 받으니, 황공하고 조심스러울 뿐입니다. 전교(傳敎)의 사의가 두 번 세 번 간절하신데도 여러 번 성의를 어기는 것은 그 죄를 더욱 무겁게 하는 것이므로 천첩의 사정(私情)을 감히 아뢸 수는 없으나, 이번에 입은 은수(恩數)는 다 감히 감당할 수 없는 예(禮)이니, 황공하고 감격하여 나갈 바를 모르겠습니다."

- 《조선왕조실록》 숙종 20년(1694년) 4월 12일의 기록 중 발췌

내용이 달라졌다. 숙종의 마음에 감동했다는 내용이 추가된 것이다. 숙종의 적극적인 구애 앞에서 무너진 것이다. 이미 대세는 정해진 상황이다.

결국 몇 번의 편지 교환 이후 이들은 다시 합치게 된다. 정권은

교체됐고, 동시에 왕비도 교체됐다. 모든 게 기사환국 전으로 돌아갔다. 정권은 서인 손으로 다시 넘어갔고, 남인은 조정에서 쫓겨나게 된다. 인현왕후는 다시 왕비가 됐고, 중전이었던 장옥정은 희빈으로 강등돼 예전처럼 장희빈이 됐다. 이 세상에서 가장 기분 나쁜 일은 가지고 있던 걸 빼앗길 때가 아닐까? 그것도 여인으로서 오를 수 있는 가장 높은 위치인 중전의 자리였다. 이 자리를 빼앗긴 희빈이 어떤 마음일지 숙종은 생각이나 했을까? 이 처분만 보더라도 숙종이 얼마나 자기중심적인지 확인할 수 있다. 자기 마음이 내키는 대로 행동했던 것이다. 그게 바로 숙종이었다. 간특한 여인이라며 인현왕후를 내칠 때는 언제고, 이제와 연애편지를 보내며, "내가 신하들의 나쁜 꾐에 넘어가 조강지처를 버렸어. 미안해……." 이렇게 신하 탓을 하는 남자. 방금 전까지 세자를 낳아 종묘사직에 큰 공을 세웠다며 궁녀 출신 후궁을 중전의 자리에까지 앉힐 정도로 큰 사랑을 보여줬지만, 사랑이 식자마자 다시 후궁 자리로 내쫓은 모습은 그가 얼마나 즉흥적이고, 파격적인지를 확인할 수 있다. 결국 모든 건 숙종 마음대로였다.

막장 드라마의 결과

인현왕후는 궁으로 돌아온 지 7년 만에 병을 얻어 죽게 된다. 그렇다면 장희빈은 어떻게 됐을까? 이미 드라마를 통해 익히 알고들 있을 것이다. 그사이 장희빈은 인현왕후를 저주하기 위해 궁 안에 신당을 차려놓고 굿을 하는가 하면, 심지어 자작극도 연출했다. 자기 아버지 무덤의 비석을 훼손하고, 나무칼을 무덤에 꽂았던 것이다. 이를 통해 서인 세력을 몰아내려 했지만 이 자작극도 들통이 나게 된다.

당시의 정치 상황을 살펴보면, 장희빈은 이렇게 할 이유가 없었다. 시간은 자기편이기 때문이다. 당시의 조건들을 하나씩 살펴보자. 첫째, 인현왕후가 복귀했지만 선천적으로 몸이 약했다. 중전으로서의 삶을 얼마 누리지 못할 게 뻔했다. 둘째, 인현왕후는 원래부터 아이를 가질 수 없었던 데다가 건강까지 나빠진 상태여서 출산할 수 없었다. 셋째, 현재 세자로 책봉된 아이는 장희빈의 자식이었다. 그녀가 세자의 모후란 소리이다.

이 세 가지 조건을 조합해보면, 결국 중전 자리로 다시 돌아갈 사람은 장희빈뿐이란 소리가 된다. 세자의 앞날을 위해서도 그녀를 다시 중전의 자리에 앉히는 게 상식이다. 훗날 세자가 왕위에 오른 뒤에 그 정당성을 확보하기 위해서라도 결국 중전이 될 수밖에 없었다. 이 말인즉슨, 인현왕후가 죽은 뒤에는 중전 후보 영순위로 내정돼 있는 것이나 다름 없었다는 말이다. 가만히 앉아서 때를 기다리기만 하면 다음 중전의 자리를 차지할 게 분명했다. 그러나 장희빈은 조급했다. 그리고 이 조급함 때문에 그녀는 죽을 수밖에 없었다.

"희빈 장씨가 내전을 질투하고 원망하여 몰래 모해하려고 도모하여, 신당(神堂)을 궁궐의 안팎에 설치하고 밤낮으로 기축(祈祝)하며 흉악하고 더러운 물건을 두 대궐에다 묻은 것이 낭자할 뿐만 아니라 그 정상이 죄다 드러났으니, 신인(神人)이 함께 분개하는 바이다. 이것을 그대로 둔다면, 후일에 뜻을 얻게 되었을 때, 국가의 근심이 실로 형언하기가 어려울 것이다. 전대 역사에 보더라도 어찌 두려워하지 않을 수 있으랴? 지금 나는 종사를 위하고 세자를 위하여 이처럼 부득이한 일을 하니, 어찌 즐겨 하는 일이겠는가? 장씨는 전의 비망기(備忘記)에 의하여 하여금 자진하게 하라……."

- 《조선왕조실록》숙종 27년(1701년) 10월 8일의 기록 중 발췌

인현왕후가 죽고 40여 일이 지난 후 떨어진 날벼락 같은 외침이었다. 인현왕후가 죽을 당시만 하더라도 정국은 잔뜩 긴장했다. 집권 여당인 서인들은 긴장했고, 쫓겨났던 남인들도 혹시나 하는 기대감을 감추지 않았다. 장희빈도 내심 기대하고 있었다. 아니, 거의 확실하다고 믿고 있었다. 이미 그녀의 나인들은 인현왕후가 몸져눕자 중궁전 나인들이나 상궁들을 무시했다. 권력의 향방에 민감한 궁궐 내 나인들은 너나할 거 없이 차기 중전으로 장희빈을 꼽았다. 실제로 장희빈이 조금만 자제를 하고, 굽혔더라면 중전의 자리는 그녀에게 돌아갔을 것이다. 그러나 그녀는 조급했다. 사람이 조급하다 보면 실수가 생기고 적을 만들 수밖에 없다. 당시 장희빈의 최대 정적은 인현왕후가 아니었다. 바로 숙빈 최씨였다.

앞에서도 누차 말했지만, 궁중 여인들은 살아남기 위해 정치 세력을 만들어야 한다. 그러나 숙빈 최씨의 경우에는 이런 세력을 만

들 여력이 없었다. 출신이 너무 비천했기 때문이다. 이런 그녀가 택한 방법은 바로 인현왕후에게 딱 달라붙는 것이었다. 끝까지 충성을 다 바쳐 인현왕후를 모시면, 최소한 죽지는 않을 것이란 판단을 내린 것이었다. 그리고 이것은 가장 정확한 판단이었다. 그녀는 언제나 인현왕후와 숙종 곁에 맴돌며 최대한 충성스런 후궁의 모습을 보여 줬다. 언제나 인현왕후를 챙기며, 왕비와 운명을 같이 하겠다고 외쳤다. 그래야지만, 서인의 우산 아래 들어갈 수 있었기 때문이다. 서인으로서도, 인현왕후로서도 나쁠 것이 없었다. 궁중의 여인을 하나라도 더 포섭하는 게 이득이기 때문이다. 그런데 덜컥 인현왕후가 죽었다. 게다가 다음번 중전으로 장희빈이 거론되고 있는 상황이었다. 최 숙빈은 일생일대의 도박을 걸 수밖에 없었다.

"……이때부터 궁중의 사람들이 모두 다 희빈에게로 기울어졌다. 궁중의 구법(舊法)에 의한다면 빈어에 속한 시녀들은 감히 대내(大內: 내전) 근처에 드나들 수가 없는데, 희빈에 속한 것들이 항상 나의 침전에 왕래하였으며, 심지어 창에 구멍을 뚫고 안을 엿보는 짓을 하기까지 하였다. 그러나 침전의 시녀들이 감히 꾸짖어 금하지 못하였으니, 일이 너무나도 한심했지만 어찌할 수가 없었다. 지금 나의 병 증세가 지극히 이상한데, 사람들이 모두 말하기를, '반드시 빌미[崇]가 있다'고 한다. 궁인 시영(時英)이란 자에게 의심스러운 자취가 많이 있고, 또한 겉으로 드러난 사건도 없지 아니하였으나, 어떤 사람이 주상께 감히 고하여 주상으로 하여금 이것을 알게 하겠는가? 다만 나는 갖은 고초를 받았으나, 지금 병이 난 두

해 사이에 소원은 오직 빨리 죽는 데 있으나, 여전히 다시 더하기도 하고 덜하기도 하여 이처럼 병이 낫지 아니하니, 괴롭다" 하고, 이어서 눈물을 줄줄 흘렸다. 이때에 이르러 무고(巫蠱)의 사건이 과연 발각되니, 외간(外間)에서는 혹 전하기를, "숙빈 최씨가 평상시에 왕비가 베푼 은혜를 추모하여, 통곡하는 마음을 이기지 못하고 임금에게 몰래 고하였다" 하였다.

- 《조선왕조실록》 숙종 27년(1701년) 9월 23일의 기록 중 발췌

살기 위해서 최 숙빈이 숙종에게 고자질을 한 것이다. 이대로 시간이 흐른다면, 장희빈이 중전의 자리에 앉게 될 것이고, 그다음 수순은 인현왕후와 붙어 지내던 최 숙빈의 제거였다. 순망치한(脣亡齒寒)이라고 해야 할까? 인현왕후의 죽음으로 최 숙빈은 끈 떨어진 연이 될 수밖에 없었다. 그녀는 결국 살기 위해 일생일대의 도박수를 던진 것이다. 그리고 이 도박은 성공했다. 장희빈이 숙종의 노여움을 사서 죽게 된다. 어찌 보면, 이 세 여인의 암투에서 유일한 승자는 최 숙빈일지도 모른다. 아니, 최 숙빈이 진정한 승리자이다. 이후 장희빈의 아들은 보위에 오르긴 했으나, 서인 세력과 결탁한 최 숙빈의 아들에게(영조) 왕위를 넘겨주고, 5년 남짓의 짧은 재위 기간도 다 채우지 못하고 죽게 된다. 그 뒤를 이은 영조는 조선 왕조 역사상 최장 기간 동안 재위하며 조선을 다스렸다.

우리가 드라마 상에서 익히 보아왔던 숙종과 두 여인, 아니 세 여인의 이야기는 드라마란 장르적 특성 때문에 과장되고, 왜곡된 부분이 있다. 숙종은 그렇게 바보가 아니었다. 숙종은 자신의 입맛대로 인

현왕후와 장희빈을 교체해가면서 왕권을 유지했던 철혈군주였다. 이를 통해 숙종의 치세 기간은 그 자신에게는 좋았을지 모르겠지만, 나머지 사람들에게는 피 말리는 긴장의 연속이었다고 할 수 있다. 문제는 인현왕후와 희빈 장씨의 교체가 당대에서 끝나는 문제가 아니었다는 점이다. 연산군 시절 피바람이 불었던 이유가 무엇인가? 서인 세력들은 장희빈을 제거하고 나서 연산군 시절의 대숙청을 떠올리게 된다. 장희빈은 제거했지만, 그녀의 아들은 세자 자리에 앉아 있었던 것이다. 만약 세자가 보위를 잇게 된다면, 그다음 상황은 안 봐도 뻔했다. 숙종도 이런 생각에 동의하고 결국 세자를 제거하기로 결심한다.

1717년 숙종은 마침내 결단을 내린다. 바로 정유독대(丁酉獨對)였다. 노론 중신인 이이명을 부른 숙종은, "연잉군과 연령군을 부탁한다"는 말을 남겼다. 세자를 부탁하는 것이 아니라, 그 동생들을 부탁한다는 건 무슨 의미일까? 바로 세자 교체였다. 정유독대 직후 이이명은 숙종에게 세자의 대리청정을 주청했고, 숙종은 이를 받아들였다. 경종에게 대리청정을 맡긴 후 꼬투리를 잡아 폐세자시키겠다는 계산이었다. 문제는 숙종이 결단을 내린 시기가 너무 늦었다는 것이다. 정유독대 후 3년이 지난 1720년 숙종은 죽게 된다.

이제 공은 경종에게 넘어갔다. 노론으로서는 생존의 문제가 걸린 상황이었다. 이때 꺼내 든 카드가 바로 훗날 영조가 되는 연잉군이었다. 노론은 연잉군을 세제(世弟)로 밀어붙였고, 자식이 없었던 경종은 자신의 동생을 왕세제로 책봉하게 된다. 이때 터져 나온 것이 경종의 독살설이었다. 이 경종의 독살설 때문에 영조는 이인좌의 난

(무신년에 일어났다 해서 무신난이라고도 한다)을 겪어야 했다. 이인좌의 난은 영조가 탕평책을 펼치는 계기를 마련했지만, 그렇다고 영조의 원죄까지 씻어주지는 못했다. 영조가 아무리 탕평을 말해도 태생적으로 노론을 등에 업고 왕이 됐다는 사실까지 지워내지는 못했던 것이다. 이 원죄는 임오화변(壬吾禍變: 사도세자가 뒤주에 갇혀 죽은 사건)으로 이어지게 된다. 아버지는 노론을 등에 업고 왕이 되었는데, 아들은 소론에 마음이 기운 상태. 노론 실세들의 압력이 들어올 수밖에 없었다. 결국 영조는 자기 손으로 아들을 죽이게 된다. 그리고 이 악연은 사도세자의 아들, 정조가 즉위할 때까지 이어진다.

숙종이 왕권을 공고히 하기 위해 왕후를 교체한 덕에 숙종을 포함한 경종-영조-장조(사도세자)-정조 이렇게 다섯 임금이 풍파에 휩쓸려야 했다.

재위 기간 동안 숙종은 인원왕후 김씨까지 합해 무려 네 명의 중전을 뒀다. 당연히 문제가 발생할 수밖에 없는 구조였고, 그 결과 숙종 자신을 포함해서 후대에까지 그 영향을 끼치게 됐다. 숙종 스스로를 위해서는 최고의 정치였고, 최선의 선택이었겠지만 그를 제외한 나머지 사람들에게는 최악의 정치였던 시기였다. 이 시기 동안 인현왕후와 장희빈은 숙종의 눈치를 살피며, 하루하루 피 말리는 궁중 생활을 보내야 했다.

숙종, 그는 진정한 의미에서 나쁜 남자였다. 한때는 자신이 사랑했던 여인들이었지만, 그녀들은 정치판의 장기말 정도로 취급해 마음에 들면 챙기고, 마음에 들지 않으면 버리는 냉혹한 모습을 보여줬던 것이다. 어찌 보면 인현왕후와 장희빈은 숙종 손에서 놀아난 불쌍한 피해자들이라 볼 수 있을 것이다. 그녀들은 결코 숙종을 농락하지 않았다. 그저 숙종의 손에 놀아난 불쌍한 여인들일 뿐이다.

부부생활에 감춰진 역사의 재발견

조선시대를 거쳐 간 일곱 명의 왕과 '꽤' 많은 여인들의 이야기를 풀어봤다. 이들의 이야기를 하나씩 살펴보고, 실록에 나와 있는 기록들과 그 기록들의 이면에 숨겨져 있는 뒷이야기들을 유추하면서 들었던 생각은 딱 하나였다.

'이들도 우리와 같은 사람들이었다.'

다만, 그들이 왕과 왕비라는 신분적 차이를 가지고 있었기에, 좀 더 직설적으로 자신의 감정을 표현하지 못했을 뿐이지(태종이나, 숙종 같은 경우에는 직설적으로 표현을 했지만), 그들도 나름의 고민과 부부생활에 대한 스트레스가 있었다. 문제는 그들의 위치였다. 그들의 몸짓과 발언 하나하나는 모두 '정치적 언어'로 포장됐다. 어떤 건 의도한 발언도 있었겠지만, 의도하지 않은 발언도 있었을 것이다. 그리고 이런 행동과 언어들이 모여 정국에 파란을 일으켰다.

개인적으로 이 책의 처음과 끝을 장식한 태종과 숙종의 이야기를 쓰면서 많은 고민을 했다는 말을 밝히고 싶다. 여자의 입장에서 본다면, 이들은 '나쁜 남자'의 표상과 같은 존재였다. 자신의 정치적 이해와 남자로서의 이기심을 위해 여자들을 희생시켰기 때문이다. 그러나 그들의 입장으로 보자면, "이보다 더 좋을 순 없다"란 말이 나왔을 것이다. 그들은 자신들이 원하는 정치적 결과와 남자로서의 바람을 모두 이룬 인생의 승리자들이었다. 여성이라면, 당연히 기분이 나쁠 수밖에 없는 이야기이다. 다만 한 가지 변명을 하자면, "저들도 살아야 했기에, 자기 자리에서 최상의 결론을 뽑아낸 것이다"란 말을 하고 싶다. 그들은 왕이었다. 단순하게만 본다면, 이들은 무소불위의 권력을 휘두르는 절대 권력자였다. 그러나 조선이라는 나라는 절대 왕권을 행세하기에는 여러 가지 제약이 있었던 나라였다. 설사 절대 권력을 가진 왕이라 해도 그 권력을 혼자 다 행사하지는 못한다. 이런 나라에서 이 두 명의 왕은 자신이 활용할 수 있는 모든 카드를 꺼내들어 권력을 지켜냈고, 극한까지 권력을 추구했다. 덤으로 남자로서의 이기심도 충족했다. 이 두 명의 왕 사이에 있었던 다섯 명의 다른 왕도 저마다의 입장에서 '최선의 선택'을 추구했지만, 그 역사적 평가는 모두 달랐다. 비록 결론에는 차이가 있지만 이 일곱 명의 왕은 저마다의 생각과 판단으로 자신들의 부부생활을 이어나간 것이다. 그 점만은 인정해줘야 한다. 그들도 우리처럼 생각하고, 사고했고, 행동했다. 다만 그들의 위치 덕분에 그 '스케일'이 달랐고, 고려해야 할 변수들이 많았을 뿐이다. 따지고 들어가면, 그들도 우리와 같은 일개 부부였을 뿐이다. 만약 왕과 왕비라는 타이틀을 지워버린다면, 그들의 부부관계는 어떻게 됐을까? 아마도 역사 속의 그것과는 상당 부분 달라졌을 것이다.

왕이었기에, 왕비였기에 어쩔 수 없는 '선택'을 해야만 했던 일들도 있었다. 그 선택 중에는 왕비를 쫓아내거나 죽이는 극단적인 선택도 있었을 것이고, 처가를 몰살시키는 잔인한 결정도 있었을 것이다.

의붓아들을 질시하고, 몰래 죽음을 사주하는 정도는 차라리 '애교'라고 말할 정도의 수준이다. 물론, 조강지처를 잊지 못해 다시 재혼을 하는 훈훈한 사연도 있고, 끝까지 아내의 생명만은 지켜낸 고귀한 사랑도 확인할 수 있다. 이들의 사연이 특별한 걸까? 우리가 지금 드라마 속에서 지켜보는, 혹은 우리 주변의 이야기들 속에서 이런 이야기는 어떤 위치에 있을까? 모르긴 몰라도 그리 튀는 이야기는 아닐 것이다. 현실이 더 드라마틱하다고 하지 않은가? 거듭 강조하지만, 이들은 스케일이 좀 컸다 뿐이지 우리 주변의 흔한 부부들과 같은 모습이다. 그들의 위치와 정치적 특성 때문에 후속 조치들이 좀 과격했을 뿐이지, 본질은 우리네 일상과 별반 틀리지 않다. 물론, 정치적인 목적 때문에 개인적인 감정을 억누른 경우도 있었다. 부인하진 않겠다. 그러나 그 과정에는 분명 왕과 왕비라는 '특수 관계'가 일정부분 개입됐다는 걸 부인할 순 없을 것이다. 그들은 어쨌든 부부였기 때문이다. 부부였지만 거기에 '권력'이라는 첨가제가 들어가는 순간 부부생활은 괴물로 변했던 것이다(물론, 이를 극복하고 무난하게 부부생활을 이끈 경우도 있었지만). 그들이 괴물이 아니고, 그들의 권력이 그들을 괴물로 만든 것인지도 모른다. 어쩌면 그들의 결혼생활은 권력이라는 괴물에 먹히느냐, 먹히지 않았느냐의 사투의 기록이었을지도 모른다. 이 책에 나온 일곱 명의 왕과 그들의 부인은 바로 이 권력의 투쟁을 생생히 증언하고 있는 것이다. 왜 하필 이들 일곱 명에 주목했느냐는 의문이 있을 수 있는데, 이유는 간단하다. 이들의 삶이 조선시대 왕과 왕비의 삶을 가장 극적으로 보여주는 삶이었기 때문이다. 이들은 평균적인 조선시대의 왕과 왕비의 삶을 보여준다. 극단으로 치우친 삶이 아니냐고 물어볼 수도 있는데, 정치적 파장의 크기가 다를 뿐 거의 대동소이하다. 그들은 부부이기 전에 왕과 왕비였고, 왕과 왕비이기 이전에 부부였던 것이다. 어디에 방점을 찍느냐에 따라 역사는 달라졌고, 그들의 운명도 달라졌지만 기본적으로 이들은 부부였고, 왕과 왕비였다. 이들의 삶을 통해 오늘의 우리 삶을 뒤돌아봤으면 좋겠다는 상투적인 말은 쓰고 싶지 않지만, 한 번쯤 뒤돌아보고, 생각할 수 있는 여지를 주는 이들이라고 감히 말해보겠다. 충분히 즐겼기를 기대해본다.

부록_ **조선 왕조 역대 왕의 중전 책봉 기록**

왕	재위 기간	총수	왕비 명	비고
태조	6년 2개월	2명	신의왕후(神懿王后) 한씨	신의왕후 한씨는 조선 개국 후 추봉. 1차 왕자의 난의 단초가 된다.
			신덕왕후(神德王后) 강씨	
정종	2년 2개월	1명	정안왕후(定安王后) 김씨	정안왕후 김씨 소생으로는 자식이 없지만, 정종은 후궁 9명을 통해 17남 8녀의 자식을 뒀다.
태종	17년 10개월	1명	원경왕후(元敬王后) 민씨	정비는 원경왕후 민씨 1명이었지만, 후궁 9명을 뒀음.
세종	31년 6개월	1명	소헌왕후(昭憲王后) 심씨	정비 1명, 후궁 5명을 뒀다.
문종	2년 3개월	1명	현덕왕후(顯德王后) 권씨	세자 시절 맞이했던 2명의 세자빈이 폐출되고 맞이했던 세 번째 세자빈. 문종이 즉위하기 전 단종을 낳고 사망.
단종	3년 2개월	1명	정순왕후(定順王后) 송씨	사육신 사건에 연루돼 부인으로 강등되었다가 단종이 복위되면서 함께 복위됨. 단종과 달리 82세까지 장수했음.
세조	13년 3개월	1명	정희왕후(貞熹王后) 윤씨	세조의 경우 여색을 멀리해서 재위 기간 내내 정비 1명, 후궁 1명만을 뒀다. 기생들에 대한 노골적인 불만을 보였음.
예종	1년 2개월	2명	장순왕후(章順王后) 한씨	장순왕후 한씨는 세자빈 시절 사망. 성종 시절 추봉.
			안순왕후(安順王后) 한씨	
성종	25년 1개월	3명	공혜왕후(恭惠王后) 한씨	폐비 윤씨와 정현왕후 윤씨는 후궁 출신으로 중전 자리에 오름.
			폐비 윤씨	
			정현왕후(貞顯王后) 윤씨	
연산군	11년 10개월	1명	폐비 신씨	연산군이 폐위되면서 폐비됨.
중종	38년 2개월	3명	단경왕후(端敬王后) 신씨	단경왕후 신씨는 중종반정 직후 폐출됨. 장경왕후 사망 후 계비로 들어온 문정왕후는 이후 자기 소생의 명종을 즉위시키기 위해 정치력을 발휘 조정에 파란을 일으킴.
			장경왕후(章敬王后) 윤씨	
			문정왕후(文定王后) 윤씨	
인종	9개월	1명	인성왕후(仁聖王后) 박씨	왕비로서의 생활은 불과 9개월, 인종 사망 후 32년간 자녀 없이 홀로 살다가 사망.
명종	22년	1명	인순왕후(仁順王后) 심씨	명종과의 사이에서 순회세자를 낳지만, 13세로 요절. 훗날 선조를 왕위에 앉히는 단초를 제공(아들 1명뿐이었음).
선조	40년 7개월	2명	의인왕후(懿仁王后) 박씨	의인왕후 박씨는 46세를 일기로 세상을 떠남. 계비로 들어온 인목왕후가 낳은 영창대군 덕분에 광해군의 즉위가 곤란해 짐. 광해군 즉위 후 영창대군은 증살되고, 인목대비는 유폐 당함.
			인목왕후(仁穆王后) 김씨	
광해군	15년 1개월	1명	폐비 유씨	광해군이 폐위되면서 같이 폐비됨.

인조	26년 5개월	2명	인열왕후(仁烈王后) 한씨	인열왕후 한씨는 42세를 일기로 세상을 떠남.
			장렬왕후(莊烈王后) 조씨	
효종	10년	1명	인선왕후(仁宣王后) 장씨	슬하에 1남 6녀를 뒀음.
현종	15년 3개월	1명	명성왕후(明聖王后) 김씨	숙종의 어머니. 지능이 비상하고, 성격이 과격했음. 끝까지 아들의 여인이었던 장희빈의 입궁을 반대했음.
숙종	45년 10개월	4명	인경왕후(仁敬王后) 김씨	희빈 장씨의 경우는 중전의 자리에까지 올랐으나, 다시 희빈으로 강등됨.
			인현왕후(仁顯王后) 민씨	
			희빈 장씨	
			인원왕후(仁元王后) 김씨	
경종	4년 2개월	2명	단의왕후(端懿王后) 심씨	단의왕후 심씨는 세자빈 시절 사망. 경종 즉위 후 추봉.
			선의왕후(宣懿王后) 어씨	
영조	51년 7개월	2명	정성왕후(貞聖王后) 서씨	정순왕후는 훗날 순조의 수렴청정을 하게 됨. 스스로 여자 국왕을 자처하고, 신하들의 개별적인 충성 서약을 받는 등 실질적인 국왕 노릇을 했음.
			정순왕후(貞純王后) 김씨	
정조	24년 3개월	1명	효의왕후(孝懿王后) 김씨	최상의 중전으로 꼽히는 인물. 시어머니인 혜경궁 홍씨를 지성으로 모셨고, 원수였던 화완옹주마저도 품었던 인물.
순조	34년 4개월	1명	순원왕후(純元王后) 김씨	두 번의 수렴청정을 했던 특이한 기록을 가진 인물.
헌종	14년 7개월	2명	효현왕후(孝顯王后) 김씨	효현왕후 김씨는 16세 나이로 사망.
			효정왕후(孝定王后) 홍씨	
철종	14년 6개월	1명	철인왕후(哲仁王后) 김씨	친정인 안동 김씨를 비호하다가 철종으로부터 신뢰를 잃음.
고종	43년 7개월	1명	명성황후(明成皇后) 민씨	개화정치, 임오군란, 갑신정변 등 혼란기에 중전으로 들어와 고종과 흥선대원군 사이에서 독자적인 정치 세력을 형성했던 여장부. 훗날 일본공사 미우라 고로가 이끄는 낭인들에 의해 시해 당함.
순종	3년 1개월	2명	순명효황후(純明孝皇后) 민씨	순명효황후 민씨는 세자빈 시절 사망.
			순정효황후(純貞孝皇后) 윤씨	

조선의 역사를 바꾼
왕들의 부부싸움

초판 1쇄 발행 2013년 1월 21일
개정판 1쇄 발행 2017년 9월 25일

지은이 이성주
펴낸이 이범상
펴낸곳 (주)비전비엔피·애플북스

기획 편집 이경원 박월 김승희 김다혜 배윤주
디자인 김혜림 이미숙 조은아
마케팅 한상철 이준건
전자책 김성화 김희정 김재희
관리 이성호 이다정

주소 우)04034 서울특별시 마포구 잔다리로7길 12 (서교동)
전화 02)338-2411 | **팩스** 02)338-2413
홈페이지 www.visionbp.co.kr
이메일 visioncorea@naver.com
원고투고 editor@visionbp.co.kr

등록번호 제313-2007-000012호

ISBN 979-11-86639-62-7 03900

「이 도서의 국립중앙도서관 출판시도서목록(CIP)은 서지정보유통지원시스템 홈페이지(http://seoji.nl.go.kr)와
국가자료공동목록시스템(http://www.nl.go.kr/kolisnet)에서 이용하실 수 있습니다.(CIP제어번호: CIP2017022641)」